内村鑑三信仰著作全集

12

1887年（明治20年　27才）米国アマストにて

例言

一、本巻は罪・贖罪、忘罪・赦罪、悔い改め、救い、万人救済、十字架、福音およびクリスマスに関する論文、文章、講話などを集めて編集したものである。

一、右の諸項は必要に応じてさらに小項目に分類された。

一、本巻の諸項目に関連する論文、文章で他の諸巻および『内村鑑三聖書注解全集』に収録されたものがある。これらの関係については第二五巻の総索引につかれたい。

一、標題中〔無題〕とあるのは無題で発表されたものに編者が整理の必要上つけたものである。

一、標題の下方に*印をつけたものは、著者の英文を著者自身が邦訳したものであることを示す。

一、各文の終わりの年月および誌名はその文が発表された年月および掲載誌名を、また（未発表）とあるのはその文が著者の死後遺稿中に発見されたものであることを、それぞれ示す。

一、本文および引用の聖句には書きかえが加えられた。書きかえには内村美代子があたった。

一、以上の諸点の詳細については第一巻の「編集に関することば」を参照されたい。

一、本巻には必要に応じ編者の注をつけた。

一、本巻には解説をつけた。解説には山本泰次郎があたった。

目次

罪・贖罪

福音

クリスマス

罪・贖罪

〈罪の原理と救い〉

罪とは何ぞや

聖書に言うところの罪とは何であるか。その事がわからずして、聖書はわからない。

罪とは、普通に、盗むこと、殺すこと、姦淫すること、偽りの証拠を立つることと思われている。しかしてこれみな罪であることは何びとも疑わないところである。しかしながら、これ、もろもろの罪（sins）であって、罪そのもの（the sin）ではない。聖書は前者を称して「違法」と言い（ガラテヤ書三・一九、ヘブル書九・一五等に「罪」と訳してあるは誤訳である）、後者を称して特に「罪」と言う。罪は多くではない、一つである。罪の罪があって、その結果として多くの罪があるのである。

しかしてこの罪とは何であるかと言うに、それは「反逆」であるのである。すなわち人が神に対して犯したる反逆の罪であるのである。これが罪の罪であって、すべての罪の本（もと）であるのである。しかして聖書が排議してやまざる罪は常にこの罪である。神がキリストにありて除かんと欲したまいしは、人類のこの罪である。ここに、すべての背徳、すべての苦痛の本原が存するのである。

アダムとエバとが犯したりという罪はこの罪である。禁制の果物（くだもの）を食いし事、その事は小なる罪である。神はそれがために彼らとその裔（すえ）をのろいたもうたのではない。彼らが悪魔の教唆（きょうさ）に従い、神より離れて独（ひと）り立たんとし、神に対する彼らの反逆の意を表せんためにこの禁を破りしがゆえに、彼らは神の楽園より追われ、世の漂流人（さすらいびと）となったのである。反逆は前（さき）にして破戒は後（あと）であったのである。すなわち罪は前にして違法は後であったのである。彼らは心に反逆をたくわえ、これを発表せんとして、神に対して面当（つらあて）に、この違法をあえてしたのである。

かくして始祖の行為によって神と人との親子的関係は絶えたのである。しかしてこの悲しむべき絶縁を称して、「人類の堕落」と言うのである。人類はこの時すべての善性を失いたりと言うのではない。彼らの知能はそのままに存し、彼らの徳性もまた全く失われなかった。しかしながら彼らはこの時、彼らの父なる神を失った。神と彼らとの間に存せし最も親密なるべき関係がこの時に絶えた。彼らはこの時、使徒パウロのいわゆる「希望なき、また世にありて神なき者」となったのである。

罪とは反逆である。しかして預言者らが責めてやまざりしはこの罪である。

　そむけるイスラエルよ、帰れ（エレミヤ書三・一二）

と。また

　その罪は多く、その背信（反逆）ははなはだし（同五・六）

と。また

　わが民はともすればわれより離れんとする（そむき去らんとする）心あり（ホセア書一一・七）

と。また

　われ、彼らの反逆（そむき）を癒（い）やさん（同一四・四）

と。神と民との調和が、預言者ら唯一の目的であった。この事にして就（な）らんか、民は救われたのである。民の「反逆を癒やさん」ことが、預言者の熱望であったのである。

しかして預言者のこの絶叫ありしにかかわらず、イスラエルの民は、罪の罪たるこの反逆を犯してやまなかった。

　イスラエルの人々、エホバの前に悪をなしてバアルに仕え、その先祖の神エホバを捨てて、他の神に仕えたり（士師記二・一一―一二）

と。また

　かくてイスラエルの人々、エホバの前に悪をおこない、おのれの神なるエホバを忘れて、バアルおよびアシラに仕えたり（同三・七）

と。また

　エホデの死にたる後、イスラエルの人々、エホバの目の前に悪をおこないしかば……（すなわちエホバ

にそむき、彼を忘れて、神ならぬ、おのれの想像に
　成りし偶像に仕えしかば……）（同四・一）
と。忘恩に次ぐに忘恩、反逆に次ぐに反逆、選民の歴史は神に対するその反逆の歴史である。聖書が他（ほか）の書と全く異なる点はここにある。すなわち単に民の罪悪を責むるにとどまらずして、特にその神に対する反逆を責むるにある。単に不義を矯（た）めんとせずして、不義の根元（もと）なる反逆を癒やさんとするにある。預言者がしばしば言えるがごとく、罪はまことに姦淫である。人が神に対して貞操（みさお）を破る事である。この罪にして除かれんか、他のすべての罪は除かるるのである。

聖書のいわゆる「罪」とは反逆である。ゆえに、そのいわゆる「義」とは何であるかがわかる。罪とは反逆であるがゆえに、義とは帰順である。すべての罪は反逆より来たり、すべての徳は帰順より生ず。義とせらるるとは、単に義と宣告せらるることではない。子とせらるることである。再び子として神に受け納（い）れらるることである。しかしてこれに仁愛、喜楽、平和、忍耐、慈悲、良善等の諸徳の伴うは言うまでもない。人は、神にそむいて、すべての不義におちいりしがごとくに、神に帰りて、すべての徳に復するのである。聖書の示すところによれば、罪も徳も、神に対せずしてあるものではない。神を離れて罪があり、神に帰りて徳がある。この意味において、宗教は本にして道徳は末である。人類は罪を犯せしがゆえに神を離れたのではない。神を離れしがゆえに罪を犯すのである。そのごとく、徳を建てて神に帰るのではない、神に帰りて徳を建つることができるのである。パウロのいわゆる「人は行為（おこない）によりて救わるるにあらず。信仰によりて救わる」とは、この事を意（い）うのである。

罪とは神を離るる事であり、義とは神に帰る事であることがわかって、救いとは何であるかがわかる。救いとは、ただに罪を去って義人（ただしきひと）となる事ではない。かかる事はまた実際に人のなし得る事でない。救いとは、神の側（がわ）より見て、人をおのれに取りかえす事である。人の側より見て、そむきし神に帰る事である。しかして神と人との中保者なるキリストの立場より見て、二者の調和を計ることである。しかして神と人との場合においては、譲るべきは神においてあらずして人においてのみ存するがゆえに、救いとは、人をして神に

和らがしむることである。人を、神に対するその元始(はじめ)の関係に引き直す事である。預言者の言をもって言えば、「民の反逆を癒やす」事である。かくて救いとは、単(ただ)に苦痛を去る事ではない。また、単に不義を除く事ではない。人を神につれかえる事である。神に対するその関係を正しくする事である。単に罪を去ると言い、心を清むると言い、義を慕うと言い、正を践(ふ)むと言いて、救いの何たるかはわからない。立ちて父に帰ると言い、神と和らぐと言い、子とせらるると言いて、その何たるかが明白になるのである。

反逆、帰順、救い、—聖書の示すところ、語るところ、説くところはこれである。聖書はいわゆる純道徳を語らない。また、抽象的真理を説かない。神と人との関係を説く。その唱うるところは道義ではない。福音である。神が人をおのれにつれかえらんとて設けたまいし救いの手段と方法とである。その宣伝を伝道と称するは大なる誤称である。伝道ではない。福音宣伝である。嘉信の伝達である。福音、一名これを「和らぎのことば」(コリント後書五・一九)と言う。しかしてこれを宣(の)べ伝うるのが、いわゆる伝道者の職分である。彼を伝道師と称して、道徳の教師のごとくに思うは大なる誤りである。彼は、神がキリストにありて、世をしておのれと和らがしめたまいし、その聖業(みわざ)を宣べ伝うる者たるにすぎない。

われら、キリストに代わりてなんじらに願う、なんじら、神に和らげよ(コリント後書五・二〇)

と。われらが福音の宣伝者として人に告ぐるところはこれにすぎない。人が、キリストによりて、神に対するその反逆(罪)を認め、悔いて彼に帰り(義とせられ)、再び元のごとくに彼の子となるに及んで(救われて)、伝道すなわち福音宣伝の目的は達せらるるのである。

(一九一〇年七月『聖書之研究』)

堕落の教義

ロマ書七章一五節以下
イザヤ書一章二—六節
エレミヤ書一三章二三節
エゼキエル書一六章三節

キリスト教に堕落の教義というものがある。それは、人類は根本的に堕落した者であって、自分で自分を救うの能力を持たない者であるということである。すなわち人類の状態は常態ではなくして変態である。外部の状態はいかに発達しても、その内部においては癒（い）やすべからざる腐敗がある。人類の進化はその極に達するも、その進化は根本的のものでない。人は生まれながらにして悪人である。自己中心の動物である。白く塗りたる墓であって、外は美しく見ゆれども、内は骸骨（がいこつ）ともろもろの汚れにて満つというのが、彼のほんとうの状態である。

　人類をかくのごとくに見るは、人類全体ことに近代人の喜ばざるは言うまでもない。彼らは人類を尊き者として見んと欲する。生物進化の最後の産物であって、さらに無限の進化を遂ぐるの能力を有する者なりと信ずる。彼らはキリスト教の人類堕落の教義を、人類を侮辱すること最もはなはだしきものなりと唱える。彼らといえども、人類の欠点はこれを認めざるを得ずといえども、これ進化の途中にある人類に当然あるべき現象であって、進化の上進と共におのずから除かるべきものと信ずる。近代人はキリスト教の原罪の教義はすでにすたれたる教義としてこれを顧みず、これに代うるに人類無限進化説をもってし、もって自己を慰め進歩を奨励せんとする。

　されども聖書が近代人とその人生観を異にするは一目瞭然である。聖書の人生観は明らかに悲観的である。そして聖書に忠実なるキリスト信者は、世に容（い）れられんと欲して、人類にかかわる楽観説を唱えない。聖書は全巻を通して人類の堕落を高唱する。この事を第一に表示するものは、創世記第三章の人類の始祖堕落に関する記事である。しかし堕落の教義はこの記事によって起こったものでない。この記事はその一つであって、堕落の教義は、創世記の記事なくとも起こるべきものである。有名なるエレミヤ書十三章二十三節の言のごとき、明らかに堕落を示すものである。

　エチオピヤ人その皮膚を変え得るか。豹（ひょう）その斑点を変え得るか。もしこれをなし得ば、悪に慣れたるなんじらも善をなし得べし

と。善行不可能説を唱えたる言にしてこれよりも強いものはない。悪をなすに慣れたる人間が善をなすは、アフリカ人がその皮膚を白くし、また、豹がその斑点を除くだけ難（かた）くある、すなわち不可能であるとのことで

ある。預言者エゼキエルが当時のユダヤ人をののしりたる言にいわく、

なんじの起こり、なんじの生まれはカナンの地なり。なんじの父はアモリ人、なんじの母はヘテ人なり（エゼキエル書一六・三）

と。すなわち神の選民と称せらるるユダヤ人も、その生まれつきの性いかにと尋ぬれば、その起こりは異邦のカナン、その父は異教のアモリ人、その母は同じくヘテ人なりとのことである。イエスもまた彼、ご在世当時の国人を呼ぶに、「まむしの裔（すえ）」との過激の言をもってしたもうた。パウロは、自己は罪に売られたる者であると公言してはばからなかった。イザヤもまたおのが国人を評して、「悪をなす者の裔、足のうらより頭まで、全き所なし」と言うた。その他、人類堕落に関する聖書の言は数限りなしである。人は生まれながらにして善き者であって、発達進化によって完全に達するとは、聖書のどこを見ても書いてない。「なんじら悪しき者ながら、善きものをその子に与うるを知る」と言いたまいて、人に多少の善心あるを認めたまいしといえども、その本性の悪なるを、イエスは明白に示したもうた。人は悪人、神にそむける者、ゆえに滅亡に定められたる者なりとは、聖書全体の教えである。これを緊約したるものが、ロマ書三章十節以下においてパウロが引用せる旧約聖書の言である。

義人なし、一人もあることなし。悟れる者なし、神を求むる者なし。みな曲がりて、邪（よこしま）となれり。善をなす者なし、一人もあるなし。その、のどは破れし墓なり、その舌は人を欺き、そのくちびるにはまむしの毒を蔵（かく）す。その口はのろいと苦きとにて満ち、その足は血を流さんために速し。破壊と悲惨とはその道に遺（のこ）れり。彼らは平和の道を知らず、その目の前に神をおそるるのおそれあることなし

と。強い言葉である。そしてパウロは、人類全体についてかく言いて少しもはばからなかったのである。

そして人生の事実が聖書のこの主張を証明して余りがある。人類全体の歴史が流血の歴史である。それは野蛮時代の歴史に限らない、文明人種の歴史もまたそれである。しかり、文明が進歩すればするほど流血がはなはだしいのである。僅々十年前に、人類があってよりいま

だかつてあったことのない最も悲惨なる戦争が戦われたのである。そして、いまだかつてあったことのない破壊と悲惨とを見たのである。「その足は血を流すに速し」とは、英国人、米国人、仏国人、ドイツ人、日本人にことごとく当てはまる言葉である。文明の進歩は少しも彼らの殺伐の性を減じない。否、ますますこれを増進する。武器の精巧なる、今日のごときはない。しかして年と共にますます精巧になりつつある。そしてまた戦争がやんだとは何びとも信じない。より大なる大戦争が近き将来において起こるだろうとは、何びとも期待するところである。「その足は血を流すに速し」。戦時となれば牧師も伝道師も衆愚に雷同して戦争を謳歌する。彼らは勝手に聖書の言を曲げて、軍旗を祝福し、敵国を呪詛（じゅそ）する。その時、福音も平和もあったものでない。彼らの平和主張は常に戦争終わって後におこなわれ、戦争最中は彼らの主なる事業は平和論者の呪詛である。われらはこの事を、世界戦争最中に、日本の牧師において見た。そして米国にありては、その事が日本よりもはるかにはなはだしかった。米国の宗教家が敵国ドイツをのろうの激烈なりしは実に前代未聞であった。そして、キリスト教の教師においてしかり、その他は推して知るべしである。「その足は血を流すに速し」。これ人類全体の特性であることは火を見るよりも明らかである。

　その、のどは破れし墓なり
　その舌はいつわりを言い
　その、くちびるには、まむしの毒を蔵す

この事もまた充分に、世界大戦争中に事実をもって証明された。英米人が敵国に対して盛んにおこなった宣伝は何であるか。今や宣伝とは一の術語であって、「いつわりの宣伝」を言う。無い事を有ると称してこれを宣伝する、それが今日のいわゆる「宣伝」である。そして宣伝の術において最も巧みなる者は、宗教のことにおいて最も進歩せりと称せらるる英米人である。ことに米国人である。英米人がドイツに勝ったのは、勇気と戦術によってよりはむしろ宣伝によってである。彼らは敵国に関する有る事と無き事とを広く巧みに宣伝して、世界の同情を敵国より奪って、これを自己に収めたのである。そして宣伝をもってほとんど独墺を殺した米国は、同じくまた宣伝をもって日本を傷つけた。米国人の排日に成功せるは、これまた宣伝によるのであって、日本人にかかわるいつわりを広く巧みに宣伝して、彼ら米国人は、その友邦日本に永久の傷を負わせたのである。宣伝と言えば無害のように聞こえるが、いつわりの伝播(でんぱ)、まむしの毒の注射と言えば、その害毒の程度が推量される。

最も進歩せる国民と称せらるる英米人がそれであるを知って、人類全体がまことにまむしの裔であることがわかる。もちろん世には比較的に善い国と人とがないではない。しかし単に比較的である。絶対的でない。しかしてこの事について、国家、人類、他人の事を論究する必要はない。自分を顧みればよくわかる。自分は罪の人でないか。何ゆえに、自分は善をなすに難(かた)くして悪をなすに易(やす)いか。何ゆえに、多くの場合において、簡単なる善事さえもなし得ないか。何ゆえに、小なる事について怒るか。何ゆえに、他人の小瑕(しょうか)を責むるに厳にして自分の大過をゆるすに寛なるか。悪い友には親しみやすく、良い友には近づきがたいか。悪い癖には染まりやすく、善き習慣をば作りがたいか。自分自身を深く研究してみて、自分は罪に売られたる滅びの子であることが明白にわかるではないか。

かくのごとくにして、聖書と人生の事実とは、人類全体が全然堕落せるを示す。さらばわれらは失望すべきか。しかり、もし人以外に頼むべき者がないならば、失望は当然である。人は自分で自分を救うことができない。もちろん人は国家または人類を救うことができない。大政治家が出でて国家を救うた例があるというは、これまた比較的または暫時的のことであって、決して絶対的または永久的のことでない。よし暫時的たりとも救うたとして、彼は自分で救うたのではない。自分以外のある力に頼みてである。クロンウェル、ワシントンというような大政治家はみなよくこのことを知った。われはわが国を救いたりと言うような政治家はろくな政治家でない。大政治家はすべて自己を知った人であった。すなわち、自己は価値なき者であった、ある他の力が自己を使って大なる事をなさしめたのであると信ずる者であった。そしてこれは決して彼らの偽りの謙遜でない。堅い真の確信である。大政治家の伝記を読んで、この事に気の付かざる者は、歴史を読むの眼を持たない者である。

人は、国家人類はもちろんのこと、自己をさえ救うことができない。さらば絶望すべきか。しからずである。神がいましたもう。罪人をさえ愛したもう神がいましたもう。神は、人のためにあらず、ご自身のために、堕落せる人類を救いたもう。この事もまた聖書が明らかに示すところである。

主エホバ、かく言いたもう、イスラエルの家よ、われ、なんじらのためにこれをなすにあらず。なんじらがその至れる国々において汚せしわが聖き名のためになすなり……われ、清き水をなんじらに注ぎて、なんじらを清くならしめ……（エゼキエル書三六・二二以下）

とある。イスラエル人に、救わるべき資格があるがゆえに、彼らは救わるるのではない。その反対に、彼らがいたる所に汚せし主エホバの聖名（みな）のゆえに、すなわち愛をもって憎に報いたもうエホバ神のゆえに、彼らは救わるべしとのことである。神は、恩をもって怨（うら）みに報いんために、そむける民を救いたもうとのことである。そして聖書のいたる所に、同じことが言うてある。

恐るるなかれ、われ、なんじと共にあり
驚くなかれ、われはなんじの神なり
われ、なんじを強くせん、なんじを助けん
わが義（ただ）しき右の手、なんじを支（ささ）えん（イザヤ書四一・一〇）

とある。「われ」である。すべての善き事は「われ」エホバより出づというのである。「エホバの熱心、これをなしたもうべし」（同九・七）とある。人の神に対する熱心ではない、神の人に対する熱心によりて、善事はおこなわるべしというのである。「すべてのもの、神より出づ」（コリント後書五・一八）とパウロが言いしはこの事である。

すべてのもの、神より出づ。彼、キリストにより、われらをしておのれと和らがしめ……

とある。われらより進んで神と和らぐのではない。和らぎたくも和らぐことができない。また和らぎの心も起こらない。彼キリストによりて、われらをしておのれと和らがしめたもうのである。キリスト教の提供する救いはかくのごとくにして成るものである。人より出づるにあらず、神より出づるのである。救いの動機も神より出で、その方法も神による。「神、キリストによりて」である。人を除いての救いである。神に出で、神により、神に終わる救いである。

以上は、救いにかかわる聖書の指示(しめし)であって、また信者の実験である。自己の何たるかを明らかに示されたる後に神の救いにあずかった者は、何びとも、その救いの、自己によるにあらずして、全然神の恩恵によることを知るのである。

　善なる者は、われ、すなわちわが肉におらざるを知る
　ああわれ悩める人なるかな。この死の体よりわれを救わん者は誰ぞや
　これ、われらの主イエス・キリストなるがゆえに、神に感謝す(ロマ書七・二三―二四)

これはパウロの実験であって、すべての信者の実験である。まず第一に、自己の堕落を示され(善なる者、われにおらず)、第二に、悲惨なる状態にあるを自覚し(ああわれ悩める人なるかな)、第三に、上よりの恩恵によりて救われしを感謝する。これをば称して「救いの三階段」と言うべけれ。アウガスティンも、ルーテルも、クロンウェルも、真の信者はすべてことごとくこの階段を経過したのである。信者が救われて最後に発する言葉は、詩百十五篇一節のそれである。

　エホバよ、われらに帰(き)するなかれ、われらに帰するなかれ
　栄光はこれをただなんじにのみ帰したまえ
　なんじのあわれみと真実とのゆえによりて

と。われらは信仰によりて救わるるのであるが、その信仰までが神のたまものであることを知るのである。「なんじらの信ずるは、神の大いなる力の感動(はたらき)によるなり」とエペソ書一章十九節に言えるがごとし。

かくのごとくにして、堕落の教義は救いの基礎を作るのである。神がキリストをもって施したまえる救いの何たるかは、人類堕落の事実を知らずしてはわからない。神は愛なりと言うも、その愛の深さは、罪の深さを知らずしては推し量られない。「キリストは、われらのなお罪人たりし時に、われらのために死にたまえり。神は、これによりて、その愛をあらわしたもう」(ロマ書五・八)とあるがごとし。

(一九二五年十二月『聖書之研究』)

罪とその根絶

キリスト教的人生観を知らんと欲するにあたって罪の何たるかを知るは最も肝要である。罪を知らずして、キリスト教はわからない。罪はいやな問題であるが、これによらずして、キリストの福音はわからない。罪を正面より研究して、これによって得たキリストの救いのみが、永久に変わらざる救いの岩としてわれらにのこるのである。

罪は第一に迷いでない。罪は迷いを生ずるが、罪そのものは迷いでない。それよりもモット深いものである。罪は知識の不足でない。ゆえに教育を施して取り消すことのできるものでない。仏法も哲学も、その点において、キリスト教と人間救済の根本を異にしている。罪は霊魂の腐敗であって、頭脳の狂いでない。ゆえに正しき知識を与えただけで取り除くことのできるものでない。キリスト教の供する救いは、イルミネーション（啓蒙）でなくしてコンボルション（新造）である。「人もしキリストにあらば、新たに造られたる者なり」（コリント後書五・一七）である。

罪は単に行為でない。行為は行儀（ぎょうぎ）作法であって、身の外の事である。されども罪は心の内の事であって、隠すことのできる事である。罪は過失でない。悪心である。そして人は何びとも罪人であるというは、その心が悪いというのである。キリスト教にありては、イエスもパウロも明らかにこの事を教えた。しかしながら世人は容易にこの事を信じない。キリスト信者とみずから称する人までがこの事を信じない。いわく、人の性は善である、その罪は外面の陋体畸形（ろうたいきけい）にすぎない、あたかも栗のいがのごとし、外に鋭き刺（とげ）あるも、内は美味の果実なりと。キリスト教はその正反対を教えて言う、

ああなんじら、わざわいなるかな、偽善なる学者とパリサイの人よ、なんじらは白く塗りたる墓に似たり。外は美しく見ゆれども、内は骸骨（がいこつ）とさまざまの汚れにて満つ（マタイ伝二三・二七）

と。学者とパリサイの人に限らず、すべての人がそうで

ある。

　かくして罪は人の三分性において、単に彼の肉体または理知に属する事でない。過失でない。また迷いでない。霊魂に属する事である。人は罪人であるというは、その生命の根本が腐っているという事である。信ずるに、はなはだ、いやな事である。されども聖書の明白に教うるところであって、真理なるをいかにせんである。人はいかにしてかくまでに堕落せしか、罪の起原を知るは難（かた）くある。あるいは創世記第三章の記事を文字どおりに受け取ることはできないかも知れない。されども罪の事実は明白である。罪は科学や哲学をもって説明することはできない。ゆえに文明の進歩と共にこれを取り除くことはできない。その反対に、知識技術の進歩と共に罪もまた進歩する。人生、実は人の罪ほど不可解のものはない。人は罪と知りつつ罪より脱することができない。また罪に関する種々の説明を試みてしかも罪の真相を認めて誤らない。罪の事実については、諸見ことごとく一致すると言いて、まちがいない。

　罪の事実が明白なると同時に、これを取り除くの道もまた明白である。そして天（あま）が下にこの道はただ一つあるのみである（使徒行伝四・一二）。教育も修養も、儀式はもちろんのこと、人間のなすすべての事は、罪を除くに足りない。罪をおおうことができる。飾ることができる。多少これを訓致することができる。されども、これを除いて良心に平和を与うることはできない。ただ神の道なるキリストの福音のみがこの事をなし得る。ここにおいてか宗教は何でもよいということの無稽（むけい）の言たることがわかる。仏教に多くの尊むべき教えあることを疑わないが、仏陀（ぶっだ）の道はキリストの福音の代用をなすことはできない。仏教も儒教も、その他すべての宗教も、「われらの良心を死にたる行為より清めて、生ける神に仕えしむ」ることはできない。

　人の罪はすべて始祖アダムの罪をもって始まれりというは、説明するにいたって難（かた）いことである。その説明は他日試むるとして、ここに驚くべき事は、神が第二のアダムをくだして、第一のアダムの罪を転覆し、これに代うるに、あふるるの恩恵をもってしたもうたとの事である。その事を語るものが、ロマ書五章十四節以下であって、第十八節がことに顕著である。

　このゆえに、一つの罪より、罪せらるる事のすべて

の人に及びしごとく、一つの義より、義とせられ生
　命（いのち）を獲（う）る事もすべての人に及べり

と。パウロのこの言を文字どおりに解釈すれば、万人救済の信仰に達するであろう。もし第一のアダムの罪による万人滅亡が真理であるとすれば、第二のアダムの義による万人救済も真理であらねばならぬ。しかし一歩を譲りて、救いはすべて条件附きであるとして、すなわち信じて救わるるのであるとして、神においては、のろいはすべて取り除かれて、キリストの贖罪（しょくざい）の功によりて、人類全体は今や罪なき者として扱われつつあると見るが当然である。その証拠には、キリストの出顕によって人類の歴史は一変した。また国民の歴史において、キリストを受くると受けざるとによって、その盛衰に天地の差がある。仏教は偉大なりといえども、いまだかつて仏教によって起こった大国家を見たことはない。ここに歴史上の大問題がある。大いに考うべきである。

（一九二九年九月『聖書之研究』）

罪と完全

ある教会信者に、「君には罪の苦悶はないか」と尋ねたらば、彼は左のごとくに答えた、

　人間は弱い者である。私は人間である。ゆえに私は弱くある。私が罪を犯すは当然である。

と。これを聞いて自分は思うた、「なるほど、そう言えば理窟は立つ。しかしこの人にキリストの福音を説くことはできない」と。

しかし自分の三段論法は少し違う。自分は左のごとくに言いたい。

　人間は完全たるべく神に命ぜらる。自分は人間である。ゆえに自分は完全なるべき義務がある。自分は自分の犯したる罪の責任を負わねばならぬ

と。世にいまだかつて罪を犯さざる人一人も無しといえども、その事は、自分が甘んじて罪を犯すの理由とならない。イエスは命じて言いたもうた、「天にいますなんじらの父の全きがごとくに、なんじらも全くなるべし」

と。完全はわれら各自の義務である。もし世にいまだかつて完全なる人一人もありしことなしといえども、自分は完全を求めねばならぬ。キルケゴードが言いしがごとく、「もし、やむなくば、われ自身が開闢《かいびゃく》以来の初めてのクリスチャンたらん」である。

かく言うは、決して無謀でもなくまた傲慢《ごうまん》でもない。人たるの義務である。人は何びとも完全なるべく全身の努力をふるわねばならぬ。シナの聖人すら言うた、

天子より以《も》って庶人に至る、一にこれみな身を修むるをもって本《もと》となす

と。身を修むとは、君子となること、人らしき人、完全の人となることである。噴水はその源よりも高くのぼることあたわず。完全を目的とせざる人の生涯は知るべきのみである。

神は人に、自力で完全になるべく命じたもうたのでない。彼はわれらにすべての援助を与えたもう。彼はまず聖子をもってわれらの罪をゆるしたもうた。しかる後に聖霊をくだして、罪に勝つことを得しめたもう。その他すべての手段方法をもって、内よりまた外より、われらの完成を助けたもう。そして「愛は律法を完成《まっとう》す」であって、完全なるの道は、われらが思うよりも容易である。

人間は弱い者、罪を犯す者、不完全なるが当然であると言い通すがゆえに、ますます不完全になるのである。教会は人類の全然堕落を唱えつつ、はばからずして罪を犯し来たった。神にたよりて完全にならんと欲して努力することが、完全に達するの第一歩である。神はたぶんこの神聖なる努力を完全の大部分として受けてくださるであろう。

（一九二九年三月『聖書之研究』）

罪悪の探究

罪悪の探究も、宗教や哲学の探究と同じように、深くなさなければならない。世間の人が悪人であると言うから悪人であると思い、善人であると言うから善人であると思うならば、誰にでも善悪を区別することができる。しかし日本今日の社会は非常に悪い社会であるから、し

たがって善悪を区別するのは非常にむずかしい。今日の日本においては、世間がもって悪人となす者は実はさほどの悪人でなくして、大悪人は実は世間がもって大善人と思うている人の中にある。

日本では悪人はめったに顔を出さない。日本においては、真正の悪人は、他の人を使って悪をおこなう。彼は悪事のすべての利益をおのが身に収めて、自身は決してその責めに当たらない。彼は、悪事の露顕する時は、世間の人といっしょになって、彼の使役（しえき）によって悪事をなせし人を責める。そうして世間はまた彼の挑発（おだて）に乗って、悪人ならぬ悪人を責める。悪事の内幕を知っている者から見る時には、日本における悪人征伐ほどおもしろいものはない。

昔、ギリシャのプラトーは、政治家たる者はみな哲学者でなければならぬと言うたが、余は、今の雑誌新聞記者なる者はみな心理学者（サイコロジスト）でなくてはならぬと言いたい。ただ罪悪の表面ばかりを見ていて、盲目の社会と判断を共にするようでは、とても社会の木鐸（ぼくたく）たるの職務は勤まるまいと思う。よく罪悪の本源をきわめ、その、いかに込み入りたるものにして、いかに微妙なるものなるかを知らなければ、とても真正の悪人を見出だすことはできない。

（一九〇一年一月『警世』）

〈贖罪の原理〉

誤解されし教義

パウロの贖罪論

今日世に誤解されかつ濫用される教義にして、パウロの贖罪論（しょくざいろん）のごときはない。今やこれを否認し、排斥し、はなはだしきに至ってはこれを嘲弄するのが、識者をもってみずから任ずる者の中に流行となりつつある。一時はキリスト教を解する上において唯一の憑典（ひょうてん）として仰がれしパウロの書簡は、今やほとんど聖書以外に放逐されんとする状態である。

これはそもそもどういう理由であるか。パウロの贖罪論ははたして背理背倫の説であるか。これ、はたして信仰上ならびに道徳上、何の価値もない説であるか。これ大いに考究すべき問題である。

なるほどパウロの言にして、これをその前後の関係より離して見て、不合理のように見える節（ふし）のないではない。その三、四の例を挙げんに、

イエスは、われらが罪のために渡され、またわれらが義とせられんがために、よみがえらされたり。このゆえに、われら信仰によりて義とせられたれば、神と和らぐことを得たり。こは、わが主イエス・キリストによりてなり（ロマ書四・二五―五・一）

キリスト、われらのなお罪人たる時、われらのために死にたまえり。神は、これによりて、その愛をあらわしたもう。今、その血によりて、われら、義とせられたれば、まして彼によりて怒りより救わるることなからんや（同五・八―九）

またキリストの代わりて死にたまいし弱き兄弟……（コリント前書八・一一）

神と人との間に一位（ひとり）の中保あり。すなわち人なるキリスト・イエスなり。彼、万人に代わり、おのれを捨てて、あがないとなせり（テモテ前書二・五―六）

以上は三、四の例にすぎない。そうしてこれに類したる

パウロの言は決して少なくない。

そうしてパウロのこれらの言葉をそのままに解して、今日キリスト教会において唱えらるる贖罪説なるものが出たのである。今これを簡約（つづ）めて言えば、ほぼ左のごときものである。

人は生まれながらにして罪人である。ゆえに彼はいくら励みても、おのれを神の前に義とすることはできない。ゆえに神は憐憫（れんびん）のあまり、そのひとり子をくだしたまい、彼を十字架につけて、人に代わりて、その受くべきの罰を受けしめたもうた。キリストの十字架は、一方においては、聖なる神の怒りをなだめ、他の一方においては、悪なる人の罪をきよめた。かくて彼は二者の間に立って中保となった。人は今や自己の善行によることなくしてただ信仰をもって、キリストの功績をおのがものとして受け、これによって神に近づくことができる

しかし、かかる教義に対して強き反対は起こらざるを得ない。今、贖罪論に対するすべての反対説をここに述べることはできない。ただ、そのうち最も強硬なるもの二つを挙げんに、すなわち左のとおりである。

その一、贖罪論は論理的に不合理なり。そは、人は各自、おのれの罪を担（にな）うべき者にして、神といえども、彼に代わってこれを担うあたわざればなり

その二、贖罪論は実際的にはなはだ有害なり。そは、もし善行以外に義とせらるるの道ありとすれば、人は善行を怠り、神を信ずると称しながら悪をおこのうに至るべければなり

そうして贖罪論はこの反対論に対して、たやすくおのれを弁護することができないのである。意志自由説は倫理学上の本義とも称すべきものである。そうして贖罪論はこの本義に抵触（ていしょく）する。また極端なる贖罪論の道徳的害毒は、人の一般に認むるところである。いわゆる「神学者の憎悪（ぞうお）」と称し、宗教家が宗教論を戦わしながら、仇恨、争闘、妬忌、結党等のすべての不義背徳をおこのうて恥とせざるの醜態は、われらのしばしば目撃するところであって、これ、主として贖罪というがごとき、善行以外に人を義とすると称する教義が彼らによっていだかるるからである。贖罪論は論理的に不合理（アブサード）であって、実際的に不道徳（インモーラ

ル）であると言う者があっても、あながちこれを排斥することはできない。

しかしながら、タルソのパウロははたしてかかる不合理、不道徳を唱えたのであろうか。今日世に称するパウロの贖罪論なるものは、はたして彼パウロの所信であったであろうか。パウロは意志の自由を拒み、神を信ずると称しながら罪を犯すの機会を後世に供したのであろうか。余輩はかく信ずることはできない。余輩は、今日キリスト教会によって唱えらるるパウロの贖罪論なるものについて、パウロ自身は責任を持たないと思う。これ全くパウロの誤解より出でたるものであると思う。すなわち、多くの他の事において、教会が使徒の名を濫用し、使徒をして、教会の犯せしすべての罪悪をになわしめしと同じく、この贖罪論においても、教会はパウロをして、おのれのおちいりし誤りの責任を負わしめたのである。余輩はキリストの弟子（でし）であって、パウロの弟子ではないから、何事にかかわらずパウロに推服する者ではない。しかしながらパウロの贖罪論を不合理的にまた不道徳的に解せしめしの責任は教会にあってパウロにはないと思う。

パウロは純正のユダヤ人である。「われは第八日に割礼を受けたる者にして、イスラエルの族、ベニヤミンの支派、ヘブル人より生まれたるヘブル人なり」（ピリピ書三・五）とは彼の自白である。そうしてこの遺伝を承（う）けたる彼は、哲学者ではなかったとするも、峻厳なる道徳家であったことは確かである。ゆえに彼は、彼の伝えし教えの中に論理の法則にかなわないものがあると聞いてもべつに意に留めなかったかも知れないが、しかし道徳にそむくものがあったと聞いたら、彼は堪えられぬほど驚いたであろう。まことに彼はキリストの贖罪について述ぶるにあたって、彼の反対論者がかかる駁論（ばくろん）を彼に向かって放たんことをおもんぱかり、あらかじめこれに答えて言うた、

さらばわれら何を言わんや。恵みの増さんために罪におるべきか。しからず（ロマ書六・一）

と。ここに「しからず」と訳されしその原語は激甚なることばである。mē genoito「堪えがたし」とか、「否、決してしからず」とか、「思いもよらず」とか訳すべきものである。少しくことばを替えて言えば、パウロは左のごとく言うたのであろう。

キリストが罪をあがないたれば、われらは罪を犯すも問われずとよ。堪えがたきかな、この言や

と。キリストの贖罪が善行怠慢の機会として用いられるとは、パウロにとっては堪えがたきことであった。そはこれパウロがねらった目的の正反対であったからである。

さらばパウロの贖罪論はいかに解すべきものであるか。

第一に、われらはパウロの受けし厳格なるユダヤ的教育を忘れてはならない。贖罪は、ユダヤ人の思想を占領せし主なる題目であった。旧約聖書、ことにその中の出エジプト記、レビ記、民数記を読んだ者で、その中に贖罪の文字のいかに多きかに気の付かない者はない。

なんじ、日々に罪祭の雄牛一頭をささげて、あがないをなすべし。また壇のために贖罪をなして、これをきよめ、これに油を注ぎ、これを聖別すべし（出エジプト記二九・三六）

すなわちアロン、おのれのためなるその罪祭の雄牛を引き来たりて、おのれとその家族のために贖罪をなし……（レビ記一六・一一。全章にわたり贖罪の文字ははなはだ多し）

これ、その一、二の例である。そうして旧約聖書全体にわたり、贖罪の文字と思想とは充（み）ち満ちている。まことに旧約教、これを贖罪教と称してもよいほどである。

そうして、かかる思想の中に生育せしパウロが、そのキリストによる救済観を組織するにあたって、これに贖罪の文字と思想とを編入したのは、決してむりならぬことである。旧約聖書に現われたる贖罪そのものの意義は余輩の今ここに索（たず）ねんと欲するところではない。しかしながら、パウロの地位にありし者が、新しき人生観を編み出だすにあたって、自己と周囲の人との贖罪的観念を満足せしむるの必要を感じたのはやむを得ないことであった。あたかも今日の吾人にとり、進化論に論及せずして、いかなる思想をも世に提出することができないと同然である。パウロは二千年前のユダヤ人であることを心に留めて、われらは贖罪論の不合理をもって彼を責めない。贖罪は当時の定説であった。これとの調和を講ぜずして、キリストの福音を説くも無益であった。パウロは言うたのである、贖罪は罪人が神に近づくに必要

である、しかし罪は牛や羊の血をもってあがなわるべきものではない、人の血をもってのみ、あがなわるべきものである。真正の罪祭は、神の小羊なるイエス・キリストをもって供物（くもつ）とすると。

第二、パウロにとりては、彼が贖罪論を唱うるに、明白なる道徳的理由があった。それは彼の謙遜である。彼は自己の善行によって彼が神に納（う）けられようとはどうしても思えなかった。さればとて、彼のごとき現実的観念をもって養成されし者は、神は何の条件をも付せずして自由に人の罪をゆるしたもうと聞いても、容易にこれを信ずることはできなかった。ここにおいてか彼にとりては罪の赦免の実証が必要であったのである。そうして彼はこの実証をキリストの苦難と死において発見したのである。神の聖きと自己の汚れたるとを比べて見て、彼は何か、キリストの十字架のようなものを要求してやまなかったのである。彼は、今日の多くの自称善人のように、神は人の罪をゆるすべきはずの者であるとか、人は神の子であるから恐れなく神の膝下（しっか）に近づくべきであるとか言いて、おのれを慰めんと欲するも慰め得なかったのである。彼は神を見ることあまりに高く、自己を見ることあまりに低くありしがゆえに、二者の間に渡りを付くる仲裁人を要求したのである。すなわち贖罪の犠牲（いけにえ）を携えて聖所に入りて、神の前に人をとりなすところの祭司の長（おさ）を要求したのである。パウロのごとく神を高く見ると同時に自己を低く見る者にあらざれば、贖罪の必要は感ぜられないのである。自己の皆無なるを信じ、自己のなし得る善行のひとしく皆無なるを信じて、ここに初めて贖罪の必要が起こるのである。もし贖罪そのものが不合理であるとするも、そのこれを喚起せし動機は実に貴いものである。贖罪を標榜（ひょうぼう）して神学論を戦わすのは最もいとうべきことであるが、しかし贖罪を要求してやまざるの心は最も貴むべきものである。パウロの謙徳の表彰（しるし）として彼の贖罪論は最も貴重なるものである。

第三、贖罪は人生の事実である。ゆえに実験すべきものである。実験を離れて理解し得らるべきものではない。その内容は門外漢の探り得べきものではない。これを不合理なりと称するは、これを単に外より観察するからである。これに道徳的危険の伴うは、その実験が浅いからである。贖罪を深く心に味わいて、その、道理の頂上、道徳の極所であることがわかるのである。ゆえに、これは何びとにもわかる教義ではない。パウロを待って初めて陳述せられ、パウロに達して初めて了解し得らるる教義である。実験は学問ではない。実視である。直感である。哲学者がこれを解し得ないのはあえて怪しむに足りない。また浅薄なる今の教会信者が、これを濫用してかえって危害をおのが身に招くも、あえて怪しむに足りない。事実は事実である。贖罪は贖罪である。これを解し得ないとてこれを排斥するは、太陽の熱をもっておのが煙管（きせる）に火を点じ得ないとてこれをそしるの類である。パウロは彼の信仰的実験を語ったのである。彼の霊魂の聖所に入りて、彼が見、また聞き、また、さわりしことを語ったのである。そうして外に立ちてはるかに幕内の聖事を覗（うかが）う者は、これを疑いもし、否みもするであろう。されども携えられて第三の天に至り、言うべからざる言、すなわち人の語るまじき言を聞きし者は、また人の説明すべからざる深き聖き事を知るのである。パウロの贖罪論は不合理なりとて、また不道徳なりとて、直ちにこれを排斥すべきではない。身をパウロの境遇に置き、同情をもって彼の思想の径路を考え、パウロの謙遜をもって、彼のごとくに高く神を見、低く自己を見、終わりに、贖罪を哲学上の命題として見ずして人生の実験として見て、われらは、今の人のごとくに、パウロの贖罪論を否認もせず、排斥もせず、もちろん嘲弄もしない。よしまた時には不合理的に見ゆることがあるとするも、その、偉人の唱えし大教義なるを知るがゆえに、充分の尊敬をもってこれを迎え、自身パウロのごとき者となりてこれを道理的に解釈し得るに至るその時期の一日も早く到来せんことを祈る。

（一九〇八年六月『聖書之研究』）

キリストの血について

新約聖書は所々にキリストの血の効力についてしるしている。キリストご自身の言葉としては左のごときものがある。

イエス言いけるは、まことにまことにわれ、なんじらに告げん、もし人の子の肉を食らわず、その血を飲まざれば、なんじらに生命なし。それわが肉は真正(まこと)の食物、またわが血は真正の飲み物なり。わが肉を食らい、わが血を飲む者は、われにおり、われもまた彼におる（ヨハネ伝六・五三―五六）

しかし、キリストの血の効力については、キリストご自身よりは彼の弟子（でし）たちによって多く述べられている。使徒行伝において、書簡において、黙示録において、この事に関する言葉は決して少なくない。

主の、おのが血をもて買いたまいしところの教会（使徒行伝二〇・二八）

今、その血によりて、われら、義とせられたれば、まして彼によりて怒りより救わるることなからんや（ロマ書五・九）

われら、その血により、あがない、すなわち罪のゆるしを得たり（エペソ書一・七）

今はキリスト・イエスにあれば、さきに遠かりしなんじらは、イエスの血によりて近づけり（同二・一三）

その十字架の血によりて平和をなし…（コロサイ書一・二〇）

血を流すことあらざれば、ゆるさるることなし（ヘブル書九・二二）

新約の中保なるイエス、およびその注ぐところの血（同一二・二四）

なんじらがあがなわれしは……きずなき、しみなき小羊のごときキリストの宝血によることを知る（ペテロ前書一・一八―一九）

その子イエス・キリストの血、すべて罪よりわれらをきよむ（ヨハネ第一書一・七）

彼らは……かつて小羊の血にてその衣を洗い、これを白くならせる者なり（黙示録七・一四）

われらの兄弟は、小羊の血によりて、これ（悪魔）に勝てり（同一二・一一）

キリストの血をもって買われたりと言い、キリストの血をもってあがなわれたりと言い、キリストの血によりて平和を得たりと言い、キリストの血をもって洗われたりと言い、キリストの血をもってきよめられたりと言い、キリストの血をもって救わるると言い、キリストの血をもって悪魔に勝つと言う。キリストの血の効力は千殊万様である。新約聖書記者の心よりキリストの血を取り去って、福音の勢力のすべてが取り去られるように感ずる。

聖書がそうであるから、聖書より出でしと称するキリスト教会の神学も信仰もまたキリストの血を高調してやまない。キリストの血、キリストの血と。敬虔(けいけん)といい熱心といい、すべてこの標語に連結しているように見える。キリスト信者の信仰におけるキリストの血の効力は、最も著しく詩人カウパーの有名の作なる「インマヌエルの血」の讃美歌においてあらわれている。その邦文に訳されしものは左のとおりである。

一、みめぐみあふるる　インマヌエルの
　血しおのいずみに　罪を洗え
十字架の上の　ぬすびとすら
　このいずみを見て　喜びけり

二、われらもいずみを　深くくぐり
　くれないの罪を　みな洗われん
神の小羊の　流せる血の
　きよむる力は　限りあらじ

三、主にたよる民の　みなひとしく
　きよめらるるまで　流れたえじ
われ生けるときも　死にてのちも
　インマヌエルの血を　たたえうたわん

しかしながら、かくもくどくどしと思わるるほどまでにキリストの血の功徳(くどく)を述べているが、その何たるか、あるいは何ゆえたるかは、これによって少しもわからない。血と言えば、その中に何か惨憺(さんたん)たるところがあって、悲哀の情が加わり、これを口に唱うる者は何やら特別に深くキリストを愛するように聞こえる。しかしながら、これわずかに感情にとどまって、道理ではない。キリストの福音は深き感情をひきおこすものであるが、しかし、もともと人の感情に訴えて彼を動かすものでない。「いざ、われら、共にあげつらわん」(イザヤ書一・一八)と神は今なお人に向かって言いたもう。「あげつらわん」とは、道理に訴えて議論を戦わさんとの意である。キリストの脇(わき)より流れ出でし血と水とを見て、いたく心を動かせし者は、十字架の側に立ちし婦人らである。しかしながら、その血は何を意味するか、その血はいかにして万国の民を救うか、いかなる意味においてすべてわれらの罪をきよむるか、これ感情ではなくして道理の問題である。われらはキリストの血とそのきよめとの明白なる意味を知らんと欲する。われらは何ゆえにキリストの宝血がわれらを救うか、その理由を知って、深くその救いにあずからんと欲し、また深くキリストの贖罪(しょくざい)の恩恵を感得せんと欲する。

言うまでもなく、血は血である。赤血球と白血球と血漿(けっしょう)との混合物である。その点において、牛の血も羊の血も人の血も、何の異なるところはない。余輩ははばからずして言う、その点においてはキリストの血とて余輩の血と異ならない。血は血である。キリストの血とて血である。血はいかなる物の血でも、またいかなる人の血でも、罪を洗わない。罪は心の事である。体の事ではない。血はたとえこれに浸されても、人の罪を洗わない。たとえキリストの血であるとするも、血そのものは、すなわち物質的の血は、人の罪をきよめない。その事は、誰が何と言うとも確かである。余輩はキリストの脇より流れ出でし血そのものに何の効力をも認めない。

されば何ゆえに、キリストの血、すべてわれらの罪をきよむと言うのであるか。何ゆえに、聖徒は彼の血にてその衣を洗い、これを雪のごとく白くなせりと言うのであるか。何ゆえに、キリストの血は信徒にとり無上の効力があるのであるか。これ、われらの特に知らんと欲するところである。

新約聖書に言うところの血の何たるかを知らんと欲せば、これを旧約聖書において探らなければならない。血なる言葉は、旧約において何を表号して用いられしか、その事をまず究(きわ)むるの必要がある。しかして、この事たる、すべての宗教の根底義たる「犠牲の何たるか」にわたる問題であった。宗教上の最大問題であるがゆえに、今ここに委細に論ずることはできないが、しかし左の三カ条の、旧約聖書にあらわれたる血に関する明白なる事実であることは、誰も疑うことはできない。

一、血は生命である事

二、血を流すとは、生命を捨つることである事

三、血を注ぐとは、生命を他に移すことである事

一、血は生命であるとのことは明らかに旧約に示してある。「肉の生命は血にあり」と。すなわち血そのものが贖罪をなすのではない、血の中に生命が存するゆえに贖罪をなすのであると。生命は血を離れて存在するものであるや否やの問題は、ここにこれを論究するに及ばない。われらはただ昔のユダヤ人が血を生命の所在と認めたということを知れば足りるのである。生命は血におい

である、ゆえに血は神聖である、血を流すことは大罪悪である、そはこれ生命を奪うことで、すなわち殺すことであるからであると。この事を心に留めて、旧約聖書の左の言葉を解することができる。

> およそイスラエルの家の人、またはなんじらのうちに寄留する他国の人のうち、血を食らう者あれば、われ（エホバ）、その血を食らう人にはわが顔を向けて攻め、その民の中よりこれを断ち去るべし。そは肉の生命は血にあればなり。われ、なんじらがこれをもてなんじらの霊魂のために壇の上にて贖罪をなさんために、これをなんじらに与う。血はその中に生命のあるゆえによりて贖罪をなすものなればなり（レビ記一七・一〇―一一）

すなわち犠牲（いけにえ）はイスラエルの家の人たちによりて無意義にささげられたのではない。これに、ある深き心霊上の意味があった。犠牲は言葉のごときものであって、心意の一種の表号であった。神に生命をささぐとの意義をもって、牛や羊や小牛がささげられたのである。表号は心意をあらわすには足らない。いかなる表号といえども、充分にかつ完全に心意をあらわすことはできない。貞操は松をもっては充分にかつ完全に表わされない。しかし松は貞操の善き表号である。悔いたる砕けたる心の状態（ありさま）は、これを壇の上にほふられたる犠牲の獣をもってしては、充分にかつ完全に表わすことはできない。しかしながら犠牲は懺悔（ざんげ）の最も善き表号である。生命は血にあると固く信ぜしイスラエルの人は、神の前に獣の血を流して、おのれの生命を神にささぐるの意を表した。人がこの世においてなすことはすべて表号にすぎない。しかも表号に、強いのと弱いのと、深いのと浅いのとがある。しかして犠牲は心の悔い改めを表わすための最も強いかつ深い表号である。

二、生命は血においてである。ゆえに血を流すことは生命を奪うことである。すなわち死することである。あるいは殺すことである。しかして罪を犯して死せざるを得ない。「罪を犯せる霊魂は死ぬべし」（エゼキエル書一八・四）と。「血を流すことあらざれば、ゆるさるることなし」と。ユダヤ人の信ぜしところによれば、罪と流血（すなわち死）との間には必然的関係があった。使徒パウロもまたこの信仰を変えなかった。彼は言うた、「罪の価は死なり」（ロマ書六・二三）と。

三、生命は血の中にある、しかして生命はまたこれを他に伝えることができると。これまたユダヤ人の信仰の一つであった。彼らは信じた、神はその生命を人に伝えることができる、人はその生命を他の人に伝えることができる、禽獣もまたその生命を人に伝えることができると。いわわる潔礼（きよめのれい）とは、この信仰に基づいて起こったものである。すなわち清き鳥の血を、らい病より清められんとする者の上に七回注げば、その人は清められたりとのことである（レビ記一四・三―七）。この場合においては、清き鳥の生命が、病める人の体に移りて、その人は清められたりとのことである。すなわち今日の言葉をもって言えば、ここに血清療法がおこなわれたのである。

以上は、血に関するユダヤ人の見解であった。その、吾人今日の見解と趣を異にするは言うまでもない。ユダヤ人にとりては、生命はすべて一つであった。人の生命も鳥の生命も獣の生命もみな一つであった。ゆえに、これらは相互に交換することができると思うた。彼らにはまた吾人におけるがごとく、肉的生命、知的生命、霊的生命というがごとき区別はなかった。彼らにとりては生命はただ一つであった。パウロの左の言のごときは、この辺の消息に通ずるにあらざればわからない。

もしイエスを死よりよみがえらしし者の霊、なんじらに住まば、キリストを死よりよみがえらしし者は、その、なんじらに住むところの霊をもて、なんじらが死ぬべき体をも生かすべし（ロマ書八・一一）

すなわち霊的生命は肉的生命となりて働くべしとのことである。生命の一元説は古くよりユダヤ人の信ぜしところである。今日の科学をもってしてはいまだ充分に証明することはできないが、しかしながら、すべての哲学が一元論に傾きつつある今日、決してゆるがせに付すべからざる信念である。

（一）血は生命である、（二）血を流すことは死することである、（三）血を人に注ぐことは、その人に生命を分かつことであると。以上が、血に関するユダヤ人の思想であった。しかしてこの思想をキリストの生涯の事実に適用したものが、新約聖書にあらわれたるキリストの血に関する思想である。

キリストの血とはキリストの生命である。しかして人の生命はその人自身であるから、キリストの血と言うは、キリストと言うと同じである。キリストの血によりて救わるるとは、キリストの生命によりて救わるるということであって、またキリストによりて救わるるというと同じである。

また血を流すとは死するということであって、死に伴うすべての苦痛をも合わせて言う。ゆえに、キリストの血によりて義とせらるとか、または十字架の血によりて平和を得たりとかいう場合には、「血」は「流されし血」と解すべきであって、死とこれに伴う苦痛をさして言うのである。

「わが血は真正(まこと)の飲み物なり」と言い、「新約の中保なるイエスおよびその注ぐところの血」と言う場合においては、血は、永久にイエスより流れ出づる生命であって、これを受けて復活あり、また永生ありというのである。「わが血は真正の飲み物なり……わが血を飲む者はわれにおり、われもまた彼におる」というは、同じヨハネ伝の四章十四節に

わが与うる水を飲む者は永遠にかわくことなし。かつ、わが与うる水はその中にて泉となり、わき出でて永生に至るべし

とあると、ただ、血と言うと水と言うとの違いがあるのみで、その根底の意味は同じである。ゆえに黙示録二十二章十七節においては、この水を称して「生命の水」と言うている。血と言うと、水と言うと、生命と言うと、つまるところは同じである。

キリストはいかにして人を救いたまいしかというに、牲犠(いけにえ)の言葉をもってこの問いに答えて言えば、

彼は自己を神の祭壇の上にささげ、みずから罪祭の供え物となりてその血を流し、神に対してはその怒りをなだめ、人に対してはその罪をにない、もって人を神の前にとりなしたまえり

と。

倫理の言葉をもって答えて言えば、

彼は完全に人たるの本分を尽くし、死に至るまで神を恨まず、人を愛し、彼の身をもって神を人に示し、人を神に導きたまえり。しかして彼、死して、彼の精神(彼の場合においては聖霊と称す。霊的生命なり)ますます人に伝わり、彼は今なお彼の精神(霊的生命)をもって、彼を信ずる者の中にありて生きたもう

と。

ユダヤ人の祭の慣例(ならわし)より全く脱却するあ

たわざりし新約聖書記者らは、犠牲の言葉をもって、キリストにかかわる彼らの霊的実験を述べたのである。されどもこの慣例に何のかかわりなき吾人は、かかる言葉に接して、その意義を探るにはなはだ困《くる》しむのである。吾人はこれを今日の吾人の言葉に翻訳して読まなければならない。古人の言葉を文字どおりに解釈して、吾人は大なる誤りにおちいらざるを得ない。

しかしながら、ここに一つ、注意すべき事がある。すなわち吾人が古人の言葉を吾人今日の言葉をもって解き去らざらんこと、その事である。すなわち吾人の浅薄なる思想をもって古人の深淵なる思想を説了せざらん事、その事である。今人の理想的なるに対して古人は写実的であった。ことに古代のユダヤ人はそうであった。理想は空想に傾きやすく、したがって皮想に走りやすい。精神といえば一時の活気なりと思い、生命といえば肉体の精力であるかのごとくに思う。しかし、精神とはかかる浅薄なるものではない。生命とはかかる薄弱なるものではない。精神は聖霊である。神より出づる真正《まこと》の生命である。もし生命を血と称して、迷信に傾くおそれがあるならば、血を単に生命と解して、浅薄に流るるの危険がある。霊的生命は単に生命としてイエスの身より流れ出づるのではない。彼が紅《あか》き暖かき生き血を流して、その結果として彼より流れ出でて、吾人の中にありて永生となるのである。かくのごとくにして、古人の言葉を今人の言葉に訳して読むの必要があるが、それと同時にまた今人の思想を古人の言葉をもって言い表わすの必要がある。われらはまことにキリストの血によりてあがなわれ、また清められ、また救われるのである。人間の不完全なる言葉をもってして、われらにありて成就《なしと》げられたるキリストの救いを言い表わさんとするに、これにまさりて適切なる言葉はないのである。われらがキリストによりて救わるるというのは、哲学者によりて思想の新光明に引き出ださるるということとは違う。キリストがわれらに与えたもう生命は、世のいわゆる元気でもなければまた活気でもない。これは深い静かなる霊であって、真の真、実の実である。われらはこれを聖霊と称しまつる。すなわちキリストご自身である。彼の人格の本体であって、すべての生命の精髄である。

なお一つ、注意しておくべきことがある。それは、救いに両面のあることである。すなわち消極的ならびに積極的の両面のあることである。救いは、その一面においては罪の消滅である。他の一面においては生命の供給である。前者は一時的であって、後者は永久的である。聖書の言葉をもって言えば、われらはまずわれらの「反逆」を癒(い)やされなければならない(ホセア書一四・四)。これがいわゆる贖罪(しょくざい)である。罪は死を価するものであるがゆえに、われら、罪より救われんと欲すれば、自身死に当たるか、しからざれば、ある他の者がわれらに代わって死の苦痛をなめなければならない。しかしながら救いはこれだけにては成就(なしと)げられない。死をまぬかれし罪人はさらに義とせられなければならない。すなわち正義の生命の供給を受けて、自身義人とならなければならない。医術の言葉をもって言えば、患者は第一に、病根を取り除かれなければならない。第二に、これに続いて滋養物の注入によって生活力を加えられなければならない。しかして「血を流す」(shedding)は、罪を除くために必要であって、「血を注ぐ」(sprinkling)は、新生命を注入するために必要である。キリストの施されし救いにもまたこの両面があった。彼は血を流して、彼を信ずる者の罪を除きたもうた。彼はまた彼らの上に彼の血を注ぎたもうて、彼らを永久に生かしたもう。十字架の血によりて、民をあがないたまい、彼より流れ出づる血によりて、彼らに永生を与えたもう。

今、以上の二つの注意をもって、キリストの血に関する新約聖書の言葉を読むならば、その意味はやや明瞭になるであろうと思う。

「人の子の血を飲まざれば、なんじらに生命なし」(ヨハネ伝六・五三)というは、イエスの生命を受けざれば、生きて神の子たるあたわずとのことである。

「主が、おのが血をもて買いたまいしところの教会」(使徒行伝二〇・二八)とは、キリストが十字架上の死をもってその罪を除きたまいしところの信徒の団体との意であって、血は、この場合においては、前に述べし救いの第一の意義において解すべきである。(エペソ書一章七節も同じように解すべきである)。

「今、その血によりて、われら、義とせられたれば、ましてかれによりて怒りより救わるることなからんや」(ロマ書五・九)。「今」は、この場合においては、「すでに」と解すべきである。すでにその血によりてわれらの罪を除かれ、義人として神に納(う)けられたれば(第一義）、まして今より後、終わりの裁判の日に至るまで、彼の生命の供給を受けて、清められ、かつ生かせられて、ついに神の子となりて救わるることなからんやとの意である。

「今はキリスト・イエスにあれば、さきに遠ざかりしなんじらは、イエスの血によりて近づけり」（エペソ書二・一三）。さきに異邦人たりしなんじらは、今はイエスの生命、すなわち子たる者の霊を受けて、アバ父よと呼びて神に近づくを得たり……（第一義に解す。されども第二義のその中に含まれあるを見る）。

「その十字架の血によりて平和をなし……」（コロサイ書一・二〇）。神、反逆（もと）れる者を、その子の死によりて、おのれと和らがしめ……。

「父なる神、福音に従わしめ、イエス・キリストの血に注がれしめんとて……」（ペテロ前書一・二）。信者について言う。「イエスの血に注がれしめん」とは、「イエスの生命にあずからしめん」との意である。クリスチャンとならしめんとて、イエスと共に恥辱と栄光とをになわさしめんとて……。

「その子イエス・キリストの血、すべての罪よりわれらをきよむ」（ヨハネ第一書一・七）。キリストの生命、われらの中にくだり、血清療法的にわれらを清むとの意である。すなわち光明は来たりて暗黒を追いやり、正義は来たりて不義を消し、生命は来たりて死を滅ぼすとのことである。キリストの血が不可思議的にわれらを清むというのではない。実際的に、新勢力をもって、汚れしわれらを清むとのことである。聖ヨハネはここに単に宗教的信仰を述べているのではない。実際的事実を語っているのである。

以上は解釈の実例にすぎない。同じように、新約聖書におけるキリストの血に関するすべての章節を解釈することができると信ずる。要するに聖書はキリストの血において不可思議的効験を認めない。これに触れようと、染まろうと、浸されようと、血そのものに何の効力もない。迷信と情動とをきらいし聖書記者は、特に血の神秘的了解を避けんとしている。その最も善き例はヘブル書の記者である。彼は言うている、

もし、やぎ、雄牛の血、また雌牛の灰といえども、これを汚れたる者に注ぎて、その肉体をきよむることを得るとならば、まして永遠の霊によりて傷なく

しておのれを神にささげしキリストの血は、なんじらに、生ける神に仕えんがために、死のおこないを去らしめてその心をきよむることをなさざらんや
（ヘブル書九・一三―一四）

すなわちキリストの血が吾人をして、死せる意義なき外形的のおこないを去らしめ、進んで吾人の心を清むるゆえんは、彼が「永遠の霊によりて」、傷なくしておのれを神にささげたからであるとのことである。彼の血そのものに不可思議的の能力（ちから）が存しているからではない、彼が純愛をもってこれを神の前に流したからであると。すなわち血の貴きは、これを注ぎし精神によるとのことである。

要するにキリストの福音は聖霊供給の福音である。吾人が清めらるるのも聖霊によりてである。永遠に救わるるのも聖霊によりてである。「聖霊の供給」、福音の目的はこれをもって尽きている。これを血と言うも、水と言うも、パンと言うも、ただ言葉を変えて同じ事を言うまでである。「子たる者の霊」、いかにしてこれを人に与えんか、いかにしてこれをおのれに受けんか、これ神にとり、人にとり、最上、最後、最大の問題である。しかして

その子イエス・キリストの血、すべて罪よりわれらをきよむ

と聞いて、吾人はアーメンと応（こた）え、心の中におどり喜び、迷信的にあらず、さればとてまた空想的にもあらず、事実中の事実、真理中の真理としてこの音信（おとずれ）を受け、深き新しき意味を付して、古き賛美を唱うるのである。

主にたよる民の　みなひとしく
きよめらるるまで　流れたえじ
われ生けるときも　死にてのちも
インマヌエルの血を　たたえうたわん

編者言う、この問題に付着する他の大問題は「人格」に関する問題なり。人ははたしてその人格すなわち霊的生命を他に移伝するを得るやと。聖書はもちろん得ると教え、近世心理学もまた得ると唱うるがごとし。さらに後日を待って論ずべし。

（一九〇九年二月『聖書之研究』）

贖罪の真義とその事実

今や「われは贖罪(しょくざい)を信ぜず」と公言してはばからないキリスト信者がたくさんいる。彼らは、贖罪はキリストの福音の中に無い事であって、後世の教会が造りだした事であると言う。

余輩とてももちろん粗雑なる贖罪説を信じない。外国宣教師によって伝えられ、教会の信条として強(し)いらるる、いわゆる贖罪の教義を信じない。しかしながら贖罪の真義とその事実とはこれを信ぜざらんと欲するも得ない。余輩はこれを取り除いて福音の真価を認めることはできない。真正の意味においての贖罪は、今に至るもなお余輩の信仰の根本である。

贖罪の文字がはなはだいとわしきものである。「あがなう」とは、奴隷制度のおこなわるる国において起こったことばであって、その中に多くのいとわしき思想がこもっている。あがなうは、買いもどすであって、売られし者を買いもどすの意である。人類が罪を犯せし結果として悪魔の手に渡されしがゆえに、神はそのひとり子を代償として彼(悪魔)に渡して、人類をその手より取りかえし(あがなう)たりというがごとき、あるいは、同一の結果として、人類が怒れる神の手に渡されしがゆえに、キリストはおのが血を流し、その血の代償として、神は人類を解き放ちたまえりというがごとき、神を愛と見る余輩にはとうてい承(う)けとりがたい説である。贖罪を文字なりに解して、これに忌むべき、いとうべき節(ふし)がたくさんある。

しかしながら、文字のいとわしきはその実のいとわしき理由とはならない。もし文字を言うならば、神と言うも、決して慕わしき者ではない、日本語の「加美」は、単に「上」の意であって、政府または役人のことであるという。しかし、われらは神を拝すると言うて大臣や次官を拝するのでない。また英語の God は Woden であって、元は北欧の神話より出たことばであるという。しかし英米人がゴッドに仕うると言いて、半神的勇者ヴォーデンに仕うるのでないことは明らかである。名は表号にすぎない。われらが神と言いゴッドと称する者は、実は名を付しがたき者(The Unnamable One)である。

われらはただこれに便宜の名を附して、われらの言いがたきことを言い表わさんとするまでである。

贖罪とても同じである。贖罪は、人知が今日のごとく進歩せざる時に、人が適用した文字である。されども、その、これによって表明せらるる事実は、この文字をもって言い尽くされるものではない。この粗雑なる文字の中に、深い微妙なる意味がこもっている。われらはその文字を責むる前に、これによって言い表わさるる事実を探るべきである。これをなさずして、文字のいとわしきがゆえに、そのこれによって表わさるる深い貴い事実までをしりぞくるは、識者のなすべきことでない。

贖罪の意義とは何ぞ。英語で贖罪を atonement と言う。そうして atonement は at-one-ment であると言う。すなわち一つになることであると言う。今まで分離してありし者が、ある手段によりて一つになること、これが atonement すなわち贖罪であると言う。

atonement はまた attunement であると言う。しかして attunement は調子を合わすの意であって、楽器の調子を協（あわ）すことである。すなわち不調におりし者がある手段によりて和合することである。単に一つになるというよりはやや深い意味においての和合を言う。しかし「一つになる」といい、「調子を合わす」といい、その中に「あがなう」との意義はない。atonement は、その語原より推してみて、贖罪と直訳することのできることばではない。

贖罪の事実を表明するために、聖書に三つのことばが使われてある。「あがない」と訳せられしギリシャ語の apolutrōsis（ロマ書三・二四、エペソ書一・七、コロサイ書一・一四）、「和らぎ」と訳せられし katallagē（ロマ書五・一〇、コリトン後書五・一八―一九）、「なだめの供え物」と訳せられし hilasmos（ヨハネ第一書二・二、同四・一〇）これである。贖罪の訳字は、第一のギリシャ語より出たものである。あがないとは、代価を払って囚人を釈放すること、和らぎとは、不和におりし者の間を調和すること、なだめの供え物とは全然宗教上のことばであって、供え物をささげて神の怒りをなだめるということである。罪の奴役より放つあがない、神との不和を調（ととの）う和らぎ、神の怒りをなだむる供え物、キリストの生と死とを三方面より見たる観察である。贖罪のみではない、調和である、単に調和と言いて尽きない、なだめの供え物であると。キリストは完全の救い主であるから、目的と同時に手段である。神と人との調和は目的であったが、贖罪と犠牲とはこの目的を達するために必要手段であった。しかしてユダヤ人たる聖書記者の立場より見て、いずれの方面より見るも、キリストは完全に人類の救い主たる本分を尽くしたもうたのである。

しかしながら、調和にも深いのと浅いのとがある。人と人との調和においても、単に好意の交換だけでは遂げられないものが多くある。もし強く感情を害せられ、名誉を傷つけられ、人権を蹂躙《じゅうりん》せられし場合においては、調和は決して容易のわざでない。これに仲裁もいる。賠償もいる。謝罪もいる。いくら双方または一方が仁慈高潔の人であるとするも、践《ふ》むべきの道を践まざれば、調和は遂げられない。

神と人との関係においても同じである。調和は容易であるようで、容易でない。よし神は無条件にてゆるすと言いたもうとも、人はかかるゆるしを信ぜんと欲して信ずることができない。これ、なにも必ずしも彼の心が頑剛《かたくな》にして疑い深いからであるばかりではない。これには深い霊性上の理由があるのである。霊と霊との関係は物と物との関係に異ならない。すなわち二者共に、ある法則に従わざれば和合一致することはできないのである。木と石とを合せんと欲しても、ただ単に結合を望んだだけではできない。木の性を考え石の質にしたがって二者の結合を計るにあらざれば、結合は決して永久的のものでない。そのごとく、聖き神の霊と汚れたる人の霊とは、ある一定の法則によりてのみ和合一致することができる。物と物との間に物質的法則すなわち天則がおこなわるるように、霊と霊との間に霊的法則すなわち道義が動《はたら》いている。この法則に従わずして、たとえ父子たりといえども、その親しき関係を持続することはできない。神は愛なりと言いて、すべての法則を離れて働きたもう者のように思うは、大なるまちがいである。

しかして贖罪の文字をもって表わされたる霊性上の事実は、一たび破れたる神と人との関係を回復するに必要であるのである。仲裁者あり、罪の消滅あり、神の側《がわ》においては慈悲の振興あり、人の側においては悔い改めの喚起ありて、初めて、より高き霊とより低き霊とが相抱合し相接吻するのである。ナゼそうであるかと問う者があれば、事実そうであると答うるまでである。かくするは霊の法則である、霊はかくせざれば和合一致せざる者であると言うまでである。霊にもまたその自然がある。すなわちその特性と常習とがある。ナゼそうであるかは、問うも無益である。ナゼ鳥は飛んで、虫は匍《は》うか、ナゼ水は流れて石は重いか、ナゼ仲保者の血と涙とに、破れし友誼を回復するの能力があるか、これらの問題に対して、吾人は、「神かく命じたまえり」とか、「これ彼らの自然性なり」とか答うるよりほかに道がないのである。

キリストの死が、神と人とを和合一致せしむるにおいて非常の能力《ちから》を有することは歴史上の事実である。また吾人の実験である。吾人といえども、キリストの十字架を知る前に神を知らないではなかった。されども、十字架を知って後の神に関する吾人の知識と、これを知らざる時のそれとの間には、霄壌《しょうじょう》もただならざる相違がある。また十字架を知りし前にも吾人に罪の悔恨なるものがあった。しかしながら、十字架を知って後に初めて真正の悔い改めが起こった。十字架なしの神はいたって低い神であって、十字架なしの悔い改めはいたって浅い悔い改めである。キリストの十字架によって、神に対する吾人の態度に大変化が来た。ナゼ来たかは、吾人のことごとく説明し得るところでない。しかし来たことだけは何よりも明白なる事実である。

よって知る、調和は贖罪以上の事実なることを。調和は贖罪なりと見たのは大なるまちがいであった。しかし贖罪なしに調和のないことは確かである。贖罪は罪の免除であって、調和の一要素である。罪の免除なくして、神と人との間の調和はない。人類の罪がある深き意味において根本的に取り除かるるまでは、彼は再び聖き神と親しむことはできない。

要するに贖罪は調和の消極的一面である。ゆえに調和は贖罪だけでは足りない。これにもちろん積極的方面がある。罪を除くと同時に新たに義を起こすの必要がある。傷を癒《い》やすにとどまらず、新たに生命を供するの必要がある。キリストの事業は単に神と人との破れたる関係を回復するにとどまらない。彼は平和を克復して後に、さらに平和を増進したもう。彼は人に代わってその罪を除きしにとどまらず、人に代わって義を完全におこないたもうた。神は完全(まった)き者である。しかして完全からざる者は神の子となることはできない。しかるにわれらはみな完全からざる者である。迷うたる羊である。ここにおいてか、たれかがわれらに代わって完全き者となり、われらはある方法により、あるいはわれらに供せられしある性能(ファカルティ)によりて、その完全をわれらの完全となすことができなくてはならない。もしかかる事はわれらがいかに望むとも絶対的になすあたわざるところであるとならば、われらが神の子となるは絶対的に不可能事である。神は汚穢(おわい)に耐うる人のごとき者ではない。絶対的に聖なる神は、その子より絶対的の聖潔を要求したもう者である。

誰かこれに堪えんやである。女の生みし者にして、この要求に応じ得る者は一人もない。されども一人の、この要求に応じたる者がある。その人は、人類の救い主なるイエス・キリストである。彼のみは完全なる人であってまた完全なる神の子である。しかして人は信仰の性能によりて、彼キリストの完全をおのが完全とすることができるのである。これ大なる奥義である。しかし奥義であればとて、人の実験にのぼらないことではない。神の完全を恋い慕う多くの人は、この実験を経て神と結ばれ、すべて思うところに過ぐる平安を彼らの心に感得しつつある。

贖罪 atonement, katallagē, reconciliation 文字は何でもよい。しかし事実は事実である。罪の重荷は単にことばをもってしては取り除かれない。また神の正義は単に議論をもってしては来たらない。罪なき者が罪ある者のために苦しみ、聖き者が聖からざる者のために尽くして、罪は消え、義はあふるるのである。余輩は贖罪の事実を信ずる。これを、その量り知られざる深き広き微妙なる意義において信ずる。　（一九〇九年三月『聖書之研究』）

贖罪の弁証

イエス、彼らを呼びて言いけるは、異邦の領主はその民を治め、大いなる者は彼らの上に権をふるう。されど、なんじらのうちにてはしかすべからず。なんじらのうちにては、大いならんと欲する者は、なんじらの給仕たるべし。またなんじらのうち、かしらたらんと欲する者は、なんじらのしもべたるべし。かくのごとく、人の子の来たるも、人に奉仕せられんためにあらず、かえって人に仕え、多くの人に代わりて命を与え、そのあがないとならんためなり（マタイ伝二〇・二五―二八）

今や贖罪（しょくざい）を信じないキリスト信者が多くある。彼らは公然と「われは贖罪を信ぜず」と言いてはばからない。彼らはあたかも贖罪は一つの迷信であるかのように思うている。彼らはキリストを信じ聖書を尊ぶといえども、その中に幾たびとなくしるしてある贖罪はこれを排斥するも何のさしつかえもないことのように思うている。

余輩といえども、もちろんある種の贖罪を信じない。普通宣教師と教会とによって唱えらるる贖罪を信じない。すなわち、キリストはすでにわれらのために死にたまいたれば、われらは今や盗んでも、殺しても、欺いても、その他いかなる悪事をなしても、救わるるにきまっているというがごとき贖罪を信じない。しかしてこれに類する贖罪説が実際に唱えられつつあるは事実である。「このゆえに、イエス・キリストにある者は罪せらるることなし」とのパウロの言を楯（たて）として、多くの明白なる悪事が、はばからずしてキリスト信者（教会信者）によっておこなわれつつあるは、おおうべからざる事実である。しかして、もしかかる贖罪説がキリスト教の根本的教義であるとならば、キリスト教はまことに不義不徳を教うるものであって、これはわれらの全身全力を尽くして排斥撲滅すべきものである。

しかしながら贖罪とはそういうことではない。これは深い道義のその中に存することであって、これあるがゆえに、キリストの福音は無上の価値を有するのである。

ここに掲げし聖書の言葉が、最も明らかに贖罪の何たるかを示すものであると思う。

人の子の来たるも、人に奉仕せられんためにあらず、かえって人に仕え、多くの人に代わりて命を与え、そのあがないとならんためなり

贖罪とは、人に仕うることである。人のために善をなすことである。他人のために尽瘁（じんすい）することである。すなわち自己を他人に与うることである。兄弟の負債に苦しむを見て、これをおのれの関せざることとして見ることなく、みずから進んで彼を負債の束縛より救

わんとすることである。しかして罪は最大の負債であれば、神は、キリストにありて、人類のこの負債を除かんとなしたもうたのである。神にしてもしこの心をいだきたまわざらんか、彼は神と称するに足りない者である。この心はこれ、われら、罪に沈める人類にすら多少存するものである。まして神においてをやである。神もし神たらば、彼はあがない主でなければならない。彼は進んで人の負債をおのれに負い、これをその苦痛よりまぬかれしめんとなしたもう者であるに相違ない。しかしてキリストは神のこの心を体して世にくだりたもうた者であって、われらは彼によりて、神はまことにわれらの理想にたがわず、われらのあがない主であることを知るのである。

贖罪に関する誤りは、多くはこれを「あがなわるること」と解して、「あがなうこと」と解せざるより起こるのであると思う。すなわち贖罪を受動的に解して発動的に解せざるより起こるのであると思う。贖罪は、強き者が弱き者のために、富める者が貧しき者のために取る行動である。これは神が人のためになしたまいしことであって、人が神に要求し、おのが権利として享受すべきものではない。贖罪は、神にありては美徳である。人にありては恥辱である。人が罪を犯したればこそ、神に贖罪の必要が生じて来たのである。愛の神の行為たる贖罪を、人に属する当然の権利と見なすがゆえに、この貴き教義より来たるすべての弊害が生ずるのである。

しかして贖罪を発動的に解して、われら、神に罪をあがなわれし者もまた、あがなわるるや否や直ちにみずからあがなう者となるのである。われらは神のみをあがない主としておいてはならない。われら自身もまた進んであがない主とならなければならない。すなわち、われらもまた、われらよりも、より弱き、より貧しき者のために、そのあがない主とならなければならない。すなわち彼らに代わりてわれらの命を与え、そのあがないとならなければならない。贖罪を単に神の事とのみ解するがゆえに、われらは彼の恩恵(めぐみ)に慣れ、これを濫用し、かえってさらに彼の怒りをわれらの身に招くに至るのである。まことに贖罪はひとり神のことではない。また人のことである。より強き者がより弱き者に対する時に、神と人との別なく、何びともあがない主たるべきである。すなわち他(ひと)の弱きを助け、貧しきを補い、暗きを照らし、悪しきを正し、罪をあがのうべきである。しかるに、みずからもまたあがない主とならんと欲せずして、ただ神にあがなわるるをもって足れりとなすがゆえに、贖罪の恩恵は益をなさずしてかえって害をなし、その教義は人の嘲笑を招くに至るのである。

主はわれらのために生命(いのち)を捨てたまえり。これによりて、愛ということを知りたり。われらもまた兄弟のために生命を捨つべきなり(ヨハネ第一書三・一六)

贖罪をかくのごとくに解して、その中にキリストの福音のすべてが含まれてあることを覚(さと)るのである。

贖罪誤解の第二の原因は、これを消極的に見て積極的に見ない事である。贖罪とは、単に罪を消すということではない。罪は無代価(ただ)であがなわれるものではない。これをあがのうに代価がいる。「なんじらは価をもて買われたる者なり」(コリント前書六・二〇)とパウロは言うた。しかしてその価とはもちろん朽つべき金や銀ではない。罪の反対なる徳である。義である。愛である。罪は、義と愛とをもってしてのみ、あがなわるるものである。ゆえに、買うといい、あがなうというは、単に引き出すということではない。これは買い取るということである。貴き代価を払うて買い取ることである。苦しき労働をもって救い出すことである。愛をもって憎みに打ち勝つことである。恩をもって恨みに報ゆることである。義をおこなって罪を打ち消すことである。しかして金銀の価値を知らざる者は物の真価を知らざるがごとく、労働の辛苦を知らざる者は事業の貴尊を知らざるがごとく、愛の苦痛と辛惨とを知らない者は贖罪の恩と恵とを知らない。世の贖罪をあざける者は、多くはみずからその責めに当たったことのない者である。すなわち、贖罪をただに教義と見て、これを書斎にありて考究し高壇に立って弁ずる者である。されども贖罪は空事(からごと)ではない。ただに教義ではない。確かなる事実である。痛き経験である。義の敢行である。愛の実現である。罪は容易に消すことのできるものではない。贖罪はこの世においておこなわるる難中の難事である。もしこれを贖罪と称せずして、勇行敢為と称するならば、はばからずして「われは贖罪を信ぜず」と言い得る者は一人もないのである。しかしながら贖罪は仁者の勇行敢為にほかならないのである。贖罪を、これをおこなうために必要なる善行より見て、その美と徳とが認めらるるのである。

　贖罪の積極的方面を示すにあたって最も有益なる証明は、イザヤ書第六章によって供せらるるのである。


　　ここにかのセラピム（天使）の一人、火ばしをもて祭壇の上より取りたる熱き炭を手に携えて、われ（イザヤ）に飛び来たり、わが口に触れて言いけるは、見よ、この火、なんじのくちびるに触れたれば、なんじの悪はすでに消え、なんじの罪はあがなわれたりと

ここに火といい炭というのは比喩的（ひゆてき）に解すべきであることは言うまでもない。ただし注意すべきは、神の言葉（真理）の預言者に臨みて、その悪は消え、その罪のあがなわれしことである。すなわち贖罪の事たる、真理実現の結果たることを示すことである。罪をあがなうというも、罪を駆逐(おいや)るというも、同じ事である。光明臨んで暗黒去り、正義現われて罪悪消ゆ。贖罪はキリストの愛の行為の必然的結果にほかならない。これを彼の感化と称するも、少しもさしつかえないのである。ただ「感化」の文字たる、普通、外面の感化を言うにとどまって、内部の変化改造を示さざるがゆえに、われらは贖罪はキリストの道徳的感化なりと称して、はなはだあきたらなく感ずるのである。しかしながら、贖罪の、道徳と離れたるある不可解の秘密でないことは明白である。贖罪は明白なる道徳的行為の明白なる結果である。真と美と善とのおこなわるる所には、どこにも贖罪はおこなわるるのである。善行はすべて贖罪的特性を具（そな）うるものである。キリストは人類のあがない主であると言うと、彼は神の子、理想の人であると言うと、その根底において何の異なるところはないのである。彼は最上の善をおこないたまいしがゆえに、完全に人類の罪をあがないたもうたのである。

　かかるがゆえに、この意味よりしてもまた、われら各自もまたわれらに賦与せられし力量相応に世のあがない主となることができるのである。われらがキリストにあがなわれしだけ、それだけまた世の罪をあがなうことができるのである。われらが誠心（まごころ）をもって福音を伝うる時、われらは世の罪をあがないつつあるのである。われらが心を尽くし意（こころばせ）を尽くして、主の名によりて人に善をなしつつある時に、われらは彼らのあがない主たるの職務を果たしつつあるのである。われ

らが光明をもって世に臨む時、正義をもって世と戦う時、愛をもって世を愛する時、われらはその罪をあがないつつあるのである。

贖罪はかくのごときものであれば、われらはこれを唱えて決して恥とすべきでない。われらは「われは贖罪を信ぜず」と公言してこれを否定せんとするよりは、むしろその真義を探り、これを信じ、これをおこない、もって自己と他（ひと）との救いを計るべきである。ひっきょうするに贖罪は犠牲である。愛の行為である。自己を他に与うることである。他の罪をあがなわざる者は神にして神でない。クリスチャンにしてクリスチャンでない。われらは各自キリストに罪をあがなわるると同時にまた他の罪をあがのうべきである。すなわちキリストと共に世のあがない主たるべきである。

（一九一〇年七月『聖書之研究』）

神の忿怒と贖罪

神に忿怒（いかり）なしと言うことはできない。彼はたしかに怒りたもう。「それわれらの神は焼き尽くす火なり」（ヘブル書一二・二九）と言い、また「生ける神の手におちいるは恐るべきことなり」（同一〇・三一）と言う。「それ神の忿怒は、不義をもて真理を抑（おさ）うる人々のすべての不虔（ふけん）不義に向かいて、天より現わる」（ロマ書一・一八）とある。真（まこと）の神は人の罪を怒らざるがごとき冷淡なる者ではない。「われエホバなんじの神はねたむ神なれば、われを憎む者にむかいては、父の罪を子に報いて三、四代に及ぼし……」（出エジプト記二〇・五）とありて、彼は熱情の神である。忿怒は愛の特性である。深く愛する者は強く怒る。「女、その乳のみ子を忘れ、おのが腹の子をあわれまざることあらんや。たとえ彼ら忘るることありとも、われはなんじを忘るることなし」と言いたまいし神であればこそ、彼の愛を蹂躪（じゅうりん）し不義をもって明白なる真理を圧抑する者にむかいては、焼き尽くさんばかりの忿怒を発したもうのである。神はまことに恐るべき者である。彼は侮るべき者でない。神は愛である。しかして愛なるがゆえに、彼は罪に対して熱烈の忿怒を発したもうのである。「キリストの愛、われを励ませり」と言いしパウロはまた「われ、主の恐るべきを知るがゆえに、人に勧む」(コリント後書五・一一)と言うた。

神が怒りたもう最も善き証拠はキリストが怒りたもうたことである。キリストはもちろん容易に怒りたまわなかった。しかしながら、怒りたまいし時には激しく怒りたもうた。彼、「なわをもて、むちを作り、彼ら、および羊、牛を売る者を宮より追い出だし、両替人の金を散らし、その台を倒し……」(ヨハネ伝二・一三以下)とありて、彼の忿怒に当たるべからざるものがあった。彼はまためったに人をののしりたまわなかった。されども、義憤の炎の彼のうちに燃えて、その痛罵となりて外に現わるるや、そのことばは大海のうめきのごときものであった。「ああ、わざわいなるかな、なんじら偽善なる学者とパリサイの人よ」(マタイ伝二三章)と彼は七たび繰り返して言いたもうた。(イエスのこののろいの言を、ギリシャ語に Ouai hūmin または英語に Woe unto you と読んで、うめきの響きが、よりあざやかに聞き取らるるのである)。彼は、当時の神学者ならびに教会信者について彼がいだきたまいし忿怒の念を充分に言い現わすのことばを持ちたまわなかったのである、彼はまた、たとえをもって、たびたび、神が頑強《かたくな》なる罪人に対していだきたもう忿怒のいかなるものなるかを示したもうた。「王、しもべに言いけるは、彼の手足を縛りて、外の暗きに投げ出だせ。そこにて悲しみまた歯がみすることあらん」(マタイ伝二二・一三)と。かくて「われを見し者は父を見たり」と言いたまいしイエスは時にみずから怒りたもうて、父もまた時には深く激しく怒りたもうことを示したもうた。

もちろん神の怒りは人の怒りと違う。神はご自身の利益を侵害せられたりとて怒りたまわない。また名誉を毀損せられたりとて怒りたまわない。彼は気まま勝手に怒りたまわない。彼は理《ことわり》にしたがいて怒りたもう。神の忿怒は義憤である。聖怒である。義の神なるがゆえに、義に対する連続的反抗に堪えずして怒りたもうのである。聖なる神なるがゆえに、彼に対する頑強的褻瀆(せっとく)に堪えずして怒りたもうのである。「主の顔は、悪をおこなう者にむかいて怒る」(ペテロ前書三・一二)とあるはこのことである。ゆえに、神に対するこの反抗的状態にありしわれらもまた前には「生まれながらにして怒りの子」(エペソ書二・三)であったのである。義憤聖怒はこれをエホバの神の特性と言わざるを得ない。

まことに三部経の阿弥陀仏(あみだぶつ)と聖書のエホバ神とのおもなる相違点はここにあるのである。阿弥陀仏はすべて慈悲である。彼の手に、むちと剣と焼き尽くすの火とはない。彼はただひとえに弱き煩悩熾烈(ぼんのうしれつ)の衆生(しゅじょう)をあわれむ。彼はただ無限の慈悲をもって人を救わんとするのである、罪の処分の難問題のごときは、浄土門の仏教においては起こらないのである。されどもエホバの神はこれと異なる。彼は愛である(慈悲ではない)。しかして愛なるがゆえに聖である。しかして彼の聖愛は、不浄、不潔、不義、不虔に堪え得ないのである。ゆえに彼は罪を怒りたもうのである。しかして無条件にては罪をゆるしたまわないのである。「血を流すことあらざれば、ゆるさるることなし」(ヘブル書九・二二)とある。これ「罪の価は死なり」(ロマ書六・二三)とあるパウロの言と相対して考うべき言(もの)である。死は罪(神に対する連続的反抗)と離るべからず。神は罪を適当に処分せずしてこれをゆるしたまわないのである。しかり、ゆるすことはできないのである。キリスト教の神は、罪をゆるすの神であると同時に、罪を憎み罪人を怒りたもう神である。この点において、彼と仏教(浄土門)の阿弥陀仏との間に天地の差があるのである。

キリストの十字架上の死たる、実に大問題である。これを単に罪の処分の一方面より考うることはできない。ここに神の愛のすべてとその最も深いところとがあらわれたのである。これに神人の和合がある。罪人悔い改めの督促がある。キリストはその血潮(ちしお)の流るる手(みて)を伸ばしたまいて、神にそむきし人類に帰還を促したまいつつあるのである。されども余輩は人類の罪に対する神の忿怒を離れてキリストの十字架を考うることはできない。「それ神の怒りは、不義をもて真理を抑(おさ)うる人々のすべての不虔不義に向かいて、天よりあらわる」とあるその怒りが、最も明白に、最も著しく、十字架上におけるキリストの上にあらわれたのである。神はそのひとり子の上に人類のすべての罪を置きたもうたのである。しかして彼にありてこれを処分したもうたのである。罪の罪たる事、その恐ろしき事、「罪の価は死なり」というその事、「血を流すことあらざれば、ゆるさるることなし」というその事、神はいかに罪を憎みたもうか、しかり、罪の義（ただ）しき適当なる刑罰……これらの事がすべてことごとくキリストの十字架においてあらわれたのである。キリストはここに人類を代表して、人類の受くべき罪の適当なる結果（刑罰）をおのが身に受けたもうたのである。しかしてこれを受けて、彼は人類に代わりて言いたもうたのである、

エホバの審判（さばき）は真実（まこと）にして、ことごとく正し（詩篇一九・九）

と。十字架は聖子の受くべき審判としてはことごとく不正である。されども、神に反逆（そむ）き来たりし人類の審判（刑罰）としてはことごとく正しくあった。ゆえに神の小羊たる彼は甘んじてこの苦難を受けて、黙（もだ）して口を開きたまわなかった。

キリストの十字架を人類の罪の代刑代罰として見て、有名なるイザヤ書五十三章の意味がわかるのである。これ、老デリッチ博士が、十字架のもとにおいて読むにあらざれば解すあたわざる言と言いしものである。幾多の信仰の男女をして感恩の涙にむせばしめたる一章である。

彼は侮られて人に捨てられ、悲しみの人にして病を知れり
まことに彼はわれらの病を負い、われらの悲しみをになえり。しかるにわれら思えらく、彼は責められ神に打たれ苦しめらるるなりと。彼はわれらのとがのために傷つけられ、われらの不義のために砕かれたり。みずから懲らしめを受けて、われらに安きを与う。その打たれし傷によりて、われらは癒（い）やされたり。われらはみな羊のごとく迷いて、おのおの、おのが道に向かえり。しかるにエホバはわれらすべての者の不義を彼の上に置きたまえり……彼はわが民のとがのために打たれしなり

もしこれが代刑代贖を意味することばでないならば、余輩はその何を意味するのことばなるかを知るに苦しむのである。

しかして旧約ばかりでない、新約もまたいたる所に代刑代贖（贖罪）を語るのである。ことにパウロはこの事

を高調しているのである。

神、罪を知らざる者（キリスト）をわれらに代わりて罪人となせり。これ、われらをして、彼にありて義人たることを得しめんためなり（コリント後書五・二一）

ことにロマ書三章二十五、二十六節における「神は、その血によりて、イエスを立てて、信ずる者のなだめの供え物としたまえり……」の言のごとき、これオルハウセンが「プロテスタント主義の信仰の本城なり」ととなえたるものであって、ここに代贖と赦免(ゆるし)と救いとが最も明らかに示してあると思う。パウロは贖罪を説かずとは、どうしても言うことはできない。この事は、自身贖罪を信ぜざりし、パウロ学の泰斗F・C・バウルが、彼の公平なる研究の結果として、彼パウロの贖罪唱道を明言しておるによってみても、よくわかる（F.C.Baur's Paul, His Life and Work 第二巻一五五ページ参照）。しかして彼バウルにならい、近世の聖書学者は全体に贖罪を否認するといえども、パウロのこれを唱えしことはこれを否認しないのである。彼らは言うのである、パウロは贖罪を唱えたり、されどもこれ彼のユダヤ的教育より来たりしものなり、ゆえに、これをキリストの福音の真髄と見なすべからずと。その善き実例は、エール大学前教授ジョージ・スティーブンス氏である。読者は彼の著『キリスト教的救拯論』（クリスチャン・ドクトリン・オブ・サルヴェーション）について見るべきである。

キリストの死は、人に悔い改めを促すためにのみ必要であったのではない。罪と罪人とに対する神の態度を変えるために必要であったのである。キリストの十字架によりて、義なる神は義によりて罪人を救い得るに至ったのである。「イエスを信ずる者を義として、なおみずから義たらんがためなり」（ロマ書三・二六）とあるはこの事である。キリストの十字架において、罪の世に対する神ののろいは取り除かれたのである。ここに神の聖怒は発せられて、消滅せられたのである。キリストをもって代表されたる人類に対して、神の態度は一変したのである。人類の罪は今や神と人との間を隔つる牆壁(しょうへき)として存せざるに至ったのである。今や赦免の恩恵は限りなく至聖者の宝座より流れ出づるに至ったのである。世は今やあがなわれたる世として神の眼中に存するに至ったのである。われら、信仰により、キリストにありて、神に対せんか、神は父としてわれらに対したまい、われらの罪は数えられずして、われらをして子たるの自由に入らしめたもうのである。しかしてこの恵みと栄えたる、われらの悔い改めによってわれらに臨むのではない。キリストの十字架上の死によってわれらに臨むのである。しかり、この死なくして真《まこと》の悔い改めは起こり得ないのである。また、よし起こり得るとするも、悔い改めはもって子たるの自由をわれらに供えないのである。十字架にありて、罪と罪人とに対する神の態度の一変せしにより、罪人に真の悔い改めが起こると同時に、その悔い改めに対して赦免の恩恵が限りなく彼に臨むに至ったのである。

余がかつて本誌において述べしがごとく、キリスト教的真理は円形ではなくして楕円形《だえんけい》である。円形は一個の中心点を有し、楕円形は二個の中心点を有す。神は愛なりと解し、万事を愛をもって解せんとする、これ円形である。神は愛なりまた義なりと解し、愛と義とをもって心霊的宇宙をえがかんとする、これ楕円形である。しかして余の見るところをもってすれば、キリスト教的真理は哲学的真理と異なり、円形にあらずして楕円形である。聖書は神は愛なりと教う(God is love)。されども、神は愛のみなり(God is *the* love)とは教えない。神は愛である。また義である。人に情と理とのあるがごとく、聖書の示す神に、愛と義とがあるのである。しかして、いかにして二者を調和せんか、これが大問題であるのである。しかしてこれ単に思想上の大問題ではない。実際上の大問題である。旧約聖書のことばをもって言うならば「あわれみと誠実《まこと》と共に会い、公義と平和と互いに接吻(くちづけ)せり」(詩篇八五・一〇)というその和合をいかにして得んか、これが人生の最大問題であって、また神がイスラエルの民をもって人類のために実際的に解決せんとして努力したまいし大問題であった。しかしてこの大問題が完全にイエス・キリストの十字架上の死によって解決されたのである。ここにまことに愛と義とが互いに接吻し、二者相合して恩恵(グレース)となりて、神のふところより出でて、罪人の心に臨むに至ったのである。すなわち「イエスを信ずる者を義とし、なお(神ご自身)みずから義たらんがため」(ロマ書三・二六)に、キリストの十字架が必要であったのである。神を単に愛と解して、十字架の必要はこれを認むるに困難《かた》くなるのである。愛をあらわすの道は十字架にのみ限らないのである。あるいはただに聖子の出顕によりて、あるいは愛の注入によりて、神は直ちに人の心に（少なくともある人の心に）、彼の愛をあらわすことができたろうと思う。しかしながら、義によりて愛をあらわさんがためには、すなわち罪人を義としながらなおご自身義たらんがためには、キリストの十字架を除いて他に道は絶対にないのである。これ愛にして義なる神が罪人を義とし（救い）たもう唯一の道であるのである。神はキリストの十字架をもって、神と人との関係にかかわる最大問題を解決したもうたのである。ゴーデーは、ある所に、キリストの十字架を称して「神知の巧妙手段」と言うたが、まことにそのとおりである。十字架につけられしキリストは、ユダヤ人にはつまずく者、ギリシャ人には愚かなる者であるが、召されたる者の立場より見て、まことに「神の大能また神の知恵」（コリント前書一・二四）である。これ神ならではなすあたわざるわざである。公義と憐憫とを接吻せしめ、罪人を義としてなおご自身義たりたもう。この事を見て、信者はすべてパウロと共に叫ばざるを得ないのである、「ああ神の知と識とは深いかな」と。

贖罪は一見して複雑なる救拯法《きゅうしょうほう》のように見える。神は愛（恩恵）をもって人に臨みたまい、人は愛（信仰）をもってこれに応《こた》えまつる、救いはここに成る、簡単の極とはこの事である、ゆえに、これを称して単純なる福音と言う、いずくんぞその間に贖罪というがごとき複雑なる取引《トランサクション》を要せんやとは、早くより贖罪論に対して発せられし非難の声である。まことに贖罪はユダヤ人またはギリシャ人にとどまらず、多くの近代人、多くの日本人にとり、つまずきの岩であった。余輩の知る有識の日本人にして、この事のあるがためにキリスト教を去った者は少なくない。彼らは、キリスト教の神の、厳格に罪の代価《あたい》を要求するを聞いて、その苛刻に耐えずして、彼を去って再び元の大慈大悲の阿弥陀如来《あみだにょらい》に帰ったのである。彼らの心事たる、まことに同情すべきである。しかしながら彼らは厳格なる愛のみが真《まこと》の愛なるに気がつかないのである。義罰を経ざる赦免は信頼するに足りない。愛を施すに道がある。またこれにあずかるに道がある。人と人との普通の交際においても、単純は最も貴むべしといえども、礼義によらざる交際は乱れやすくして侮蔑を招きやすくある。いわんや神と人との交際においてをや。聖なる神と罪ある人との交際においてをや。ここに適当の道(礼義)の必要なるは言わずして明らかである。しかしてその道がキリストの十字架である。これによりて、しかり、これによりてのみ、光のうちにいまして稜威《みいず》を衣とし光を衣のごとくにまといたもう神が、暗きのうちに歩む罪の子供に近づきたもうのである。まことにキリストの十字架は聖なる神と罪ある人との会合所である。しかり、その密会所である。十字架を経ずして、父の愛は人に臨まず、人はまた父にいたることができないのである。これ狭くして間接の道であると言うか。しかり、狭くある。されども愛の焦点である。神の愛は十字架に集中され、熱度を増して人に臨むのである。間接である。されども強固である。深きも高きも、生も死も、今あるものも後あらんものも、断つあたわざる愛のきずなは、キリストの十字架によりて、神と人との間に結ばれたのである。最も親密なる関係は、直接の関係ではなくしてかえって間接の関係である。二者が相共に愛する第三者によりて結ばれし友誼が、最も安全にして最も強固なる友誼である。十字架につけられしキリストによりて結ばれて、神は真に人の父となり、人は真に神の子となるのである。間接なる、必ずしも忌むべきではない。ある場合においては、間接は忌むべからずしてむしろ求むべきである。しかして罪てふ《ちょう》障害物によりて長くその関係を乱されし神と人とを結ばんとするにあたって、間接仲保を除いて他に道はないのである。

単純と言う。まことに単純は望ましくある。されども単純にもいろいろある、愛というも単純である。義というも単純である。しかしてまた十字架というも単純である。しかして余輩、贖罪論者は「十字架の福音」をさして単純なる福音と言うのである。キリストの十字架、あるいは単に十字架、*The* Cross すべてがその中に含まれてあるのである。神の愛、その義、その怒り、その罰、そのゆるし、すべてがその中に含まれてあるのである。わが愛、わが受くべき当然の刑罰、わが罪の表白、その承認、わが悔い改め、われにくだりしゆるし、わが潔《きよ》め、わが栄光、しかり、わがなすべきすべての善行、これらすべてがキリストの十字架の中に含まれてあるのである。十字架と言いて、神の、人に対するすべてと、人の、神に対するすべてが言い表わさるるのである。十字架、ことばは単純である。されどもその内容は豊富多様である。十字架と言いて、われは律法と預言者と、キリストと使徒と、旧新両約聖書の全部を語るのである。

かくて贖罪の事においては、余は、本誌前号所載の論文に現われたる藤井君と全然所信を異にする者なることをここに明言せざるを得ないことをはなはだ悲しむのである。余は「キリストがわれらの罪の代わりに十字架上において罰せられたという事」を信ずる者の一人である。余はまた「贖罪論の責任をパウロに帰（き）せんとする者」の一人である。

（一九一六年四月『聖書之研究』）

またまた贖罪について

贖罪は余のいだく思想ではない。余の奉ずる教義ではない。余の署名せし信仰個条ではない。余の実験である。余のよって救われし理由である。余の信仰の土台石である。これなくして、余に安心はないのである。余の信仰はむなしくして余はなお罪におるのである。余はもちろん余の善行によって救わるるのではない。余の悔い改めによって救わるるのではない。また余の信仰によって救わるるのでもない。余は、神がキリストにありて成就（なしと）げたまいし罪の消滅によって救わるるのである。まことに救いは少しも余が側（がわ）においてあるのではない。まったく彼の側においてあるのである。余の心理的状態によるのではない。彼の代贖的行為によるのである。キリストは、余がなお罪人としてありし時に、余のために死にたもうたのである。余の救いは、余のいまだ知らざりし時に、余のためにすでに成し就げられたのである。しかして余は単にその救いを認めてこれに入ったにすぎないのである。

（一九一七年十月『聖書之研究』）

〔無　題（内村生白す）〕

内村生白（もう）す、ここに再び藤井君の論文〔「代贖を信ずるまで」〕を迎うるを得て、歓喜に堪えない。事の原因（おこり）は、本誌第百八十八号〔大正五年―一九一六年―三月〕所載「単純なる福音」と題せられし藤井君の論文においてあったのである。余は君と贖罪の事において信仰を異にするを悲しみ、次号において「神の忿怒と贖罪」と題して余の立場を明らかにした。爾来、われら二人はこの重要点において所信を異にし、少なからざる悲しき経験を味おうべく余儀なくせられたのである。しかるに神はわれらをあわれみたまい、余の愛する信仰の友に、余に賜いしと同じ信仰を賜うて、余は感謝するにことばがないのである。贖罪はキリスト教の枢軸（パイヴォット）である。贖罪について信仰を異にして、われらはすべて他の事について所信を異にせざるを得ない。されども贖罪について信仰を共にせんか、遅かれ早かれ万事について一致するに至るべし。まことにキリストはわれら罪人のためにのみ死にたもうたのではない、また神のために死にたもうのである。しかり、特に神のために死にたもうたのである。神は人類だけ、それだけ、しかり、それ以上に、キリストの死を要求したもうたのである。しかして父なる神は今やキリストの死のゆえに罪人をゆるし得て喜びたもうのである。この事がわかって初めてキリストのありがたさがわかるのである。キリストは、人の受くべき罰をご自身に受けたまいて、父なる神をして、「イエスを信ずる者を義とし、なおみずから義たら」（ロマ書三・二六）しむるの道を開きたもうたのである。かくしてキリストは人に対して最良の友人でありたもうにとどまらず、神に対して最大の孝子でありたもう。彼はまことに「なだめの供え物」である。彼によりて、罪に対する神の正当の怒りが取り除かれて、罪の根底が絶たれたのである。われらの言い尽くされぬ感謝はここにあるのである。

〔一九二二年三月『聖書之研究』〕

義としたもうとは何ぞや

神は自己(おのれ)を信ずる者を義としたもうという。それはそもそもどういうことであろうか。

義としたもうとは、義人として宣告したもうということではない。神は単に裁判官ではないから、彼は罪人に無罪を宣告し、これを放免して、もって足れりとはなしたまわない。神にありては、義としたもうとは、はるかに意味の深いことである。

義としたもうとは、一には「義となしたもう」とのことである。すなわち義(ただ)しき心を罪人のうちに造りたもうということである。これ人にはできないことであるが、神にはできる。彼は悔いたる罪人のために「聖き心を造り、そのうちに直き霊を新たに起こしたもう」(詩篇五一・一〇)。神にありては、罪の赦免(ゆるし)は単に法律的の赦免ではない。事実的の赦免である。神は罪人をゆるして彼を事実的に義人となしたもうにあらざれば満足したまわない。

義としたもうとはまた「義としてあらわしたもう」ということである。すなわち、うちなる義にかなう、外なる装いをもってしたもうということである。神にありては、人の救いは彼の全性の救いである。すなわち彼の霊と体との救いである。神は人を、うちに義となしたもうに加えて、また彼を外に義としたもう。すなわち彼に義人相当の境遇を供し、人と天使とをして彼を義人として認めしめたもう。彼に義人相当の地位を与えたもう。義人相当の衣をもって彼を装い、彼に冠(かむ)らすに義の冠をもってしたもう。義人はいつまでも神の前にのみ隠れたる心の義人として立つべき者ではない。彼はついに人の前にも義人として立てらるべき者である。神が彼を義としたもうということの中には、彼の終局の栄達も含まれてあるのである。

うちに義とせられ、外に義とせらる。義の心を与えられ、義人相当の境遇に置かる。神に義とせらるとはこの事である。もちろん、うちに義とせらるるは先であって、外に義とせらるるは後である。神は人と異なり、善き境遇を供して善き人を造らんとはなしたまわない。神は境遇に反して善き人を造りたもう。神にありては、境週の結果たる心ではない。心の結果たる境遇である。義人は始め義のために責められて、後に義の冠を着せらるるのである。

「義者のよみがえり」(ルカ伝一四・一四)というはこの事である。すなわち義人が再び体をもってあらわれ、その外形上の報賞(むくい)にあずかるということである。肉の世にありては、単に、うちなる義人として、神にのみその義を認められし者が、霊の世によみがえりて、人と天使との前にその義を発表せらるるということである。義人栄達の時期、これが復活である。

神は、来たらんとする世において、すべての義人を義としたもう。すなわち義人を義人としてあらわしたもう。されどもこの世においてもまた彼はある範囲において義人に義の報賞を下したもう。「謙遜とエホバをおそるる事との報いは、富と尊貴と生命となり」(箴言二二・四)と。よし多くの場合において義の報賞は義人その者の上に来たらないとするも、彼の子孫かまたは彼の国の上には必ず来たるように見える。この罪悪の世においても、確実の富貴と称すべきものはすべて義の結果である。義人が血を流して守ったる正義の、ついに富貴となりてあらわれたるものである。

神はあらかじめ定めたるところの者はこれをまねき、まねきたる者はこれを義とし、義としたる者はこれに栄えを賜えり(ロマ書八・三〇)

これが完全なる救いである。その始めと終わりとである。義とせられたる者が栄えを賜わりて、救いは全うせらるるのである。われらは神を裁判人とのみ見てはならない。彼は愛なる父である。全能の神である。言えば、なしたもう神である。義を宣告してやみたもう者ではない。その宣告を事実にしたもう者である。しかり、事実にしたまわざる事はこれを宣告したまわない者である。ゆえにパウロは言うた、

なんじらのうちに善きわざを始めたまいし者、これを主イエス・キリストの日までに全うすべしと、われ深く信ず(ピリピ書一・六)

と。神の宣告は実成の証明である。彼は完全に義とせんと欲したもうまでは義を宣告したまわない。「エホバは誓いを立ててその聖意(みこころ)を変えさせたもうことなし」(詩篇一一〇・四)と言う。われら一たび彼の赦免の声を耳にしたらんか、われらの救いは確実である。人はわ

れらについて何と言うとも、神は、われらを人と天使との前に義人として立てしめたもうまでは、その聖き業(みしごと)をやめたまわない。

（一九〇八年三月『聖書之研究』）

完全なる救拯

律法(おきて)は人をして罪をさとらしむ。人は律法に迫られて、罪なき生涯を送らなければならない。しかしながら人の努力をもって律法に従わんとするは全然失敗である。パウロこれを言い、ルーテルこれを言い、アウガスティンまたこれを言う。ひとり彼らのみならず、キリスト教の友と称するあたわざるルソーのごときもまた同じ告白をなさざるを得なかったのである。ここに至って、われらは律法を無意義として捨つるか、しからずんば、これを実行し得べき道をどこかに発見しなければならない。しかしてこの困難なる問題に対して与えらるる唯一の解釈がある。それは哲学または数学の解釈のごとく論理をもって説明を下すにあらず、われらの霊魂の深き所に訴えて、われらの良心を満足せしむる解釈である。何ぞや。いわく、神の子にして罪なきイエス・キリストがわれらの受くべき刑罰をわれらに代わってみずから受けたまえりとの事実すなわちこれである。これによって初めて罪のゆるしを実験し、われらの心に大なる歓喜が臨み、全く新しき生涯を開始するのである。事は自己の努力によるにあらず、宇宙万物を造りかつこれを支配する神の力によるのである。聖書は明白にこれを教え、多くのクリスチャンはその実験をもってこれを証明する。これはまことに実験の上に立つ真理である。人あるいはこの真理をあざけりて、古き古き福音なりと言うであろう。しかし新しきものが必ずしも貴いのではない。われらを救い、われらの霊魂をゆだぬるに足るところの真理は、かえって数千年の久しき間あまたの人の実験したる真理でなくてはならない。かつまた真理は古しといえども、これを実験する者にとりては常に新しき教訓たるを失わないのである。いたずらに新しきをのみ求むる者は、今日続々として輸入せらるる安価なる哲学におもむくべしである。余輩はパウロと共に、「キリストとその十字架につけられし事のほか何をも知るまじと心を決

（さだ）め」たのである。

罪のゆるしはキリストの十字架においてある。しかしながら十字架はわれらをしてここにとどまらしめない。十字架によって罪はゆるされて、しかして事は終わったのではない。さらば十字架の福音はわれらをどこにまで運び行くのであるか。この事に関して新旧約聖書の教うるところは終始一貫せる大なる真理である。すべて真理は天然の法則たると靈界の法則たるとを問わず、その原理は簡単にしてその応用は宏大である。十字架の真理もまたはなはだ簡単なりといえども、これを応用して、キリスト的生活に関する深くして多方面なる真理を発生するのである。今もし十字架の福音がクリスチャンを伴うていずこにまで至るかを知らんと欲せば、コリント前書一章三十節を選ぶに如（し）かず。学者が深き研究の結果、この短き一節中にキリスト教の福音の全部が包含せらるることを認めたのである。いわく、「なんじらは神によりてキリスト・イエスにあり。イエスは神に立てられて、なんじらの知恵となりたまえり。すなわちなんじらの義、また聖め、また贖（あがない）となりたまえり」と。これは信仰を神の方面より説きたる完全なる言である。この一節に合わせて、信仰を人の方面より説きたるロマ書一章十七節を読まんか、クリスチャンの信仰生活の両面を尽くし、福音の真理を網羅したるものと言うことができる。コリント前書一章三十節とロマ書一章十七節、この両書簡のこの初めの二節に、聖書全体の真理がこもっているのである。すべて最初の数言をもってまず全体の思想を道破するは大文学の特徴である。創世記一章一節に新旧約全部を包含する教訓あり、マタイ伝一章一節に新約全部を総括する真理あるがごとくである。しかして前掲の二節を補うに、ロマ書三章二十六節、同八章三十節、およびピリピ書二章十三節等をもってせば、その解釈はいっそう明瞭を加うるであろう。

聖書はある時はその全体をもって、ある時はその中の一章または一節をもって、これを講究すべきである。世界の植物を学ぶに、あるいは全植物界をもってし、あるいは南天の一枝をもってすることができる。宇宙を学ぶに、あるいは億万里外の星をもってし、あるいは顕微鏡をもってするも見るあたわざるがごとき微小なる分子中の電子とその運動とをもってすることができる。かしこに大宇宙あり、ここに小宇宙あり。かくのごとく、宇宙のいずれの一部をもってするも全宇宙を説明することを得るは、すなわち宇宙の完全なるゆえんである。すべて神の造りたまいし完全なる組織体にあらずんば、かくのごとくなるを得ない。聖書が、あるいは新旧約の全体をもって、あるいはマタイ伝の一章をもって、またはある一節をもって、ひとしくその福音の全部を説明することを得るは、すなわち聖書が神の真理ならざるべからざる何よりの証拠である。聖書中のいずれの一節も、これを取って神とキリストと義と聖と贖とについて語ることができる。なかんずく最も明瞭にして総合的なるはコリント前書一章三十節である。

言う、「なんじらは神によりて……」と。われらのクリスチャンとなりしは、わが研究の結果によるにあらず、わが決心によるにあらず、神によりてである。神の力によりてである。神の力が上よりくだりて、われらをしてクリスチャンたらしめたのである。すなわち、われらの今あるところの状態は神より出でたのである。ここに用いられたるギリシャ語の ek は、力の本源を示す語である。われらの罪を悔い改むるに至りしその心が、もともと神の起こしたまいしものであると言う。これ福音の普通道徳と異なるゆえんである。普通道徳は言う、「発奮せよ、努力せよ」と。しかしながら福音は言う、「なんじらは神によりて、キリスト・イエスにあり」と。

「キリスト・イエスにあり」。「あり」の一言に深遠なる意義がある。これ日本語のとうてい言い表わし得ざるところである。日本語は感情をあらわすに適して、深き哲学的または宗教的真理を陳(の)ぶるに適しない。わが国の文学詩歌の優なるものはみな感情の方面においてある。これに反し、ギリシャ原語をもって「なんじらはキリスト・イエスにあり」と言う。その意味無量である。「あり」とは、住みて、住み込むの意である。あたかもわれらの地球上に住みて、その空気を吸い、そのすべての感化力にあずかるがごとく、クリスチャンはイエス・キリストにその身を託し、彼の中に住み込み、彼にありて生き、彼にありて動き、彼にありて存在を保つの意である。クリスチャンはその存在をこの世より脱して、キリストなる霊的空気の中に移したのである。彼の呼吸、彼の心的状態、しかり、彼の全存在がイエス・キリストの中にある。これは決して解すべからざる秘密ではない。すべてのクリスチャンの明確なる実験である。千九百年前のコリントの信者に向かってパウロは言うたのである、いわく、「なんじらはなんじらの存在をキリストの中において有す。しかしてそのここに至りしは、なんじらみずから選びしにあらず。神の力によるなり。神より運動始まりて、なんじらをしてキリストの中に住み込ましめたるなり」と。

さらばクリスチャンがその中に自己の存在を有するところのイエス・キリストとはいかなる者であるか。答えていわく、「イエスは神に立てられて、なんじらの知恵となりたまえり。すなわちなんじらの義また聖また贖となりたまえり」と。ここに「知恵」の語を用いたるは、当時コリントの識者らのしきりに人生哲学を論議したるがゆえである。その原語 Sophia は、「知恵」よりもむしろこれを「哲学」と訳せば、いっそう適切である。パウロは人生哲学を云為(うんい)するこの世の識者らに答えて言うたのである、「なんじらに人生哲学あるか。われらクリスチャンにもまたこれがある。クリスチャンに哲学なし、福音は迷信なりと言うことなかれ。イエス・キリストこそは神に立てられて、われらクリスチャンの人生哲学となりたもうたのである」と。しかして彼はさらにそのいかなる哲学なるかを説明して、「彼はわれらの義なり、聖なり、贖なり」と言うたのである。これを聞いて哲学者らは笑うたであろう。彼らの哲学は自己の問題に関すること少なく、主として宇宙の問題、社会の問題である。しかしながら地球を解せずして天体をきわむるあたわず、宇宙の一部にして人類の一人たる「われ」を知らずして哲学を語ることはできない。真正なる人生哲学の出発点は「われ」にある。しかして「万物、彼によりて保つことを得る」ところの彼イエス・キリストが、われら各自の義となり、聖となり、贖となりたもうたのである。大なる宇宙と少なるわれ、その統一はキリストにおいてある。「頭上には輝く列星、心中には道徳の法則」と哲学者カントは言った。われは宇宙の一部にしてまたその中心である。われ自身の義たり、聖たり、贖たるキリスト、わが人生哲学たるキリストが、同時にまた宇宙の中心たるがゆえである。キリストとわれとの関係、ここに健全なる道徳の基礎がある。また真正なる哲学の出発点がある。

キリストはわれらの「義」となりたまえりと言う。聖書において、義とは広き意義を有する語である。これを一言にして言えば、神とわれとの義(ただ)しき関係を称して義と言う。われらはみな神にそむきし罪人である。ゆえに律法を与えられてその実行を命ぜらるるも、これに従うことができない。そむける者がまずその罪を悔い改めて、父のもとに立ち帰らなければならない。罪人が神を父と仰ぎて、その子たるの関係に入る事、万物の造り主にしてわれらの父たる神と親しき接触に入る事、この事を呼んで「義とせらる」と言う。しかして義とせらるるは救いの第一歩である。まず神が子としてわれを扱いたもうところの態度に出でずして、クリスチャンの生活は始まらない。クリスチャンの生活は学者の研究と同じく、久しきにわたる日々の進歩である。しかしながら、その前にあたりて踏み出すべき第一歩がある。あたかも病者の健康に向かわんがためにはまず熱より離れざるべからざるがごとくである。熱より離れて直ちに健康を回復するにあらずといえども、健全に向かうの第一歩はここにある。今に至るまで神の敵たりし者を、今よりのち子として扱いたもう事、神と義(ただ)しき関係に入る事、すなわち神に義とせらるる事、これわれらの救いの第一歩である。さらばいかにして義とせらるるか。自己の道徳または努力によるか。否、ただ主イエス・キリストの十字架を仰ぐによりてである。われらの罪をにないし彼を信ずるによりてである。彼の義をわが義と認むるによりてである。ゆえに言う、「イエスはなんじらの義となりたまえり」と。

神に義とせらるるは、罪人にとって最大の歓喜である。感謝である。その堪えがたかりし罪の苦悶を取り去られて、彼の心はおどらざるを得ないのである。ゆえに、多くのクリスチャンはこの恩恵に重きをおくの余り、また他に及ぶのいとまなくして、キリスト教の救拯(すくい)ここに尽きたりとなす。ルーテル主義またはカルビン神学の欠点はここにあると言うことができる。しかしながらイエス・キリストはただにわれらの義となりたまえるのみならず、またわれらの「聖」となりたもうたのである。義とせられたる後に聖めらるるの必要があ る。病気の止められたる後に健康の回復せしめらるる必要がある。罪と絶縁したる後に、新しき徳の力のわがうちに注入せらるる必要がある。もしこの事なからんか、救われたる者が真にクリスチャンたるの実を挙ぐることができない。クリスチャンとなりてなお兄弟に対する悪評をその口に絶たざるがごとき、その一例である。これを一言すれば、愛が成長しないのである。聖められざるクリスチャンは、愛なき消極的クリスチャンとして終わる。聖書にいわゆる聖は、単に罪より離るるの意義ではない。キリストにあるすべてのうるわしき性質をわがものたらしむる事、ことに彼がわれらを愛したるその深くして暖き愛をわが愛たらしむる事、これが「聖め」である。ゆえに、この聖めにあずかりて、われらは、悪に対してはあたかも汚物に対するがごとく、努力によらずしておのずからこれを回避し、善に対しては義務としてにあらず習慣性として、卒先してこれを実行するに至る。しかして聖書の教うるところによれば、この点においてもまたイエス・キリスト彼自身がわれらの聖であると言う。彼によりて罪より洗われ、また彼によりて徳に進む。病根の除去もキリストの力である。健康の注入もまたキリストの力である。あるいは言う、「われらの義とせらるるはキリストの力による。されども聖めは、われらみずからこれを努めざるべからず」と。しかしパウロの説くところはこれと異なる。義とする者はキリストにして、聖むる者もまたキリストである。わが義はいずこぞ。十字架上のキリストにある。わが聖はいずこぞ。ひとしく十字架上のキリストにあるのである。

われらの義にしてまた聖たるイエス・キリストは、さらにわれらの「贖」となりたまえりと言う。贖あるいはこれを義と同じ意味において用いる。たとえば醜業婦を魔窟より引き出すがごとく、罪の奴隷たる者を解放して、神の子たるの義（ただ）しき関係に入らしむるは贖である。しかしながら、これを義および聖と並立せしむる時、贖は救いである。すなわち神が原始（はじめ）に人類をかくなさんと欲したまいしその状態に取りもどす事である。人類が最初にエデンの園にありし時の状態にこれを取りもどして、しかして限りなき生命をこれに賦与することである。われらは十字架上のキリストを仰ぎて義とせられ、また聖霊を受けてキリストの聖き状態にあずからしめられなば、もって足ると思う。しかしながら神はこれをもって満足したまわない。彼のわれらに対する愛は、われらの思いを距（さ）るの遠きこと、東の西におけるがごとくである。彼はただにわれらを義とし聖とするのみならず、さらに進んでその結果を与えんと欲したもう。彼はわれらをして真（まこと）に彼の子たるにふさわしき者たらしめんがため、われらの朽つべき身体をも朽ちざるものたらしめ、しかしてその子のために造りたまいし大宇宙を、われら彼の子たる者の正当なる所有物としてこれを賦与せんと欲したもうのである。この絶大なる恩恵を称して「贖」と言う。神はわれらをここまで携え行かずんばやみたまわない。しかしてここにおいてもまたキリストがわれらの贖である。彼、再び来たって死を滅ぼし、われらをして新天新地において永遠限りなき栄光にあずからしめたもうのである。救いの事をもって、われら各自の心中の問題、または家庭もしくは社会の問題において尽きたりとなすは、あまりに低き観念である。親の心子知らずと言う。子は親の財産中、この物かの物を獲（え）んと欲し、しかしてこれを与えられて満足するといえども、親はしからず、その全財産をことごとく子に譲らんことが彼の願いである。神はわれらに譲るに神相応のものをもってせんと欲したもう。すなわち天地万物が彼の嗣業（ゆずりもの）である。神はキリストによりて、われらをこの恩恵にあずからしめたもうのである。

　さらばこの絶大なる恩恵に対して神のわれらより要求したもうところは何であるか。答えていわく、ただ一つのみ。すなわちわれらの信仰である。「神の義はこれにあらわれて、信仰より信仰に至れり。しるして、義人は信仰によりて生くべしとあるがごとし」（ロマ書一・一七）。神はわれらを義として信仰より信仰に至らしむ。ただこれのみである。いかにして義とせらるるか。十字架を仰ぎてキリストを信ずるによりてである。いかにして聖めらるるか。キリストを信じてその霊に導かるるによりてである。いかにしてあがなわるるか。キリストを信じてその再臨を待つによりてである。徹頭徹尾、信仰である。信仰に始まりて信仰に終わる。これ神のクリスチャンより要求したもうところの唯一の態度、唯一の条件である。この点において、キリスト教の福音に、法然（ほうねん）、親鸞（しんらん）の教えと酷似するところがある。彼らがわが国を救いしは、その信仰本位の単純なる福音によりてであった。キリスト教の救いもまたしかり。義とは何ぞ。十字架のキリストである。聖とは何ぞ。昇天のキリストである。贖とは何ぞ。再臨のキリストである。神はキリストにありてわれらを義とし、彼にありてわれらを聖め、彼にありてわれらに栄光を着せたもう。これに応ずべきわれらの態度はただ信、信、信である。

神の立てたまいし主イエス・キリストを信じて、終わりまでこれを信ずることである。信仰また信仰、救われて信じ、失敗してまた信ず。ここにわれらの取るべき唯一の道がある。これすでに幾千万人の実験したるところにして、千九百年間のクリスチャンの異口（いく）同音に「アーメン」を叫ぶところである。信じて義とせられ、信じて聖められ、信じてあがなわる。ゆえに無益の努力を費やすをやめよ。ただ眼を挙げてキリストに注ぎ、彼の再び来たりたもうまで信仰を継続せよ。さらばついにあがなわるるであろう。キリストにありての義、聖、贖と、これに対する唯一の信仰、福音の全部はこれをもって尽きている。（藤井武筆記）

（一九二〇年二月『聖書之研究』）

罪のゆるし㈠

十二月七日、丸の内衛生会講堂において

いかにしてわが罪を処分せんか、いかにして神と義（ただ）しき関係に入らんか、人生これにまさるの問題はない。老若男女を問わず、何びとにとりても、その生涯の根本問題はこれである。この問題の解決したる時、人生問題が解決したのであると言うことができる。しかして神はわれらに律法（おきて）を与えて、われらをして罪の感覚を起こさしむると共にまた罪の処分せらるべき方法をも提供したもうたのである。これを示すものはすなわちレビ記である。言うことなかれ、旧約聖書は神の義を説いて罪のゆるしを教えずと。罪の罪たるをわれらに教うる旧約聖書そのものが、同時にまた罪のいかにして除かるべきかを訓（おし）うるのである。福音は新約にあり、また旧約にある。詩篇中の多くの詩は、蜜に比ぶるも蜂の巣のしたたりに比ぶるもいやまさりて甘き神の愛を伝え、レビ記は明白に罪のあがなわるる道を予示する。しかのみならず、これをレビ記について見れば、罪のあがないに関する教訓は先にして（初めの五章）、罪そのものの指摘は後である。まず贖罪（しょくざい）の道の備えらるるありて、しかる後に罪の詰責がある。まずイエス・キリストの十字架の立てらるるありて、しかる後に罪の自覚を促さる。まず完全なる医療の方法の設けらるるありて、しかる後に病の摘発がある。これまことに恩恵の道である。われらはキリストの福音に接して初めて明確なる罪の観念を起こすのである。もし、しからずして、贖罪の道の備えられざるに先だち罪の感覚を起こされんか、けだし、その苦しみに堪うるあたわないであろう。ゆえに律法もまた罪の観念に添えて贖罪の方法をわれらに提供するのである。

「血を流すことあらざれば、ゆるさるることなし」（ヘブル書九・二二）と言う。われらの犯したる罪のゆるされんがためには、必ずある者の血を流さざるべからずとは、レビ記第一章の教うるところである。何ゆえに血を流すにあらざれば罪はゆるされないのであるか、何ゆえに神はわれらより血を要求したもうのであるか、罪はすべてこれを悔い改むるによりてゆるさるべきではないか、しかるに神はわれらの罪を犯したる時、特に血をもってその代価を払うまでこれをゆるしたまわずとは、あまりに残酷である、無慈悲である、これ人間すら要求せざることを神が要求するのである、われらはかかる血をもってまみれたる福音を信ずることができないと、現代人ことに現代のクリスチャンの多数がかく主張するのである。しかしながら、まず第一に注意すべきは、古来罪に関して最も深き経験をなめたる人は、みな自己の悔い改めのみをもって足れりとせず、何びとか、わがためにわが恐るべき罪のすべてをにない、みずから血を流してわがために苦しむありて、しかして彼とわれとが特別の関係に入りし時に、初めてわれは罪の重荷より脱したのであるとの感をいだきしことである。律法の厳粛なる権威を認め、罪の罪たるを知りし者にとりて、罪はまことに堪えがたき重荷である。彼は昼も夜も、神の前に立つあたわざるの苦しみを感じ、いかにもしてこれが説明を得んと欲して、かなたに走り、こなたに奔（はし）る。しかも何びとも彼のためにこれを解くあたわず。医師はこれを内臓の疾患に帰（き）し、教師はこれを精神状態の変調と呼ぶ。されども誰か知らん、この時、彼の霊魂の根本問題が起こったのである。この問題を解決せずして、彼はもはや生くることができないのである。しかしてすでに同じ経験を握りし者より暗示を与えられて、自己の胸中の苦悶のみを見つむるをやめ、仰いでイエス・キリストの十字架を見し時に、重き荷物は彼の肩より落ちて、人のすべて思うところに過ぐる平安が彼の心に臨んだのである。ルーテルしかり、バンヤンしかり、クロンウェルしかり。神は何ゆえに血を要求したもうかを知らず。しかしながら、イエス・キリストがわがために血を流したるによりてわが罪ゆるされたりとは、心霊の深き実験である。

さらに問題とすべきは、罪ははたしてみずからこれを悔い改め得るか否かにある。わが過去において犯したる罪を回顧して痛悔の念を起こすことは、あるいは可能であろう。しかしそれゆえに今より後全く新しき生涯に入らんと欲するも、あたわない。悔ゆるは可能である。改むるは不可能である。われらの罪を一掃して、新たなる聖き生涯に入らんがためには、必ずや特別の力を要する。神の奇跡的助力なくして、わが生涯を一新せんとする十分なる希望と確信とをいだくことはできない。さらば神は何をもってわれらにこの希望と確信とをいだかしめたもうか。ある人は言う、「天来の思想ありて、われは神の限りなくわれらをあわれみたもうを知り、勃々(ぼつぼつ)たる勇気の心に満つるを感ず」と。しかしながら神の愛は思想たるにとどまらずして事実たるを要する。歴史的事実に基づかざる神の愛の観念は、われらをして新たなる生涯に入らしむるに足りない。キリストの十字架をもって一個の象徴(しるし)または説明たるにすぎずと称する人をして、試みに路傍伝道をおこなわしめよ。つどい来る労働者または婦人、老人らの心を動かすべき有力なる言語がはたして彼の口より発せらるるであろうか。十字架は象徴にあらずして事実である。神のひとり子イエス・キリスト、わが罪を負うて十字架の上に血を流したまえるは、疑うべからざる歴史的事実である。しかしてこの絶大なる事実を認めて、これを信ずる時に、初めて真の悔い改めはわが心に起こり、旧(ふる)き罪をことごとく捨て去りて、理想にかなう新しき生活を実行せんとする、満々たる希望と確信とにあふるるに至るのである。その説明は何びともこれを提供することができない。あたかも水は何ゆえに透明なる流動体なるか、何びともこれを説明するあたわざるがごとくである。しかしながら、説明のいかんにかかわらず、事実は何よりも確かである。キリストの十字架がわれらの罪をあがなうのである。十字架によって深刻なる罪の自覚を生じ、十字架によって真正なる悔い改めを生じ、十字架によって真(まこと)の歓喜と希望とを生ずる。キリスト、十字架に上りて、われらのためにその貴き血を流したまいし事が、われらすべての救いとなったのである。これはこれ事実中の最大事実である。

あるいはこの福音を評して、あまりに血なまぐさしと言う。されどもいかにせん、この事実を措(お)きていずこにも神の愛を証明するものなきを。ある人、いなか伝道を試みて神の愛を語り、しかも十字架をもって一種の象徴にすぎずと説き去りし時、聴衆の一人問うていわく、「さらば神ご自身は人の罪のために何の努力をもなしたまわざりしや」と。まことに愛は思想的ならずして事実的なるを要する。貧窮に苦しむ者の前に、富者の口頭の同情は何の慰めにも値しない。ただ何びとか来たりて、自己のひたいに汗して得たる金を捐(す)てて彼の負債を償却する者ありて、彼、貧者の胸中初めて言いがたき感謝はわき起こるのである。近ごろ東京の郊外において、河中に転落したる一生徒を救わんと欲してかえってみずから溺死(できし)したる小学教師某氏の行動により、全国の人心の動かされたるゆえんは何であるか。一に彼の同情が自己の生命を惜しまざる事実的のものなりしがゆえではないか。宇宙万物の造り主なる神の心には、われらの見るを得ざる宏大無辺の愛がある。しかして神は驚くべき方法により、この愛を実現したもうたのである。すなわち神は律法に照らして人の罪を問わざるべからず、されどもまた彼を救わざるべからず。ここにおいて、神みずから、われらのために十字架上の死を負いたもうたのである。かくのごとき絶大なる愛の音信(おとずれ)を聞いて、われら罪人の心の奥底に大喜悦、大満足を感ぜざるを得ない。一たび罪の観念にさめたる者にとりては、これよりほかに行くべき道はどこにもないのである。

人、誰か罪の責任よりのがるることを得ん。神の律法は厳然として犯すべからず。これを犯したるの罪はいつかその刑罰を受けなければならない。「すべて、ゆえなくしてその兄弟を怒る者は審判(さばき)にあずからん」とある。兄弟を憎みし者は、殺人に相当する審判をのがることができない。もし今日なお罪を感ぜずと言うか、さらばある時、全宇宙が動きてこれを感ぜしむるであろう。最後の審判に類する恐るべき世界的出来事がわれらに迫るであろう。またある時、われらはただ一人、神の前に引き出さるるであろう。しかして大なる罪の責任を問わるるであろう。その時、われらを救う者ははたして何であるか。いかなる方便または説明をもってするも、この責任よりのがるることはできない。進化論を提出して、人は本来弱き者なるがゆえに罪を犯したるはやむを得ざるに出づと言うも、何の弁解ともならないのである。しかしながら、ここに唯一の逃（のが）れ道がある。神みずから、われらに加うべき刑罰を負いて、これを信ずる者の罪をゆるしたもうとの事実すなわちこれである。古きイスラエルの場合において、全き獣を神の宮の前にささげ、そのかしらに手を按（お）きて罪を告白し、しかして自己に代えてこれをほふり、壇の上に焼きて燔祭（はんさい）となしたるは、すなわちこの犠牲を表象するものであった。しかしてついにこの祭事によって表象せられし事実がわれらに与えられたのである。神みずから選びたまいし罪なき小羊を、われらのために提供したもうたのである。ゆえに、われら、この小羊のかしらに手を按きて、おのが罪を悔い改め、「エリ、エリ、ラマサバクタニ」の苦しみはまさしくわれら自身の受くべきものなるを認むる時、神はこの小羊のゆえによりて、われらの罪をゆるし、われらを子として扱いたもうのである。罪のゆるしはただここにあるのみ。しかしてこれもとより実験の問題にして、哲学的にこれを説明することはできない。しかしながら、最も確実なる実験である。この実験によって人の新しき生命は始まるのである。余自身の感謝の生涯の出発点もまたここにあったのである。

今より七、八十年前、米国アマスト大学に一人の青年があった。彼は有名なる勉強ぎらいにして、常に級中の殿（しんがり）をつとめた。級の変わるごとに、彼もまた多くの学生と同じく、古き書籍を後輩に売り渡したるが、彼の広告文には多く uncut（紙を切らざるまま）と付記せられたるものがあった。彼の好むところはただ銃猟であった。これがために父を歎かしむること少なくなかった。ある秋の日、彼は例によりて銃をにない、南に向かって小丘をくだり、うるわしきフレッシュメン川のほとりを歩んだ。その時、彼の胸中「罪」の問題の苦しみがあった。この罪をいかにせん、この重荷をいかにしておろさんと、これ彼の煩悶であった。しかるにたちまちヨハネ伝の一節の彼の耳に響くものがあった。いわく、「それ神は、その生みたまえるひとり子を賜うほどに、世の人を愛したまえり。こはすべて彼を信ずる者に滅ぶることなくして、永生（かぎりなきいのち）を受けしめんがためなり」と。彼は喜びのあまり、河畔の枯れ草の上にひれ伏して叫んだ、「主よ、感謝す。わが心中の苦悶はついに取り去られたり」と。かくして彼の、世界を動かすべき生涯が始まったのである。この青年こそは、米国を四年間の内乱より救い出だせし者はグランド将軍か彼かとうたわれし、ヘンリー・ワード・ビーチャーその人であった。しかして、ひとり彼のみではない、すべて罪のゆるしは、神のひとり子キリストのあがないを認めて初めて来たるのである。しからずして、他のいかなる方法をもってするも、これを解決することは絶対に不可能である。今や社会に多くの問題がある。経済問題あり、労働問題あり、思想問題がある。しかしながら、そのいずれをもってするも、罪の問題を駆逐することはできない。罪は依然として執拗（しつよう）にわれらを追い来たる。死に至るまで、われらを追い来たりて離れない。ただイエス・キリストの十字架上の苦しみをわがためのあがないと認めて、これを信ずる時にのみ、罪の苦悶はことごとく取り除かれて、限りなき歓喜と感謝とがわれらの心に臨むのである。何ゆえにしかるか、その理由はあまりに深遠にして、これを説明するに困難である。しかるにもかかわらず、実験はその事の真理を証明するのである。罪の問題について苦しまざるこの世の哲学者または社会改良家はこれを否定するであろう。しかしながらビーチャーと共に罪に関する深刻なる苦悶を経験したる者は、何びとも、十字架上のキリストを仰いで、「ハレルヤ、アーメン」の声を挙げざるを得ないのである。すべての真正なるクリスチャンは、みなその実験をもって、これが証明を提供するのである。（藤井武筆記）

（一九二〇年二月『聖書之研究』）

罪のゆるしの宗教

マルコ伝二章一―一二節
ロマ書六章一二―一四節

使徒信経の一条にいわく、「われは罪のゆるしを信ず」と。これは、信ずるにはなはだ難（かた）い個条である。罪のゆるしとは罪の删除（さんじょ）である。罪を犯せしことなきがごとくに扱わるることである。詩篇百三篇十二節に言えるがごとし。

東の西より遠きがごとく
彼はわれらのとがを遠ざけたもう

かかる事ははたしてあり得るか、われらは疑わざるを得ない。天然も道徳も、かかる事のあり得ないことを示す。人は罪を犯して、永遠にその結果を去ることができない。これ仏教が特に力をこめて説くところである。業報（ごうほう）とはこの事である。善悪共に身にまといて、これを離すことあたわずと言うのである。しかるにキリスト信者は大胆に唱えて言う、「われは罪のゆるしを信ず」と。原始仏教と原始キリスト教との根本的相違はここにある。

罪のゆるしは、全能の神ならではなすあたわざる事である。人も天使も、罪をゆるすことはできない。人が罪をゆるすというは、暫時これを忘れただけであって、これを無きものとしたのではない。少しの刺激に会えば直ちに復活するものである。キリスト教で言う罪のゆるしは、罪の絶滅である。罪を十字架につけてこれを殺した事である。神が罪てふ（ちょう）ものを全然その御心より撤去したまえりという事である。そしてキリスト信者はその意味において罪のゆるしを信ずというのである。驚くべき、信ずるに最も難き事である。されどもこれは事実である。神はキリストにありてこの事をなしたもうたのである。これは説ではない。むりに信ぜねばならぬ信仰個条でない。実験し得らるる事実である。罪のゆるしは罪のゆるしであって、その説明いかんにかかわらず、あまたの人たちによって的確（たしか）に実験せられし事実である。

神のみが人の罪をゆるすことができる。罪のゆるしは最大の奇跡である。水を化してぶどう酒となした以上の奇跡である。聖書にありては、奇跡は、罪のゆるしと関連しておこなわれし事として伝えらる。その最も明白なるものは、マタイ伝九章一―八節、マルコ伝二章一―十二節、ルカ伝五章十七―二十六節に示されたる、中風を病みたる者の癒（い）やされし場合である。「子よ、なんじの罪はゆるされたり」との言に対し、かたわらに立ちし学者らは言うた、「神にあらずして誰か罪をゆるすことを得ん」と。イエスは直ちにこの批評の言に応（こた）えて言いたもうた、

中風の人に、なんじの罪ゆるされたりと言うと、起きてなんじの床を取りて行けと言うと、いずれか易

> （やす）きや。それ人の子、地にて罪をゆるすの権威あることをなんじらに知らせん

かく言いて、「ついに中風の人に、われ、なんじに告ぐ、起きて床を取り、なんじの家に帰れと言いければ、その人、直ちに起きて床を取り、人々の前に出づ」とある。この場合において、イエスは明らかに、彼が神たるを奇跡をもって証明したもうたのである。奇跡をおこない得る者のみ、よく罪をゆるすことができる。イエスはその者である。ゆえに彼の施したもう罪のゆるしは確実であるとのことである。今なお不治の病と見なさるるらい病を、一言の下に癒やし得る彼は、たしかに罪をゆるすの権能(ちから)を有したもう。イエスがおこないたまいしすべての奇跡を、彼にこの権能のあることを証明するためのものと見て、まちがいないのである。

かくて罪は神の子によりてたしかにゆるされたのであって、われらがゆるされたりと思うのではない。そして罪がゆるされたる証拠は二つある。一は、内なる証明であって、他は、外に現わるる証拠である。主観的と客観的との二つの証拠がある。そして第一は、信者がその良心において実験する事実である。罪をゆるされて、その詰責を感ぜざる事である。いわゆる戻罪(ギルト)の撤去である。罪の恐ろしさは、これに伴う詰責の感である。これに堪えずして、人は時々自殺するのである。そして罪をゆるされて、この恐ろしさが除かるるのである。罪のいやらしき形は残るが、その刺(とげ)は除かるるのである。その結果として、罪は前に比べて微弱なる能(ちから)として残るのである。ロマ書六章十四節において、パウロが言いしがごとし。

> なんじら今は恵みの下にありて律法の下にあらざれば、罪はなんじらに主たることなし

と。肉にありて全然罪より脱するあたわずといえども、罪に支配せらるることなしというが、罪をゆるされし者の状態である。しかしてこれ大なる恩恵である。

罪をゆるされし第二の証拠は、人の罪をゆるし得ることである。この能力(ちから)たるや、得んと欲して得るあたわざるものである。人生難事として、完全に、人がおのれに犯した罪をゆるすことのごときはない。ゆるし得たと思うは想像であって、ただ暫時これを忘れたにすぎない。罪の人に強きものにして復讐(ふくしゅう)の観念のごときはない。われらは何をなし得ても、完全に怨恨

（うらみ）を忘れることはできない。フランス人がドイツ人を憎む心、ドイツ人がフランス人を恨む念（おもい）、これは永久に絶ちがたきものであって、しかもこれが絶えざる間は欧州に平和は臨まず、世界に戦争は絶えないのである。されども一たび神に罪をゆるされて、ドイツ人もフランス人も完全にその祖先伝来の敵をさえゆるすことができる。人がキリストの救いにあずかりし唯一の証拠はここにある。すなわち人の罪をゆるし得て、敵を兄弟として愛し得るに至る。

（一九二七年十月『聖書之研究』）

罪の処分

罪はこれを見留（みと）めざるべからず。されども、これを見つむべからず。罪を見留めずして、人はこれを脱（さ）るあたわず。これを見つめて、その捕うるところとなる。罪を見留めずして、その中に死する者多し。罪を見つめて、その殺すところとなる者少なからず。悔改は悔いなき救いを得しむるの悔改ならざるべからず。死に至らしむるの悔改なるべからず（コリント後書七・一〇）。

罪はこれを見留めざるべからず。しかして直ちにキリストの十字架を見つめざるべからず。彼は、くぎをもってわれらの罪をその十字架につけたまえり（コロサイ書二・一四）。キリストの十字架を見つめて、罪は罪として存せずして、恩恵と化して、われらの心に臨む。

キリストの十字架、罪はそこに見留められ、罰せられ、ゆるされ、恩化せられたり。われら、これを仰ぎ見て、罪はその苦きを脱して、恩恵の蜜と化して、われらを喜ばす。天（あま）が下に罪を満足に処分するものにしてキリストの十字架のごときはあらざるなり。

（一九一六年四月『聖書之研究』）

ゆるさるる時

罪は罪を罪と認むる時にゆるされる。神が罪に対して加えたもう刑罰を正当と認むる時にゆるされる。罪は、神を恨んで、ゆるされない。彼の慈愛を疑うて、ゆるされない。義の神の義を認めて、ゆるされる。神はその無限の愛をもってするも、罪を罪と認めざる罪人をゆるすことはできない。ヨブがおのれの無辜《つみなき》を弁護しつつありし間は、艱難《なやみ》は彼より去らなかった。彼が謙下《へりくだ》りてエホバに向かい、「われはみずから悟らざる事を言い、みずから知らざる測りがたき事を述べたり……ここをもて、われみずから恨み、ちり灰の中にて悔ゆ」(ヨブ記四二・三、六)と言いし時に、エホバはヨブの艱難を解きて、彼を旧《もと》に復《かえ》したもうた。人はいかに義《ただ》しき人なりといえども、神に逆らうことはできない。おのが罪を認めて神のゆるしを求むるまでである。われはわが罪のために罰され、またわが父母、祖先また社会の罪のために罰せられる。われは神を恨むべきでない。正当の刑罰としてこれに当たるべきである。しかしてわれにこのほんとうの悔恨の心の起こりし時に、神はそのあわれみを現わしたもうて、わが罪をゆるし、わが心に喜びの油を注ぎたもう。

(一九一九年十月『聖書之研究』)

〈贖罪の福音〉

コンボルションの実験

コンボルションは英語である。これに適当の訳字がないから、原語そのままを用いるのである。これを「改悔」に訳して足りない。コンボルションに深い改悔が伴うが、コンボルションははるかに改悔以上である。これを「改心」と訳しても足りない。コンボルションは過去を改めて新たに将来に臨むというがごとき軽い事でない。仏教で言う発心《ほっしん》が、ややキリスト教のコンボルションに近くある。されども発心の、仏教的に消極的なるに比べて、コンボルションはキリスト教的に積極的である。よりよき訳字の発見せらるるまで、英語をそのまま用うるを可とする。

コンボルションの意義は「廻る」である。廻転である。方向転換である。北へ向かって進みし者が廻転して、南へ向かって進むことである。滅亡に向かって進みし者が廻転して、救いに向かって進むことである。しかも決定的の廻転である。たいていの場合においては急激の廻転である。ルカ伝十五章における放蕩児が、おのが悲惨なる境遇に感づいて、「立ちてわが父に行かん」と言いて父のふところへと帰り行きし時に、彼はコンボルションを実験したのである。しかしながら廻転だけでコンボルションの意味を尽くさない。ゆえにコンボルションと言うたところで、キリスト信者のこの深き霊的実験をことごとく言い尽くしたということはできない。文字はつまり表号にすぎない。われらは事実を文字に読み込んで、われらの思想を言い表わさしむるまでである。

　コンボルションは、人に霊的造化がおこなわるる事である。その時、彼の思想が一変するはもちろんのこと、彼の性格が変わり、ある場合には彼の肉体までが変わるのを見る。かかる事はあり得べからずと、この世の人らは言う。科学者はもちろんのこと、今やたいていのキリスト教の教師までがこの事あるを信じない。されども聖書は明らかにこの事あるを示し、そして多くのキリストのしもべ、しもめはこの事をその身に実験した。イエスがニコデモに宣(の)べたまいし言にいわく、

　まことにまことになんじに告げん。人もし新たに生まれずば、神の国を見ることあたわじ……肉によりて生まるる者は肉なり。霊(神の霊すなわち聖霊)によりて生まるる者は霊なり。われ、なんじに、新たに生まるべき事を言いしを奇(あやし)とするなかれ。風はおのがままに吹く。なんじ、その声を聞けども、いずこより来たり、いずこへ行くを知らず。すべて霊(聖霊)によりて生まるる者はかくのごとし(ヨハネ伝三・三、六—八)

と。これはコンボルションの事実そのままを伝うる言である。この言をその身に実験したことのない人をキリスト信者と呼ぶことはできない。この事を信者の立場よりその実験として述べたものが、パウロの有名なる言である。

　人もしキリストにある時は、新たに造られたる者なり。旧(ふる)きは去りて、すべて新しくなるなり
(コリント後書五・一七)

と。もしクリスチャンなる者があるとすれば、その人は神に新たに造化を施されたる者である。旧き人は死し、新

しき人として生まれたる者である。単に思想が一変したぐらいのことでない。天然性（うまれながら）の人に無きものを吹き込まれて、新種（new species）として新たに生まれたる者である。

そして万国民のキリスト教歴史において、以上その他の聖書の言を文字どおりに実験した者は挙げて数うべからずである。バンヤン、クロンウェルその他の清党時代の信仰的勇者はすべて明確（はっきり）したるコンボルションの実験を経た者である。米国においても、ごく近ごろまで、コンボルションをしばしば実見したのであって、コンボルションなしのキリスト信者、はなはだしきに至ってはコンボルションなしのキリスト教の教師がキリスト教界において跋扈（ばっこ）するに至りしはきわめて最近のことである。そして日本においてもしばしばこの事がおこなわれた。これありしがゆえに、日本においても、教会は衰えても福音は滅びないのである。聖霊によりて新たに生まれし人は、教会の内にありまたその外にある。神がすでに日本をご自身のものとして定めたまいし最も確かなる証拠は、彼が聖霊をもって、少なからざる日本人を印したまいしことにおいてである。不肖私のごとき、キリストのしもべの内でいと小さき者なりといえども、コンボルションの恐ろしき経験なくして、五十年間福音の証者として立つことができなかったのである。そして私の伝道を受けし人で、多からずといえどもこの経験を味わいし者あるを知りて、私の働きの無益ならざりしを知って感謝するのである。

コンボルションの特徴は何であるかというに、それは人によりて異なる。ある人には急激に来たり、ある人には徐々としておこなわる。たぶんその模範的なるは、バンヤンの名著『天路歴程』、『恩寵あふるるの記』等に現われたる彼の実験であろう。されども、何びとの場合においても、コンボルションの結果は同一である。人はこれによりて、生まれながらの罪人なるを知る。何ゆえにしかるか、その理由は示されずといえども、おのが罪人たることを疑わざるに至る。おのが犯せし罪のゆえか、祖先が犯せし罪のゆえか、罪の原因を定むるまでもなく、おのが罪人たることが明白になって、正義の神の光に堪え得ざるに至る。コンボルションの実験第一は、罪の自覚とその結果たる自己の消滅である。パウロの言葉をもって言うならば、

罪は戒めの機会に乗じてわれを誘い、その戒めをもてわれを殺せり（ロマ書七・一一）

ということである。ロマ書七章全部が、パウロの場合におけるコンボルションの経験の苦しき半面を語るものであって、人の霊的苦悶を語る言にしてこれよりも痛切なるものはない。まず死なざれば生きずである。自己に死するの経験なき者は、キリストに生くるの喜びを知らない。コンボルションの半面は死の苦痛であることを忘れてはならない。

コンボルションの実験第二は、キリストの十字架の承認である。罪を自覚し、これに追いつめられ、言いのがるべき道なき時に、十字架を示されて、その、罪人の唯一の隠れ場なるを承認せしめらる。ここに初めて罪の重荷をおろし、ゆるされし者の喜びに入る。

モーセ、野に蛇を挙げしごとく、人の子も挙げらるべし。すべてこれを信ずる者に滅ぶることなくして、永生を受けしめんがためなり（ヨハネ伝三・一四－一五）

と読みしその意味を、わが身において実験せしめらる。キリストの十字架は、義なる神が義によりて不義の人を義としたもう驚くべき道である。もし世に倫理的奇跡なるものがあれば、十字架がそれである。まことに天（ぁま）が下にこれを除いて他に、罪人が神の前に義とせらるること、すなわち義人として扱わるる道はないのである。

キリストの十字架がわかって、人はこれ以外に何の求むるところなきに至る。「イエスは神に立てられて、われらの知恵、また義、また聖、また贖となりたまえり」（コリント前書一・三〇）とあるは、主として罪人に代わりて彼が十字架につけられたまいしその功績（いさおし）によりてである。爾来、信者の生涯は主として十字架を仰ぎ見るの生涯となるのである。何事についても十字架である。再び罪を犯す時も、罪の身に神の恩恵を仰ぐ時も、復活永生の福祉（さいわい）をわがものとして要求する時も、すべて十字架によるのである。十字架、十字架、何を措（お）いても十字架、キリスト教はつまるところ十字架教である。自分がキリストにならいて十字架を負うことでない。キリストが自分に代わりてにないたまいし十字架を、信仰をもって仰ぎ見て、その功績によりて、神のすべての恩恵にあずかることである。コンボルションの中心はキリストの十字架の発見である。これによって、人はその生命全部を一変するのである。そしてこの大変化が十字架の一督（いちべつ）によりておこなわるるのである。

キリスト信者の生涯は、たいていの場合において多事多難の生涯である。神は信者に人一倍の苦難（くるしみ）を与えたもう。されども天上天下何ものも、彼に示されし十字架の功績より彼を離らすることあたわず。人はおのれの罪に目ざめ、キリストの十字架を発見して、永久の救いにあずかったのである。

（一九三〇年三月『聖書之研究』）

苦痛か罪か

一月六日、「年頭の辞」と題して述べしところのものである

われらが少しく注意して聖書を読む時に、一つ、ふしぎに思わるる事がある。それは、福音を信ずるの結果として、苦痛は少しも減ずることなく、かえって大いに増すとの事である。ただ一回、聖書最後の書なる黙示録において、その末尾より第二の章において、「神、彼らの目の涙をことごとくぬぐいとり、また死あらず、悲しみ、叫び、痛み、あることなし」と書いてあるが、それはこの世が終わった後の信者の状態（ありさま）について示した事であって、現在の信仰生活について述べた事でない。「なんじら、世にありては患難(なやみ)あり。されど雄々（おお）しかれ。われすでに世に勝てり」（ヨハネ伝一六・三三）とは、イエスが世を逝(さ)るに臨みてその弟子たちに語りたまいしところである。その他、新約聖書全体に響きわたる調子は、患難、苦痛、迫害、窮乏、その他ありとあらゆるこの世の不幸である。世に宗教多しといえども、キリスト教のごとくに明らさまに、その信者に患難を約束した宗教はほかにはない。

それはどういう理由であるか。その説明は別として、私はここに新年の劈頭（へきとう）に立って、多くのいわゆる求道者にむかい警告を発せざるを得ない。すなわち、もし彼らがキリストの福音において、慰安、平安、平和、すなわち人生のすべての煩累よりまぬかるるの道を発見せんと欲するならば、彼らは全然失望するとの事である。キリスト信者になるとは、実際みずから進んで

患難を求むる事であって、この覚悟なくして、われらの罪のために十字架につけられたまいしイエスの御弟子となることのできないことは、何びとが見ても明らかである。「もしわれに従わんと欲（おも）う者は、おのれを捨て、その十字架を負いて、われに従え」とは、イエスがその弟子たらんと欲する者より要求したもう第一の条件である。この条件を無視して、キリスト教も聖書研究もないのである。諸君はこの声を聞いてこの会に加わりしか。もししからざれば、大なる失望は諸君をまのあたりに待つのである。

キリスト教の目的は苦痛を除くにあらず、罪を除くにある。イエスは世の罪を負う神の小羊であった。パウロがロマ書三章二十五節において、「神は、その血によりて、イエスを立てて、信ずる者のなだめの供え物としたまえり。そは神、忍びて、すぎこしかたの罪を寛容（ゆるやか）にしたまいしことにつきて、今その義をあらわさんため、すなわちイエスを信ずる者を義とし、なおみずから義たらんためなり」と言えるは、キリスト教の真髄である。罪である。しかり、罪である。罪を除かんためのキリスト教である。その点において、キリスト教は仏教またはその他の宗教と全くちがう。仏教は多くの点においてうるわしい、また論理的に見て深い宗教であることは疑わないが、しかしながら詮（せん）じつめるところ、その目的は人生の苦痛を除くにある。苦痛を忘るるなり、苦痛を脱するなり、苦痛について無感覚になるなり、その道は多かるべきも、その目的の、人生の苦海より脱出するにあるは、少しくこの教えを研究した者の気のつくところであると思う。されどもキリスト教の目的は仏教のそれとは全くちがう。キリスト教にありては、苦痛は除かるるもよし、除かれざるもよし、ただ罪を除かれて、神と和らがんことを願う。「ああ神よ、鹿の谷水を慕いあえぐがごとく、わが霊魂もまたなんじを慕いあえぐなり」とは、ほんとうのクリスチャンの叫びの声である。神と和らがんがために苦しむが必要ならば苦しむも可なり、ただ罪よりきよめられて神の子とならんと欲す、これがクリスチャンの唯一の祈求（ねがい）である。この事をわきまえずして、キリスト教も仏教も帰（き）するところは一なりと言い、イエスと釈迦との別は大小の差にすぎずと言うは、二者の根本をきわめざる者の言うことである。かく言いて、私は仏教をけなすのではない。私は釈迦牟尼（しゃかむに）を尊敬する点においては何びとのしりえにも落ちないと思う。釈迦が罪を処分することのできなかったのは、彼のえらさが足りなかったからでない。彼が人であったゆえである。罪は神に対する叛逆である。そして神ご自身のみがその子らの叛逆を癒（い）やすことができる。イエスが罪を除きたもうたという事、すなわちわれらの叛逆を癒やして、われらを神につれ帰りたもうという事、その事が、イエスは人にあらず神である最も善き証拠である。世に宗教家多し、哲学者多しといえども、彼らは罪を除くことはできない。われらの主イエス・キリストのみ、この事をなし得るのである。

そして仏教に限らない、キリスト教もまた堕落する時、苦痛を除くための宗教となる。そして近代のキリスト教ことに米国人のキリスト教はここまで堕落したのである。彼らはキリスト教の目的もまた苦痛を除くにあると唱う。ゆえに慈善事業、社会事業には非常に熱心である。彼らは、贖罪（しょくざい）の教義のごときはパウロのユダヤ思想より出たものであって、今日の人類には何の必要もないものであると言いてはばからない。しかし慈善事業は人類の最も深い懊悩（なやみ）を癒やさない。人には、衣食足りてなお満たすことのできない大なる空虚がある。これを満たされずして、大世界をわがものとするも、われは貧しき、あわれむべき者である。神の子の十字架の上に流せる血が、この深い傷を癒やし、これをもって表われし愛が、この空虚を満たすのである。われらもまた慈善を重んずるが、慈善事業をもってキリスト教に代わらしめんとしない。

内村聖書研究会はこの信仰の上に立ちておこなわるるものである。これは煩悶者の慰安会ではない。かかる慰安を求むる者は、他に行くべき所がある。私はここに聖書を説いて、諸君に慰安を与えんとしない。諸君をキリストに導いて、彼によりて諸君の罪の除かれんことを欲する。諸君がこの会に列するの結果として、諸君の苦痛が減ぜずして、かえって増すことあるも、それは私の責任でない。もし神が諸君各自の罪をきよめんがために、苦痛の上にさらに苦痛を加えたもうならば、これ神が善しと見たもうところであると信じて、これに服従するまでである。私は年の始めにおいてこの言を繰り返して、あらためて諸君の決心を促す。伊国愛国者マッチーニー

がその兵士に告げて言うた言が、私が今日諸君に告げんと欲する言である。いわく、

諸君、もし名誉と安楽とを欲するならば余の後に従うなかれ。屈辱、窮乏、裸、その他ありとあらゆる困難に堪えんと欲する者のみ、余と共に来たれ

（一九二四年二月『聖書之研究』）

「社交的動物」という事について

使徒行伝一七章二六―二八節

人は社交的動物なりというは、人は交際的動物なりとか、また人は結社的動物なりとかいうとは異（ちが）う。人は単独であってはならぬ。他と行動を共にし、他と苦楽を分かつべしとは何びとも言うことであって、その事につき今さら弁ずるの必要はない。ことわざに言うがごとく、単独の人は神にあらざれば野獣である。絶対的単独の人のあり得ようはずがない。人は社交的動物なりと聞かされて、われらは平凡を聞かせらるるにすぎない。

しかしながら、これには深い意味がある。人は社交的動物なりというは、人は他と共に遊び、共に楽しみ、共に幸福の生涯を営むべしという事でない。人は社交的動物なりとは、「人類は一体にして、人は相互に責任を担（にな）うべき者である」という事である。「神はすべての民を一つの血より造り、ことごとく地の全面に住ませたまえり」とあるはこの事である。四海みな兄弟なりとは暗比（メタフォー）ではない、事実である。四海はまことに兄弟である、神は人類を一体として扱いたもう、人類もまた一体として行動せねばならぬ、この事が、人は社交的動物なりという事である。そして一体であるがゆえに、人は何びとも、他の人に関し、カインがアベルについて言いしがごとくに「われあにわが兄弟の守者（まもりて）ならんや」と言うことはできない。人は相互の守護者である。彼の幸福はわが幸福である。彼の不幸はわが不幸である。ことに彼の罪はわが罪である。人は社交的動物であって、人類は一体であるがゆえに、人は相互に功罪を分かち、生くるも死ぬるも運命を共にする。アフリカの黒奴はわが兄弟である。極地のエスキモーはわが

姉妹である。欧米人といわず、シナ人はもちろんのこと、インド人、オーストラリヤ人、みなわが兄弟姉妹であるというのである。かく言うは決して理想でない。事実である。地球は一丸であって、人類は一家族、しかり、一体である。人は社交的動物なりとはこの事である。

ここにおいてか贖罪《しょくざい》の観念が起こるのである。贖罪の字義は別として、その意義は明白である。贖罪は、罪なき者が罪ある者のために苦しみ、その罪を負わせらるる事である。人類が一体であれば、これやむを得ない事である。国家は一個体であるとの思想の上に建てられし今日の世界各国が、国民各自の責任を国家全体が担うは、この原理に出づるのである。すなわち一国の内において贖罪は顕然《あらわ》におこなわる。戦争を起こし、敗れて、償金を課せられし国家の民が、子孫数代に至るまでこれを支払うの責任を担うは、これ明白なる贖罪である。そして同じ道理が人類全体を通して働き、罪なき者が罪ある者の罪を担わされて、その消滅に当たるのである。そして人類がその犯せし罪の重荷に苦しむを見て取りたもうや、神ご自身が人となりて、人類の内に加わり、その償却の任に当たりたまえりというが、キリストの贖罪である。贖罪を、教会の強要する教義と見れば、解しがたきこと、おびただしといえども、人生通有の事実と見れば、少しもふしぎでない。人は社交的動物なりというその簡単なる定義の内に、贖罪の真理が含まれている。

伝道、慈善、社会事業、いずれもこの立場より考えねばならぬ。自分はすでに救われたれば他《ひと》をも救うてやりたいという憐憫《れんびん》の心より起こる伝道であってはならない。伝道は慈善でなくして義務である。人類は一体であれば、われ一人救われようはずがない。わが救わるるは人類と共に救わるるのであらねばならぬ。あたかも手が体を離れてひとり拯《たす》かりようはずがないと同然である。人類を救うのが神の御目的であって、そのためのわが救いである。われは人類を救わんとしてみずから救わるるのである。ゆえに伝道はわが救いのためである。なしてもよし、なさずともよい事でない。なさざるべからざる事、なさざればわれ自身が救われざる事である。そして論より証拠である、自分が伝道に参加して、自分の信仰の高まるを直覚する。ひとり信仰を楽しむ信者は死んだ信者である。そしてまた伝道はただ道を伝うる事でない。自己を与うる事である。世の罪を負う小羊となる事である。キリストの霊すなわち聖霊を受けて、贖罪の任に当たる事である。かくして自分も生き他（ひと）も生くるのである。信者が伝道を怠るは精神的自殺である。人は社交的動物であるゆえである。

社会事業の原理もまたここにある。社会事業は単に社会を良くなし、この世界を住み心地よき所となさんためでない。四海みな兄弟の実を挙げんためである。わが家を良くなさんためである。全社会、全世界を良くなすまでは、われ自身が良くならないのである。わが家を改良するの心をもって社会改良に従事せねばならぬ。そして人生の万事ことごとくしかりである。「われらの内、おのれのために生き、おのれのために死ぬる者なし」（ロマ書一四・七）である。いかに貴き事業であろうとも、よし伝道または聖書研究であろうとも、自己のためになして、意義がない。これに反して、いかに卑しき事業なりといえども、世界人類のためになして、意義がある。われは世界人類なりと言いて、大言を吐くのでない。かく言いて、わが責任の世界大にして人類的なるを感ずるのである。人はまことに社交的動物である。各人、世界の責任を負う者である。人の偉大性はここにある。彼が謙遜なるべき理由もまたここにある。

（一九二九年十二月『聖書之研究』）

最善よりも善きもの*

ジョン・ウェスレーは言うた、「最も善き事は、神、われらと共にいましたもうという事である」と。私は言う、「最も善き事よりもさらに善き事は、神、われらの罪をゆるしたもうという事である」と。まことにこの神はその愛子にありて、彼の十字架の死をもって、われらのすべての罪をぬぐい去りたもうた。恩恵の極とはこの事である。彼にありては（彼以外にこの事なし）、われらの罪のゆるされんがために苦しみたまいしキリストにありては、罪なるものはないのである。しかしてわれらは信仰によりて、この罪なき境涯にありて生き、また動き、また在（あ）ることができるのである。まことに霊的生命とはこの境涯である。奥義である。されども事実である。うるわしき、道理に合《かな》うたる事実である。これはまことに罪人にとり善きに過ぎたる音信《おとずれ》である。福音である。喜ばしき音信である。最も善きものよりもさらに善きものである。

(一九二三年二月『聖書之研究』)

終に彼を捨てる*

国のためにキリストを信じたる者は終《つい》に彼を捨てる。

社会人類のためにキリストを信じたる者は終に彼を捨てる。

教勢拡張を思い立ちてキリストを信じたる者は終に彼を捨てる。

キリストの人格にあこがれて彼を信じたる者は終に彼を捨てる。

美《よ》き思想を得んとてキリストを信じたる者は終に彼を捨てる。

患難《かんなん》苦痛を慰められんためにキリストを信じたる者は終に彼を捨てる。

されども、おのが罪を示され、その苦痛に耐えずして、「ああわれ、なやめる人なるかな」の声を発し、キリストの十字架において神の前に義とせらるるの唯一の道を発見し、その喜びに耐えずして彼を信じたる者は、かかる者は、よし宇宙は消え失《う》するとも、永遠より永遠にまで彼を捨てない。

(一九一六年三月『聖書之研究』)

潔と愛

「神のみこころはなんじらの潔《きよ》からん事なり」(テサロニケ前書四・三)とあり、「人もし潔からずば、神を見ることを得ざるなり」(ヘブル書一二・一四)とある。まことにそのとおりである。しかしながら「女の産みし者いかで清かるべき」(ヨブ記二五・四)である。清潔は欲《ねが》うところなれども、その道は難《かた》いのである。しかしてその道はただ一つである。愛である。神と人とを愛して、われらは潔からざらんと欲するも得ないのである。

愛は潔をおこなうための積極的方法である。博士（ドクトル）チャルマースのいわゆる Expulsive power of new affections（新しき愛の駆追力）を利用してのみ、潔は完全におこなわるるのである。潔は貴しといえども消極的なるがゆえに、愛の積極的なるに及ばない。「父のわれを愛したもうごとく、われ、なんじらを愛す。なんじら、わが愛におれ」（ヨハネ伝一五・九）とイエスは言いたもうた。クリスチャンの清潔の秘訣はここにある。「わが愛におれ」、「わが愛をなんじらの間におこなえよ」。かくして律法（おきて）は完成（まっとう）せられ、すべての汚れは除かれて、信者は雪のごとく白くせらる。愛によらざる潔は不完全である。愛の泉なるキリストの血のみが、すべての罪よりわれらを潔くする。

（一九二〇年六月『聖書之研究』）

解放*

解放もまた近代人絶叫の一である。彼らは社会的伝習より、軍国的偏見より、宗教的拘束よりの解放を叫びつつある。彼らのある者は、エホバの神よりの解放をさえ叫んではばからない。されども旧（ふる）きキリスト教もまた過去一千九百年間解放を唱え来たった。すなわち罪よりの解放を唱え来たった。いわく、「すべて罪をおこなう者は罪の奴隷なり……このゆえに、子もしなんじらに自由を賜（あた）えなば、なんじらまことに自由を得べし」（ヨハネ伝八・三四―三六）と。まことに罪はすべての束縛の中に最も重きものにして、すべての束縛の因である。されども近代人はこの事を解せず、彼らは罪よりの解放を要求しない。ゆえに彼らは解放を叫ぶに関せず依然として旧（もと）の奴隷である。彼らは、民主主義、社会主義、労働組合によって、すべての拘束より自己を解放したりと信じつつあるも、なお依然として前（さき）の奴隷である。

（一九二〇年三月『聖書之研究』）

罪のゆるし (二)*

救いは罪のゆるしをもって始まる。罪のゆるしなくして救いなし、ゆえに、キリスト教あるなしである。キリスト教にあるすべての真（まこと）なる事、すべての善き事、すべてのうるわしき事は、罪のゆるしをもって始まる。神、キリストにありてわれらの罪をゆるしたまい、われら信仰をもってそのゆるしにあずかり、神がわれらをゆるしたまいしがごとくに他（ひと）をゆるして、ここにキリストにあるわれらの生涯は始まり、すべての方面においてその意義を実現し得るに至る。人類の理想たる改造、また新しき世界、また一致せる教会、また天よりくだるエルサレム、これみな悔い改めと罪のゆるしの必然的結果として成立し得るものである。すべての国民がキリストの十字架の下にひざまずき、そこに彼らの犯せし罪のゆるしを乞（こ）う時に、その時に、世界の真（まこと）の改造はおこなわる。しかしてその時にあらざれば決しておこなわれない。政治も経済も倫理も、個人的ならびに社会的革命の原動力として、罪のゆるしの代理をなすことはできない。

（一九二〇年八月『聖書之研究』）

古き福音

キリストはわがために、われに代わりて死にたまえり、神は彼にありて、わが罪をゆるしたまえり、しかしてわが救われし証拠として、彼は彼（キリスト）をよみがえらしたまえりと。これ新約聖書の明白に示すところであって、福音の真髄である。われはキリストにまねて聖徒となるのではない。われは努力してわが救いを獲得するのではない。われは神にすがりてわが救いを哀求するのではない。わが受くべき罰はすでに受けられ、わが科（とが）はすでにゆるされ、わが死はすでに取り除かれて、永生はすでにわがために備えられたのである。他力（たりき）仏教の言をもって言うならば、「願行（がんぎょう）は菩薩（ぼさつ）のところにはげみて、感果はわれらがところに成（じょう）ず」るのである（安心決定）。これ天然の法則に戻（もと）りて、愛の奇跡である。われらはすでにあがなわれたる世界にあるのである。しかして、信ずればその時、そのあがない、その救いをわがものとなすことができるのである。パウロ、ルーテル、親鸞（しんらん）らをして立たしめしものは、この簡単にして深遠なる真理である。「キリスト、わが罪のために渡され、またわが義とせられしがためによみがえらされたり」とある。

（一九一七年十月『聖書之研究』）

私は上州人である

私は上州人である。ゆえに腹の中にあることを隠すことができない。上州人に秘密はない。秘密はあり得ない。その点において、上州人は他（ほか）の日本人、ことに中国人〔注〕などとは全く異（ちが）う。

しかし私の場合において、私は上州人である上にキリスト信者である。ゆえにキリスト信者としての深い信仰上の経験を有す。そしてこの経験は、口外したくもあまりに深く、あまりに聖くして、口外することができない。また口外したところで、この世の人らには少しもわからない。ゆえに、さすがの上州人でもこの事だけは口外することができない。私は私の信仰の事については、やむを得ず沈黙を守る。しかし、まれには私の信仰を解し得る者に出会う。そしてかかる人には私の信仰を包まず語る。しかし、かかる人ははなはだまれである。ゆえに私の信仰を語る機会ははなはだ少なくある。ゆえに信仰の事については、たいていの場合は沈黙を守る。まことにありがたいことである。語りたくも語ることのできない事を持つとはまことにありがたいことである。

上州人は日本人の内で最も劣等なる者である。しかるに神の恩恵によって、私は少しく神の深い事を知るを得て、感謝である。キリストの十字架の下に立ちて、おのが罪のために泣いたことのない人は、私の心の底をうかがい知ることができない。

（一九二五年十月『聖書之研究』）

注　中国地方の人。

ロマ書十二章一節

五月十八日朝、新津在大鹿教友会席上において

神のあわれみは実に驚くべきものであって、その恵みには限りがない、人はみな罪人であって義人一人だになき時に、神はそのひとり子キリストの犠牲をもって人類の救いを全うされたのである、神はかくも大なる慈悲をもって恵みを賜いたることとなれば、われらもまたこの身を神の意(こころ)にかなう聖き生ける供え物となして神にささげなければならぬ、これ当然（なすべき）の祭であるとは、パウロの述ぶるところである。普通、神を拝するの方法は、供え物をなして願い事をなすのであるが、キリスト教の神を拝するは全くこれに相違し、われらいまだ神を知らざる先に神は種々なる方法手段をもってわれらを救いたもうたるその大なる恵みに対して神にささげ物をなすは当然（なすべき）の事と心得てなすのである。神のもろもろの慈悲のいかほど大なるものであるかを知る時に、神に供え物をささげずにはおられなくなるのである。この心が生じない者は信仰がないのである。されば神に物をささぐるには剰余物（あまりもの）をもってしてはならぬ。神は人類救拯（きゅうしょう）のためにそのひとり子をさえ与えたもうたのであれば、これに対するの供え物は言うまでもなく最良のものをもってすべきである。神社仏閣の賽銭（さいせん）に見るごとく、普通に使用せない鐚銭（びたせん）をもってするがごときは、神に対する心得ではない。わが所有物（もちもの）の中の最良のものをするも、なお足らぬ。その全部をささぐべきである。子を持つ親は知ることなれども、子の死を見るは自身の死にまさりて苦しき事なるに、神はそのひとり子を十字架につけて、実に神ご自身以上のものを与えたもうた。人と人との間における日常の贈答においてもまた各自相応のものをもってするにあらざれば真の親しき関係に入ることはできない。神と人との関係においてもまた同様であって、われらは神の下されしものに対してわれら自身をささげねば相当しないのである。しかしてまた心得べき事は、生ける供え物とせねばならぬ事である。われら、ややもすれば死物をささげんとするおそれがある。血気の時代は放埒（ほうらつ）をきわめ、老後を寺

参りに暮らす等、仏教信者に往々見るところであるが、ひとり仏教信者にとどまらず、キリスト信者にもまたこれに類するものがあるのである。壮時は盛んに活動を要すと称して、欲するままのふるまいをなし、その失敗するや初めて宗教に来たるごときは、とうてい神の大慈悲に答うるの道ではない。用に堪えざる老後の身をささげても、神は受けたもうではあろうけれども、これでは相すまぬことである。神はわれらに最良のものを賜わりたれば、われらもまた分別（ふんべつ）ざかり活動ざかりを神にささげ、わが子をささぐるにも最優良なるものをもってし、末子か、あるいは役にも立たぬ者を寺院に送りて僧侶となす等のごとき態度に出でてはならぬ。しかしてまた生ける供え物となすにあたりて、これを「聖きもの」として、すなわち惜しみなく全く神の有（もの）としてささげねばならぬ。人あるいは全部を神にささぐる事はできがたき犠牲であるとの考えが生ずるであろうけれども、もともと神のものを神にささぐるなれば当然（あたりまえ）のことである。単に当然であるばかりでなく、われらが世に処する最良の方法である。世に種々の放資の方法あれども、神にささぐるにまさりて良き方法はない。人は富なくして生存することはできないが、しかもまたその富なるものがいかに多くの苦痛を人に与うるかを思うたならば、いずれも寒心に堪えぬことがあるであろう。大富豪の家庭に地獄のさまを見るの例はずいぶん多い事である。人は多く富を最大の目的として奮闘するも、あに計らんやこれが苦痛の種となるのである。しかもこれを神にささげて、難問題は直ちに解決するのである。あるいは一家の処理について、あるいは子女の教養について、その他各種の事についての困難なる問題は、これを神のものとせざるによりて生ずるのであれば、その全部を神にささげて、処分ははなはだ容易となるのである。神のものをわがものとして見る間、いつまでも難問題は生ずるのである。あたかもわれら、他人の物を預りて、後に返却を要求さるるにあたりて、これに応ぜざれば、難問題はこれがために絶えず生ずると同じ理である。されどもこれ財産をことごとく教会に寄付せよ、人はみな牧師伝道師となれとの意味ではない。さらば実際問題として、いかにして神のものとなすべきかとの疑問が起こるのである。旧約聖書には、収入の十分の一をささぐべしとあれども、今日においては必ずしも十分の一に限らず、その一部をささげて、全く神の用途に当て、その余を神より聖められて賜わる証とするのである。かくしてわれらのものは全部神のものであって、また神より賜わりたるわがものであれば、これが不正の道に用いられようはずがなく、また不幸の原因となるごときことはないのである。

世の人はよく犠牲という語を用うれども、世に犠牲の人となるには、まずすべからく神に対して犠牲とならなければ、あたわざることである。しかしてわれらはわが所有物（もちもの）全部とわれ自身とを神にささげて、これにて完全なる犠牲となり得るであろうか。否、われらは完全の犠牲を神より要求されてこれに応ずることのできないものである。ここに完全の犠牲は、われら人類に代わりて犠牲となられしイエス・キリストご自身をもってささげられたのである。キリストをわれら人類を代表する完全なる犠牲として神を祭り、キリストをささぐると同時にわれらの身を聖めて、われらもまた完全の供え物となるのである。まことにキリストがクリスチャンの完全なる供え物である。われらの生涯は犠牲であって、完全の犠牲は神の助けを借りキリストをもってささげ、これと同時にわが全身を聖き供え物となすのである。（中田信蔵筆記）

（一九一三年七月『聖書之研究』）

忘罪・赦罪

忘　罪

神はすべての事を記憶したもう。宇宙の大より細胞の小に至るまで、彼の記憶に留まらないものはない。されども神はただ一事を忘れたもう。人の罪はこれを忘れたもう。彼は言いたもうた、「われ、彼らの不義をゆるし、その罪をまた思（記憶）わざるべし」（エレミヤ書三一・三四）と。また言いたもうた、「われ、彼らの不義をあわれみ、その罪と悪とを意（こころ）にとめざるべし」（ヘブル書八・一二）と。神はその子の十字架において、人類の罪をぬぐい去りたもうたのである。驚くべき恩恵とはこの事である。神はその記憶以外に人類の罪を撤したもうたのである。神は、われらの真実（まこと）の友人が、われらの悪事について聞くことを肯（うけが）わざるがごとくに、われらの罪を思い出だしたまわざるのである。彼は人類の罪を取り去りたまいしにとどまらず、これを忘れたもうたのである。されども健忘のために忘れたもうたのではない。その子の功（いさおし）のために忘れたもうたのである。キリスト・イエス、その十字架をもって、神と人との間に立ちたまいて、人の罪は罪として神の聖座（みくらい）に達しないのである。ゆえに、人もまた自己の罪を去りて、今日直ちに父なる神に帰るべきである。

（一九一七年七月『聖書之研究』）

罪のゆるし（三）

十一月十一日、柏木聖書講堂において

罪のゆるしはキリスト教独特の教義である。神は人の罪を永久に覚えたまわず、これを忘れ、これをゆるし、これをぬぐいたまいたれば、人もまた相互の罪を残りなくゆるすべしとは、キリスト教が特に力を込めて説くところである。この事たる、長く斯教（しきょう）に接せし者のあえて異（あやし）とせざるところなれども、少しく意を留めて他の宗教をうかがい見んに、意外の感に打たれざるを得ない。キリスト教以外の宗教にありては復讐（ふくしゅう）は罪悪としては認められないのである。のみならず、不倶戴天、臥薪嘗胆（がしんしょうたん）は美徳として認められ、これありてこそ忠孝仁義の道が完全におこなわるることと思わるるのである。人類の歴史の大部分は復讐の歴史である。ことにわが国の歴史はそうである。日本歴史より復讐の精神を取り除いて、その骨子が取り除かるるのである。源平の争いといい、南北朝の戦いといい、その因（もと）を尋ぬれば、仇恨媢嫉（ぼうしつ）より出でたる復讐の精神である。「頼長、忠通をねたみ、これを法皇に譖（しん）す。帝これを憎みて忠通を親近す。されども法皇をはばかりて、志のごとくするあたわず。居常鬱々（うつうつ）として久しきを積みて疾（やまい）を成す」と。これが保元の乱の因である。しかしてこれに次いで平治の乱が起こり、その結果として源平の争いがあったのである。讃岐院（さぬきのいん）その志の成らざるを憤りたまい、「舌をかみ血を出だし軸書して言いたまわく、願わくば大魔王となりて天下を擾乱（じょうらん）せんと。歯をくいしばり、目をいからし、惨悴（さんすい）骨立ち、居常忿々（ふんぷん）たり」（松苗著『国史略』による）とある。しかしてかかる鬱忿はこれを日本歴史全体を通して見ることができる。しかして日本歴史に限らない、世界各国の歴史がそれである。英のエリザベス女王が朝臣某を恨んで言うた言（こと）がある。いわく、「神はなんじを許すとも、朕（ちん）は断じてなんじを許すあたわず」と。仇恨、争闘、妒忌（とき）、忿怒、これ東西古今の歴史である。

されば神の選民たるイスラエルの歴史は、仁愛、喜楽、慈悲、平和の歴史でありしかというに、決してそうでないのである。旧約聖書もまた復讐の精神を鼓吹してはばからないのである。ヨシュア記、士師記等の復讐の事実をもって満つることは何びとも知るところである。士師記第一章四節以下における左の記事のごときはその一例である。

ユダ上り行き、ベゼクにて、カナン人とペリジ人一万を殺し、またベゼクにおいてアドニベゼクに行き会い、これと戦えり。しかるにアドニベゼクのがれ去りしかば、その跡を追いてこれを捕え、その手足の親指を切り放ちたれば、アドニベゼク言いけるは、七十人の王たち、かつてその手足の親指を切られて、わが食卓の下にくずを拾えり。神、わがかつておこないしところをもて、われに報いたまえるなりと。イスラエルの人々、これを曳（ひ）きてエルサレムに至りしが、そこに死ねり

ここに慈悲と赦免とはその痕跡だも見ることはできない。かかる記事を神の聖書の内に見て、われらは驚かざるを得ない。しかしてさらに進んでエホバの慈愛を歌いし詩篇を見るに、その内にもまた復讐の精神がみなぎっているのである。その第五十四篇七節にいわく、

エホバはすべての患難(なやみ)よりわれを救いたまえり
わが目はわが敵につきての願望(ねがい)を見たり

と。またその百十八篇七節にいわく、

エホバはわれを助くる者と共にわが方にいます
このゆえに、われを憎む者につきての願望を、われ見ることを得ん

と。しかして「敵につきての願望」とは、言うまでもなく敵につきての悪意である。災禍（わざわい）のその上に臨まんことである。すなわち敵をのろいての言である。ただ詩なるがゆえに、ことばがやわらかなるまでのことである。しかして敵をのろいし言として最も深刻なるは、詩第百三十七篇八、九節における左の一句である。古今東西の文学において、仇恨を言い表わせし言にしてこれよりも深刻なるものはあるまい。いわく、

滅ぼさるべきバビロンの娘よ
なんじがわれらになししごとく、なんじに報ゆる者はさいわいなり
なんじのみどり児を取りて岩の上に打ち付くる者はさいわいなり

と。仇恨(うらみ)を晴らさんがために、敵のみどり児の岩に打ちつけられて砕かれんことを願う。無慈悲の極とはこの事である。たぶんバビロニヤ人がユダヤに攻め入りたる時にこの事をなしたのであろう。さればとて、神を信ずる者がこの事の敵になされんことを祈るは、許すべからざることである。

そのほか、ダビデが死せんとするにあたって、その子ソロモンに遺言せしところを見るに、復讐仇恨の精神をもって満ちている。彼は、彼の老臣ヨアブとシメイとの、彼の死後に誅戮（ちゅうりく）せられんこと、「その白

髪（しらが）を安然に墓に下らしむるなかれ」（列王紀上二・五―九）と遺言した。しかしてこれが、「エホバのこころにかないしダビデ王」のなせしところである。実に報復の精神は旧約の精神である。その中にレビ記十九章十八節の

　なんじ仇（あだ）を復（かえ）すべからず。なんじの民の人々に対して恨みをいだくべからず。おのれのごとく、なんじの隣を愛すべし

という一言の挿入（そうにゅう）せらるるありて、荒野に清泉のほとばしるを見るがごとき感ありといえども、これ旧約全体の精神にあらざることは一目瞭然たりと言うことができる。ゆえにキリストが彼の出現以前の選民の道徳を一括して、「なんじの隣を愛してその敵を憎むべしと言えるはなんじらが聞きしところなり」と言いたまいしは実にそのとおりである。旧約の教うるところに従いて、われら、敵を憎みたればとて、あえて罪を犯したりとは感じないのである。「エホバよ、われはなんじを憎む者を憎むにあらずや……われ、いたく彼らを憎みてわが敵とす」（詩篇一三九・二一）とは、イスラエル詩人が公言してはばからざりしところである。しかしてこの言にのっとりて、天主教徒とプロテスタント教徒とは相互を憎み、また今日欧州の戦場において、ドイツ人と英国人とは相互を憎みつつあるのである。旧約聖書を文字どおりに神の言として受けて、われら何びとも敵愾（てきがい）の精神に燃えざるを得ない。

　されども一たび旧約を去りて新約に入らんか、われらはこの事に関して新天地に臨みし感がするのである。ヨハネ黙示録を除くのほかは、新約聖書全体が、罪のゆるしの精神をもってあふれている。ゆるせ、ゆるせ、ゆるせと新約は繰り返して言う。

　なんじの隣を愛してなんじの敵を憎むべしとはなんじらが聞きしところなり。されどわれ、なんじらに告げん。なんじらの敵を愛し、なんじらを迫害する者のために祈禱せよ。かくするは、天にいますなんじらの父の子とならんためなり。彼はその日を善人にも悪人にも照らして、雨を義者にも不義者にもくだしたもうなり（マタイ伝五・四三）

　ペテロ来たりてイエスに言いけるは、主よ、幾たびまで、わが兄弟のわれに罪を犯すをゆるすべきか。七たびまでか。イエス、彼に言いけるは、七たびを七十倍せよと（同一八・二一）

その他、ルカ伝六章二十七、二十八、三十一、三十五節、同十七章三―四節のごとき、また同一の教訓を伝うるものである。しかして使徒もまた主の精神を受けて、同一の事を教うるのである。エペソ書四章三十一、三十二節におけるパウロの教訓にいわく、

なんじら、すべての無慈悲、憤り、怒り、騒ぎ、そしりをおのれより去るべし。互いに、いつくしみとあわれみあるべし。神、キリストにありてなんじらをゆるしたまえるごとく、なんじらも互いにゆるすべし

と。ペテロは教えて言う、

彼（イエス）罪を犯さず、またその口に偽りなかりき。彼、ののしられて、ののしらず、苦しめられて激しきことばを出ださず、ただ義をもてさばく者にこれをゆだねたり。彼、木の上にかけられて、われらの罪をみずからおのが身に負いたまえり（ペテロ前書二・二二―二四）

その他すべてこの調子をもって語る。イエスはおのれを敵に売りしイスカリオテのユダを救わんとて、終わりまで努力したもうた。彼はまたおのれを十字架につけし人たちのために十字架の上より祈りて言いたもうた、「父よ、彼らをゆるしたまえ。彼らはそのなすところを知らざるなり」（ルカ伝二三・三四）と。福音は特に「罪のゆるし」の福音である。神が人の罪をゆるし、人が相互の罪をゆるさんための福音である。われら、相互の罪をゆるし得ずして、われら、神につき、キリストにつき、聖書につき、来世につき、何を信ずるとも、われらはクリスチャンでないのである。

以上は、罪のゆるしに関する教訓である。されどもその実行いかに？　罪のゆるしは、言うに易（やす）く、かつうるわしくある。されども、おこのうに難（かた）くある。罪は心の傷である。われら、神に対して罪を犯して、彼の心を傷つけまつるのである。人、われに対して罪を犯して、わが心に傷を負わせたのである。しかして罪のゆるしは心の傷の癒（い）やしである。しかして傷はただことばで癒ゆるものではない。傷を癒やすに、外部の治療と内部の勢力（ちから）とがいる。罪のゆるしもまた同じである。罪は、ゆるさんと欲してゆるすことのできるものでない。これをなすに、適当の治療と勢力とがい

る。しかして治療とは、神がキリストをもっておこないたまいし罪のあがないである。しかして勢力とは、神がわれらの祈禱に応（こた）えて、キリストを通してわれらに与えたもう聖霊すなわち赦罪（ゆるし）の霊である。外にありては、キリストの十字架を仰ぎ見て、内にありては、ゆるし得るの勢力を神より賜わりて、人を完全にゆるすことができるのである。われ欲（ねが）うてゆるし得るにあらず、祈りてゆるし得るのである。われ、聖霊にありて強くなるを得て、われに対して罪を犯せし人を、わが欲（おも）うがままにゆるすことができるのである。強健なる者の傷の早く癒ゆるがごとく、信仰強き者（霊力に満つる者）は容易に人の罪をゆるすことができる。怨恨欝忿は貧弱の徴候である。宥恕（ゆうじょ）寛大は強者のわざである。われら内に霊をもって満たされ、神にありて強くなるを得て、容易にわが心の傷を癒やすを得、人のわれに対して犯せし罪をゆるすを得るのである。

　ゆるし得んがために祈るべきである。また祈りてゆるすべきである。敵をゆるすの最も善き方法は、彼のために祈るにある。「なんじらの敵を愛し、なんじらを迫害する者のために祈禱せよ」と教えたまいて、イエスはわれらに人をゆるすの最も善き道を教えたもうたのである。われ、わが敵のために祈りて、われの彼に対していだける無慈悲と憤りとは除かれ、これに代わりて春風駘蕩（たいとう）、仇恨の堅氷を解かすに足るの温雅はわが心に臨むのである。仇恨の苦きをいだきて長く不快を感ずるの必要はない。直ちに祈禱の座に近づき、わが最も憎しと思う人のために祝福（さいわい）を祈りて、完全に彼をゆるして、われもまた完全の幸福にあずかるべきである。年まさに暮れんとす。われらの心のうちに一人の敵をも存すべからずである。われらクリスチャンとして罪をゆるすの能力（ちから）を神より賜わり、またわれに負債（おいめ）ある者の負債をゆるし、神にゆるされ人をゆるして、貸借なしの心の帳簿をもって新年を迎うべきである。

（一九一七年十二月『聖書之研究』）

赦罪の美徳*

赦罪は、キリスト教的美徳中、最大のものである。赦罪は、罪ある過去の全き忘却である。しかして愛の父の善意を基礎として生涯を造り直すことである。赦罪は積極的である。また消極的である。神に全くゆるされたる確実なる結果として、人を全くゆるすことができるのである。「キリスト、なんじらをゆるしたまえるがごとく、なんじらもしかすべし」（コロサイ書三・一三）とある。キリストは十字架の上にわれらに賜うに、われらのすべての罪を抹殺（まっさつ）したまいて、われらのすべての罪を抹殺（まっさつ）したまいて、他人がわれらに対して犯せしすべての罪を抹殺するの赦罪の霊をもってしたもうた。赦罪は天のたまものであって、最大のたまものである。赦罪はすべての善事の本原である。友誼、心の平和、戦争の廃止、万国同胞主義の実行……これらはみなキリスト教的赦罪の必然的結果としてあり得る事である。偉大なるかな、赦罪の美徳！

（一九二一年六月『聖書之研究』）

悔い改め

悔い改めの意義

悔い改めとはただに前非を悔ゆることではない。断然意を決して旧（ふる）き生涯を去って新しき生涯に入らんと欲することではない。悔悟、悔悛（かいしゅん）と称して、新約聖書の悔い改めの何たるかを示すに足りない。悔い改めはもちろん善き事である。しかしながら効果のいたって少なき事である。しかしてキリストは人を救うにあたって悔い改めと称するがごとき浅薄にして微弱なる道によりたまわない。

悔い改め、新約聖書にありては、これをメタノイア *μετάνοια* と言う。「思意の変転」の意である。ただに行為の悔悛ではない。また品性の改善ではない。思意の一転である。意識の根本的改革である。人生の意義の新解釈である。自我の改造である。聖書は種々（いろいろ）のことばをもってメタノイア（悔い改め）の何たるかを示している。今その二、三を挙げんに、マタイ伝十六章二十四節にいわく、

イエス、その弟子に言いけるは、もしわれに従わんと思わば、おのれを捨て、その十字架を負いて、われに従え

と。ここに「おのれを捨て」とあるは、「おのれを無き者として」との意である。単にこの罪かの科（とが）を悔いてではない。自己の存在そのものを捨てて、イエスに従えとの意である。人は罪を犯したにとどまらない、罪の中に生まれたのである。彼にありては、罪は偶然の出来事ではない。彼の固有性である。ゆえに彼は罪を悔いてこれを除くことはできない。彼は自己の罪性を是認して、その改造を神に祈求（もと）むべきである。「おのれを捨つる」というはこの事である。自己は生まれながらにして罪人なることを認むる事である。おのれでおのれを救うあたわざる、あわれむべき者であることをさとることである。しかしてかかる悔い改め、すなわち中心の改造に十字架の伴うは言うまでもない。人はキリストの

要求したもう悔い改めを実行して、この世の属（もの）でなくなるのである。しかしてこの世の人はこの世に死したる者をその内に置くに堪えず、ゆえにこぞって彼を窘（くる）しむるのである。ここにおいてか迫害は必ず真（まこと）の悔い改めに伴うのである。

コロサイ書三章九節にいわく、

なんじら、古き人とそのおこないを脱ぎて、新しき人を着るべし。この新しき人はいよいよ新たになり、人を造りし者のかたちに従いて知識に至るべし

と。ここに古き人と新しき人と言うは、ただに比較的の変化を言うのではない。古きわれが悔い改めて新しきわれとなったと言うのではない。これこの世の道徳家の言うところであって、キリスト教はかかる浅薄なる悔い改めをもって満足しないのである。古き人は「われ」である。新しき人はキリストである。われはアダムの裔（すえ）であって、地より出でし者であれば地的であり、キリストは神の子であって、天よりくだりたる者であれば天的である。しかしてわれは悔い改めて、すなわちわが生来の罪性を是認して、おのれを捨てて、おのれに死して、キリストをわがうちに迎えて、彼をしておのれに代わりて生かしむべきである。新しき人とは、われの改まりたる者ではない。われ以外の聖者である。われはいくら改むるとも旧（もと）の罪のわれである。ゆえに、われは自己に死して、われ以外の聖者、すなわち新しき人キリストを迎え、彼をしてわがうちに宿りてわが主たらしむべきである。悔い改めは自己の改築でない。自己の明け渡しである。主人公の替代（たいたい）である。神の子イエス・キリストがわれに代わりてわれを占領したもう事である。

コリント後書五章十七節にいわく、

このゆえに、人、キリストにあるときは、新たに造られたる者なり。古きは去りて、みな新しくなるなり

と。これは悔い改めの何なるかと合わせてその結果を示したることばである。悔い改めは新造（創造）である。われらにありて霊的造化が新たにおこなわるる事である。ここに天より新動力が臨み、新生命がくだり、聖霊が処女マリヤにくだりてキリストの生まれたまいしがごとくに、われらのうちに神の人なる新しき人が生まるる事である。しかしてその結果として、われらにとり、

古きはことごとく去りて万事は新しくなるのである。宇宙は一変するのである。人生は全く新しき意味を持つに至るのである。事物の価値は転倒し、今日まで貴しと思いしものが卑しくなり、卑しと思いしものが貴くなるのである。神を拒否する人世の価値は全く失《う》せて、その富も名誉も何の誘引力なきに至るのである。これまことにメタノイアである。思意の変転である。意識の根本的変更である。行為はもちろんのこと、思想も、嗜好も、趣味も、意志も、全く一変することである。更生の一語が、もってこの内的大変動を言い表わすに足りるのである。

かくのごとくにして、キリスト教の教うる悔い改めは前非の悔い改めではない。新生涯の決心ではない。キリストの仰迎である。われ以外の聖者、天来の新しき人なる彼を、わが自我として迎えまつることである。しかしてこの事のみが実際的に有効なる悔悛である。キリストを仰ぎ、彼をわが主として迎えてのみ、われは、罪をその根底より憎み、しりぞけ、これを夷《たいら》ぐるに至るのである。キリストなしの悔い改めは有終の悔い改めでない。これは民の傷を浅く癒《い》やすことであって、平和なきに平和平和と言うことである。自省鞭撻《べんたつ》、日もまた足らずといえども、キリストを仰がず彼をわが霊魂の奥殿に迎えまつらずして、真個の、根本的の、徹底的の悔い改めなるものはないのである。

個人において、そうである。社会または国家においても、そうである。社会は自分で自分を改良することはできない。国家は自体で自体を廓清《かくせい》することはできない。社会はキリストを納《う》けただけ、それだけ根本的に改良さるるのである。国家はキリストを迎えただけ、それだけ実質的に廓清さるるのである。キリストなしの社会改良と国家廓清とは、実は名のみにして実なきものである。社会の罪悪を摘発し国家の罪人を筆誅《ひっちゅう》すれば、それで改良と廓清とがおこなわると思う新聞記者らは、いまだ改良廓清の何たるかを知らない者である。国家も個人とひとしく悔い改めを要するのである。過去において犯したる罪を悔ゆるにとどまらず、さらに進んでおのれを捨て、自体に何の善きものの存せざるを知覚して、十字架を負うてキリストに従うべきである。いわゆる国家の神聖を唱えて、国家自体に何か絶対的に聖善なるものの存するがごとくに思うは大なるまちがいである。罪人の集合体たるにすぎざる国家は罪悪の総合たるにすぎない。国家もまた個人とひとしく、自己を潔《きよ》むるに人以上の者の降臨を要するのである。神聖の所在を自体において求めて、国家はついに滅びざるを得ない。その実例はローマである。アッシリヤ、バビロニヤ、ペルシヤ等の東洋諸邦である。いわゆるDeifcation of the Nation(国家の神化)と称して、神ならぬ国家を神聖視するに至って、国家はついに神聖ならざるに至るのである。

仰ぎ見よ、さらば救われん。ダビデの裔《すえ》なるナザレのイエスを主とあがめよ、さらばまことに潔められん。個人も、国家も、世界も。

〔一九一四年七月『聖書之研究』〕

救い

＜救いの原理＞

いかにして救わるるか

自分で救われんと欲して救わるるのではない。努力奮闘して道徳的に完全なる者となりて救わるるのではない。すでに救われたる者であることを自覚して救わるるのである。万物の造り主にして人類の父なる真(まこと)の神は、われらが自分で自分を救うまで待ちたもうがごとき神ではない。彼はわれらの弱きを知りたもう。われらが自分の努力をもってして自分を救うあたわざることを知りたもう。ゆえにわれらのなお弱かりし時にわれらの努力に先だちてわれらを救いたもうたのである。しかしてわれらは今はわれらのために施されしその救いを覚認(みとむ)れば、それで救わるるのである。救いの恩恵はすでに備えられて、われらの前に置かるるのである。われらは今それを信受すれば、それでわれらは救わるるのである。すでに救われてあるのに救われんと欲して悶(もだ)ゆる人間のあわれさよ。しかして福音とはその音信(おとずれ)である。

　なんじらの神言いたまわく、慰めよ、なんじら、わが民を慰めよ、ねんごろに彼らに語り、これに呼ばわり告げよ、その服役(ふくえき)の期(とき)すでに終わり、その科(とが)すでにゆるされ、そのもろもろの罪のゆえにエホバの手より受けしところは倍して報いられたりと(イザヤ書四〇・一―二)

との音信である。すでにである。すでにである。まさにではない。救いの恩恵はまさに臨みつつあるのではない。キリストの死と復活と昇天とによりて、「すでに」臨んだのである。福音はすでに遂げられたる救いの提供である。道徳的完全を条件として賦与せられんとする救いの約束ではない。キリストの福音は、バプテスマのヨハネの説教とはその根本を異にする。キリストはわれらを呼びて、「まむしの裔（すえ）よ」とは言いたまわない。彼はわれらの悔い改めに先だちてわれらを救いたもうた。彼が十字架の上に「事おわりぬ」と言いたまいし時に、われらはすでにすでに救われたのである。この事を知らずして、福音は福音でなくなるのである。

（一九一五年九月『聖書之研究』）

過去の完全

キリスト教はすでに済んだ事である。いまだ済まざる事ではない。成就（なしとげ）られたる救いである。追求すべき理想ではない。「われすでに世に勝てり」（ヨハネ伝一六・三三）と主は言いたもうた。「事おわりぬ」（同一九・三〇）とは、彼の最後の言葉であった。人のなすべき事は彼がすでになしたもうたのである。今や人のなすべき事は、神のつかわしたまいし者を信ずることである（同六・二九）。理想を追求すると称して、完全を遠き未来に期すべきではない。理想はすでに、人なるイエス・キリストによりて実行せられたのである。しかしてわれら信仰をもって彼の行績をわがものとなして、「今時（いま）此所（ここ）」に完全に救わるるのである。もし世にかかる事はないと言うならば、宗教なるものはないのである。宗教は道徳ではない。道徳は完全を未来に期するに対して、宗教はこれを過去に求むるのである。しかしてキリスト教は人類の完全をナザイのイエスの人格ならびに行為において提示し、人をして、これによりておのが完全を獲得せしむ。パウロは「人の義とせらるるは信仰による。律法のおこないによらず」（ロマ書三・二八）と言いて、宗教上のこの原理を述べたのである。「義とせらる」とは、神の前に完全なる者として認めらるる事である。しかしてこれ信仰によるとのことである。すなわち信仰によりてイエスの完全をわが完全となすとの事である。「律法のおこないによらず」とは、道徳的行為によらずと言うと同じである。もしこの事が背理であると言うならば、宗教は背理であるのである。しかして多くのいわゆる近代人は言う、「宗教は背理である。人を救うものは宗教にあらずして道徳である」と。

モーセ、野に蛇を挙げしごとく、人の子も挙げらるべし。すべてこれを信ずる者に滅ぶることなくして

永生を受けしめんがためなり（ヨハネ伝三・一四―一五）
イエス答えて言いけるは……われもし地より挙げられなば、万民を引きてわれにきたらせん（同一二・三二）
なんじら、われを仰ぎ見よ、さらば救われん（イザヤ書四五・二二）

もしキリスト教の提供する人類の救いがイエスの十字架においてないならば、その他どこにもないのである。もしキリスト教は人類が進歩の極ついに到達し得る理想であると言うならば、キリスト教は福音ではないのである。まことにパウロの言いしがごとく、「もし義とせらるること律法（道徳）によるならば、キリストの死は徒然（いたずら）なる業（わざ）なり」（ガラテヤ書二・二一）である。現代（いま）の人が道徳以下に落ちし結果として、道徳を強説して、信仰の道なる宗教を解せざるは、歎ずべきことである。

（一九一四年十二月『聖書之研究』）

救霊問答

問　神はいかにして人を救いたもうか。

答　神は彼を義人となして彼を救いたもう。

問　神はいかにして人を義人となしたもうか。

答　神は人に義を奨励し、あるいは義の境遇を供し、あるいは義の実行を助け、すなわち義の空気と義の動機とを供して、人を義に導きたもう。

問　さらば、人は義の空気に感染する久しきに至ればついに義人たるを得るか。

答　否、しからず。人は自動的実在物なれば、彼は周囲の感化によりてのみ感化さるべき者にあらず。彼が充分に感化されんがためには、彼は彼の意志より感化されざるべからず。

問　境遇は意志を感化するの力なきか。

答　全く無しとは言わず。されども境遇は中心の感化を扶助するにとどまって、意志そのものに穿入してその素質までを感化するの力を有せず。

問　さらば何ものが意志を感化するを得るか。
答　神の霊、すなわち聖霊のみ。
問　神の霊はいかにして、意志すなわち人の霊を感化するや。
答　直ちに人の霊に入りてなり。
問　霊が霊に入るとはいかなる事ぞ。
答　霊が霊に入るとは、二つの霊が融合して一つの霊となることなり。
問　かくのごとき事は実際あり得る事か。また、なし得る事か。
答　その、なし得る事、あり得る事たるを、われらはわれらの実験によりて知るなり。
問　その時の実験はいかなるものぞ。
答　その時、われらは自身非常に強くなりしを感ず。前に慕わしかりしものは今は憎むべきものとなり、憎むべきものは愛すべきものとなるなり。聖書に言うところの「このゆえに、人、キリストにあるときは、新たに造られたる者なり。古きは去りて、みな新しくなるなり」とは、この事をさして言うなり。

さらに言わんと欲す、神人合体とはかかる事をさして言うならんと信ず。神と人との場合においては、合体は合霊ならざるべからず。そは、神は霊なれば、彼は霊においてのみ人と合同し得ればなり。

問　神はいかにして人と合同したもうや。
答　キリストを通してなり。神聖にして犯すべからざる完全無欠の神が、罪に汚れたる人の心の中に宿らんがためには、彼はある特別なる形状（ありさま）にて人に現わるるの必要あり。これキリストなり。ゆえに人はキリストによらざれば、神と共なるあたわず。また神もキリストを通さずして、人と共なるあたわず。キリストは神と人との間に立つ中保者なり。
問　さらば、人はキリストによらざれば救わるるを得ずと言いたもうのか。
答　余は実験上、また理論上、しか答えざるを得ず。救わるるとは、比較的に善人になるとの謂（いい）にあらず。また真理の一分を解し得たりというにもあらず、キリストが言われしごとく、天にいますわれらの父の完全（まったき）がごとくわれらも完全を得て、われらは初めて救わるるなり。救いとは、世人が思うがごとき容易の事にあらず。人はみずから努めて救わるべき者にあらず。救いは神の業なり。神によるにあらざれば、人はとうてい救われざるなり。

問　君の説は少しく狭隘（きょうあい）なるがごとくに覚ゆ。いかに。

答　あるいはしからん。されども余は事実を曲ぐるあたわず。われらが救われたりと称するも、もし実際救われずんば、われら、いかんともするあたわず。われらは救われたりと思うて救わるるにあらず。われらは救われて初めて救わるるなり。そうして救わるるとは、洗礼を受くるとの謂にもあらざればまた教会に入るとの謂にもあらず。いくら牧師や宣教師がわれらは救われたりと言いくれたにせよ、もし実際神に救われずば、われらは何の益するところなきなり。われらはただひとえに救われんと欲す。救われたりと思わんとは欲せず。また救われたりと人に言われんとも欲せず。

問　救われたりとの確信いかに。

答　われらが義人となる事なり。われらが意志の中心より義を慕い、仁を愛し、われらの感情も肉情もことごとく聖化せられつつあるを感ずる時に、われらは確かに救いの途につきしを信ずるなり。

問　われらは義人となりしと誤信するのおそれなきか。

答　全くなしとは限らず。されども神の義人は世に言うところの義人と異なる。神の義人は最も謙遜なる者にして、彼は義のために誇らず、善のためにおのれを賞賛せず、彼は「救われし罪人」なれば、すべての罪人に向かって最も深き同情を表す。かかる義人は自己を妄信するのおそれ、はなはだ少なし。われらはかかる場合においては、真理の確かにわれらの中に宿りしを知るなり。乞（こ）う、さらに再び君と共にこの大問題について攻究するを得ん。

（一九〇二年十月『聖書之研究』）

誤錯の恐怖

無用なり

人は何びとも誤錯（あやまり）を恐れる。彼は一回も踏みはずすことなくして安全に人生の行路を渡らんと欲する。

しかしながら、紛雑せるこの世にありて誤錯は全然まぬかれないことである。しかしてまた誤錯はあえて恐るるに足りないのである。誤錯のない生涯とてはない。しかして誤錯におちいりつつも清浄（きよ）き高貴（とうと）き生涯を送ることができるのである。

誤錯は手段の事である。方法の事である。行為（おこない）の事である。精神の事でない。意志の事でない。信仰の事でない。誤錯は知恵と能力（ちから）の不足より起こる事である。神ならぬ人に誤錯はまぬかれない。

誤錯はやむを得ない。誤錯は恐るるに足りない。神に導かれて、誤錯は決して誤錯に終わらない。われらは誤錯によりて自己を知りまた神を知る。誤錯によりて得し知識のみ、まことに貴き知識である。神は誤錯のゆえをもってわれらを罰したまわない。彼の求めたもうものは、悔いし砕けたる心である。人は信仰によりて救わるるのである。すなわちその内心の傾向によりて救わるるのである。外面に現わるる行為によりて救わるるのでない。神に対する正しき信仰をもっておこなわんか、誤錯はかえって益をなすに至るのである。「すべての事は、神の旨によりて召されたる、神を愛する者のために、ことごとく働きて益をなすと、われらは知れり」（ロマ書八・二八）とパウロの言いしは、この事を言うたのである。

誤錯はあえて恐るるに足りない。誤錯を恐れて、人生は戦々兢々（きょうきょう）として薄氷を踏むがごときものである。しかしながら誤錯は神を知り人生を知るための必要手段の一であるを知りて、われらは雄々しく大胆に人生の大路を濶歩（かっぽ）することができるのである。クリスチャンは円満なる君子（くんし）ではない。神を信じて世と戦う戦士である。パウロのごとき、ルーテルのごとき、欠点多くして多くの誤錯におちいりし人が、キリストに最も近き人でありしことを知って、われらはわれらがおちいりやすき人生の誤錯について多く心を配らざるに至るのである。

まことに神に導かるる者にとりては罪そのものが恩恵（めぐみ）である。われらは罪を犯して、かえってより深く神の愛に接するのである、「罪の増すところには恵みもいや増せり」（ロマ書五・二〇）とある。罪の苦き杯も、贖罪（しょくざい）の奇跡によりて、甘き感謝の露と化するのである。われらの心の中に善きわざを始めたまいし者は、これを主イエス・キリストの日までに全うしたまわざればやみたまわないのである。われらは安心して彼の救いにあずかるべきである。

（一九一五年一月『聖書之研究』）

救済（すくい）の能力

人間に可能（でき）る事がある。人間に可能ない事がある。人間に可能る事は人間がみずから進んでなすべきである。なさないのは怠慢であって、罪である。しかしながら人間に可能ない事は神になしていただくべきである。可能ない事をなさんとするは僭越であって、これまた罪である。

人間に可能ない事の一ツは、彼が自己を救ぅ事である。これ、可能そうに見えて、実は全く彼の能力（ちから）以外の事である。神と離絶せし人間は、自分で自分を救うの能力を失った。彼に理想はのこっている。しかし理想をおこのうの能力は失（う）せた。彼は自分で自分を救うべきであると信じている。しかして道徳と称し宗教と称して種々（いろいろ）の方法を講じて、自分で自分を救わんとしている。しかし可能ないのである。人間に多くの迷想（まよい）があるが、しかし彼が自分で自分を救うことが可能ると思うほどの大なる迷想はないのである。人間は天然に打ち勝つことが可能る。哲理を発見することが可能る。制度を定め文物を進めることは可能る。しかし自分で自分を救うことは可能ない。世にあわれむべき者とて実は人間のごときはないのである。

ここにおいてか天啓の必要があるのである。人間の救いに関し、神が設けたまいし手段方法の啓示（しめし）の必要があるのである。神はキリストをもって、人間のなすことの可能ない救いの道を備えたもうたのである。すなわちイエス・キリストが人間の救いであるのである。人間の側（がわ）より見て、信仰をもって彼に依り頼むよりほかに、救わるるの道はないのである。

なんじらは神によりて、キリスト・イエスにあり。イエスは神に立てられて、なんじらの知また義また聖また贖（しょく）となりたまえり（コリント前書一・三〇）

とあるはこの事である。イエス・キリストにありて、神は完全に人間を救いたもうたのである。また人間は彼にありてのみ、完全に救わるるのである。これ大なる奥義である。これ道義的のユダヤ人にはつまずきの石、哲理的のギリシャ人には愚かなる思想（かんがえ）である。しかし、これによりて救いを実験せし者にはまことに神の大能また神の知恵（哲学）（同一・二三）である。

救わるるとは何であるか。言うまでもなく、罪より救わるる事である。「罪はなんじらに主たらざるに至るべし」（ロマ書六・一四）とのパウロのことばの実現を、わが身において実見する事である。自分でたやすく自分を制御し得るに至る事である。理想が単に理想としてのこらずに、その実現を見るに至る事である。（たとえ幾部分なりとも）。欲より完全に離れ得る事である。人の名誉を求めずして、神の嘉納をもって無上の満足を感ずる事である。真正（まことただ）しき意味において神の子となる事である。生きがいのある生涯に入る事である。一言もてこれを言えば、「生命を獲（う）る」ことである。しかしてイエスの十字架のみがこの最上の恩賜（たまもの）をわれらに与うるのである。実にふしぎである。しかし事実である。人間が実験し得る事の中で最も確実なる事実である。

ここにおいてか知者と学者とは言うのである、人間は何ゆえに自己の学究と修養と努力とによりてその理想に到達し得ざるか、何ゆえに、イエスの十字架と称するがごとき、自己の努力に何らの関係なき事によりて理想の実現を見るのであるかと。何ゆえか、説明は付かないのである。されども事実はおおうべからずである。過去千九百年間の人類の実験が「天（あめ）の下の人の中に、われらの依り頼みて救わるべき他の名を賜わざるなり」との使徒ペテロの言を立証し来たったのである。

この世の道徳にありては、人間は自分で自分を救うあたわずと言うは大なる異端である。これに反してキリスト教にありては、人間は自分で自分を救い能（あた）うと言うは大なる異端である。両者の間に氷炭相容（い）れざるの相違がある。道徳は自分の力をたのみ、キリスト教は神の力にたよる。しかしてキリスト教がこの世の信用を得んと欲して自分の力をたのむに至って、大なる堕落をまぬかれないのである。キリスト教は最高道徳なりと称する者は、斯教（しきょう）根底の意義を誤る者である。キリスト教は純福音である。人間の救いに関しては、神の絶対的大能にあわせて人間の絶対的無能を唱うるものである。

しかり、人間は山を動かすことができる。陸《くが》を変じて海となすことができる。しかしながら彼は自分で自分の霊魂を救うことはできない。全能の神のみが彼の霊魂を救うことができる。しかして神はキリストをもってこの奇跡をおこないたもうのである。

（一九一四年八月『聖書之研究』）

人の善と神の善

今や人に善をなすと言えば彼の境遇を善くする事である。彼の収入を増す事である。彼の家庭を幸福にする事である。彼の肉体を健康にする事である。彼の知識を進むる事である。一言もてこれを言えば、彼の社会における地位を高むる事である。米国のごときにありては、今やキリスト信者までが「キリスト教他なし、人の境遇を善くするにあり」と言うに至った。

しかしながら、神はかくのごとくにして人に善をなしたまわないのである。東の西より遠きがごとく、神の道は人の道と違うのである。神は人に善をなさんと欲してしばしばその境遇を悪しくなしたもうのである。彼の収入を減じたもうのである。時には彼の職を奪いたもうのである。彼の家庭を破壊したもうのである。彼に病をくだしたもうのである。彼の教育の道をふさぎたもうのである。彼をして世の侮視《さげす》むところとならしめて、世の汚穢《あくた》またよろずの物の塵垢《あか》となしたもうのである。神は人に善をなしたもうにあたって、今の人が、しかり、今のキリスト信者が善の正反対と見なす事をなしたもうのである。

しかしてその理由は明白である。「人は外のかたちを見、エホバは心を見たもう」（サムエル前書一六・七）からである。人は外なる人の善を謀《はか》るに、神は内なる人の善を計りたもうからである。「彼」は彼の心の中にキリストの成らん（ガラテヤ書四・一九）ことを欲したもうからである。彼をしてキリストの死のさまにひとしからしめて、またその復活にもひとし（ロマ書六・五）からしめんためである。神が、人の眼より見て、しばしばはなはだ無慈悲に見えるのはこれがためである。彼は今のキリスト信者が理想とするような善人または慈善家ではない。

人の施す善は暫時的であって、神の施したもう善は永久的である。キリスト、わが心の中に成りて、われは永久に幸福（さいわい）なる者となるのである。

このゆえに、人、キリストにある時は、新たに造られたる者なり。古きは去りて、みな新しくなるなり（コリント後書五・一七）

とある。神よりこの創造の恩恵にあずかりて、われは宇宙第一人となるのである。「社会」における地位を高められたのではない。「宇宙」における地位を高くせられたのである。われら、この事を知るがゆえに、パウロと共に「キリストのために、弱きと、侮辱と、危機と、迫害と、行きづまりに会う」（同一二・一〇）を楽しみとするのである。

（一九一四年七月『聖書之研究』）

小なる救済と大なる救済

小なる救いは、飢餓を癒（い）やす事である。地位を周旋する事である。財産を整理する事である。慈善を施す事である。社会を改良する事である。政治を刷新する事である。この世の状態を改むる事である。道徳を教えて品行を善くする事である。

これに対して大なる救いは、罪を除く事である。真（まこと）の神を人に紹介して二者の間に平和を来たらす事である。罪と禍患と困窮と苦痛とをその根本において除く事である。しかしてこの世の仁者と慈善家と、政治家と社会改良家と、道徳家と宗教家とはことごとく小なる救いを施しつつありし間に、イエスのみは大なる救いを施したもうた。彼は人の罪を除きたもうた。人が神と和らぐの道を開きたもうた。しかして、ひとり大なる救いを施したまいしイエスは言うまでもなく世界最大の慈善家である。彼はこの意味において人類唯一の救い主である。しかしてまた人の罪を除きたまいしイエスは人をすべての方面において救いたもう者である。しかして余輩彼の忠実なるしもべはよろしく彼にならい、まず第一に大なる救済事業（真正の意味においての伝道）に従事して、しかる後に小なる救いをおこのうべきである。

（一九一三年八月『聖書之研究』）

大なる要求*

神がその子らになしたもう要求は大である。いわく、「天にいますなんじらの父の完全（まった）きがごとく、なんじらも完全くすべし」（マタイ伝五・四八）と。エホバ言いたもう、「われ聖ければ、なんじらも聖くすべし」（ペテロ前書一・一六）と。これは弱くして不完全なる人にむかってなせる要求としては無理の要求であるように見える。あたかも小児にむかって大人の力を出せというがごときである。しかしながら無理のようであって無理でない。神はかかる要求をなしたもうにあたって、これに応ずるの道を備えたもうたに相違ない。もちろん人はみずから努めて神のごとくに完全くまた聖くなることはできない。しかしながら神においてはあたわざる事なしである。「完全くせらるべし」とは、神によりて「完全くすべし」と言うも同然である。「聖くすべし」と言うも同然である。神はキリストにありて聖霊をおくりて信者を聖くしたもうのである。人は聖霊を受けて、自分でなすあたわざる事をなし得るのである。神はなし能（あた）う。キリスト教道徳は神を離れて考うべきものでない。神によりて人は完全くかつ聖くなることができる。

（一九二一年十月『聖書之研究』）

完全と謙遜*

完全は人生最大の得物（えもの）である。しかしながら、完全に危険が伴う。完全は吾人の心に高慢と自足を起こすのおそれがある。これに反して不完全は、これを正当に使用すれば、吾人の心に謙遜のキリスト教的美徳を生むの益がある。不完全なるがゆえに、吾人は自己（みずから）を卑下して、キリストの十字架を吾人の避け所とする。吾人実際の生活において、吾人が完全に達すること

はなはだ遅きは、これがためでなくてはならない。神はモーセをもってイスラエルの民に告げて言いたもうた、

われ、彼ら(ヒビ人、カナン人、およびヘテ人)を一年のうちにはなんじの前より追い払わじ。おそらくは土地荒れ、野の獣増してなんじを害せん。われ、だんだんに彼らをなんじの前より追い払わん。なんじはついに増してその地を獲(う)るに至らん(出エジプト記二三・二九―三〇)

と。「だんだんに」、恵みに富みたもう父は吾人の心の中より不完全を追い払いたもうであろう。しからざれば、あまりに急劇に完全になることによって、肉と心の不完全よりもヨリ悪しき不完全が増し加わりて、荒廃が霊の領分をおおうに至るであろう。されば完全の事においても、他のすべての事におけるがごとくに、わが欲求(ねがい)にあらず、聖旨(みこころ)をして成らしめたまえである。

(一九二二年三月『聖書之研究』)

〈義・聖・贖〉

聖潔と聖別と聖化

聖潔(きよめ)は、その根本の意味において聖別である。この世より別たれて、神の聖きご用に供せらるる事である。この事を確然(はっきり)と心に留めずして、聖書が教うる聖潔の意味がわからない。「きよめ」は、まず潔(きよ)められて、すなわち、すべての汚れを洗われ完全(まった)き者となりて神の有(もの)となる事ではない。まず神の属(もの)と認められて、その必然の結果として、神の聖意(みこころ)のままに潔き者となる事である。この順序たる、小事たるように見えて実は大事である。聖潔を聖別と見ずして、実際に潔めらるることもないのである。

神はまず第一にわれらを召したもう。しかして、われらは大胆に、罪の身このままにて彼のみもとへと行くの

である。われらはその時、身の汚れのゆえに躊躇《ちゅうちょ》しないのである。われらはただ言うのである、「貴神《あなた》がまねきたもうがゆえに、その御まねきに応じて行きます」と。これが聖別第一歩であって、信仰的にも道徳的にも革命的一歩である。この決心を敢行せし時に、われはすでに潔められたりと言いてさしつかえないのである。もちろん自己《おのれ》に顧みて多くの汚れを見ざるにあらず。されどもこの場合に、神はわれらに自己を顧みることを要求したまわないのである。神は繰り返し繰り返し高調して宣《の》べたもうのである、「われを見よ、われを見よ」と。しかしてわれら、神を仰ぎ見るだけにて、すなわち神を見つめるだけにて、彼の属として受けられ神の子として取り扱わるるのである。その時、われらは自己に顧みて罪がのこるや否やを知るの必要は少しもないのである。神の奉仕に入ったのである。（現代人のいわゆる社会奉仕ではない）。しかしてそれだけで聖別せられ、すなわち潔められたのである。

ただ仰ぎ見ることによりて受けらるると言う。それには深き理由があるのである。神は罪を見のがしたもう神でない。彼は何ものよりも罪を憎みたもう。ゆえに、彼はそのひとり子を罪の肉のかたちとなして罪のためにつかわし、その肉において罪を罰し（ロマ書八・三）たもうたのである。しかして神はわれらにこの聖子《みこ》を仰ぎ見るべく命じたもうのである。神はおのが義を彼（聖子）において現わしたまい、聖子を仰ぐ者を子として受けいれたもうのである。ゆえに、神の側《がわ》にありて罪人を子として受けいれたまいたればとて少しも不義はないのである。神は、世の罪はすでにその聖子の肉体において罰したもうたのである。しかして人は何びとも、聖子キリストがその身に受けたまいし患苦《なやみ》を自分が当然受くべき刑罰と信じ、その信仰をもって神に近づけば、神は喜んで、その信仰だけで、罪なき者としてわれらを受けてくださるのである。

実はこれだけにて聖潔も救いも完成《まっとう》されたのである。信者はいかほど潔められてもキリスト以上に潔められることはできない。イエスは立てられて、われらの義また聖また贖《しょく》となりたまえり（コリント前書一・三〇）である。われらの最終《おわり》の審判《さばき》において、神の前に立つ時に、イエスがわがためにわれに代わりて成就《なしと》げたまいし以上の聖潔をさしだすことができない。イエスの義すなわちわが義である。今日そうである。明日そうである。永遠の将来においてそうである。その意味において、信者の義と聖とに上下優劣の差別はない。今日信者になったばかりの人の聖も、使徒ヨハネやパウロの聖も、その間に何の差別はないのである。信者はすべてことごとくイエスの義と聖とをもって神の前に立つのである。この意味において、信者は、イエスを仰ぎ見しその瞬間に完全の聖徒となったのである。

　しかしながら、聖徒として認めらるると聖徒となる事（聖徒となしていただく事）との間に確然たる差別がある。しかして聖徒として神に認められて、その必然的結果として聖徒とならざるを得ないのである。第一に、われらはイエスを仰ぎ見てついにその同じかたちに変わる（コリント後書三・一八）のである。第二に、われら、イエスを仰ぎ見る時に、神はその聖霊をわれらにおくりたもうて、直ちに聖化を始めたもう（ガラテヤ書三・二参照）のである。かくて、われらの代人となりて神に罰せられたまいしイエスを仰ぎ見て、おのずから彼のかたちに化せらるるのである。すなわち、まず聖別せられて、神の奉仕に入って、しかる後に聖徒にふさわしき者となるのである。

　このゆえに、注意すべきは、聖別と聖潔との前後の差別をわきまえる事である。聖別は原因であって、聖潔は結果である。まず信じて救わるのである。救われて信ずるのではない。信仰は信者の常時的（つねの）態度である。彼は不信者にならって内省にふけってはならない。わが聖潔の程度いかにと、おのれに省みるその時に、彼の聖化は止まるのである。仰ぐのである。上を仰ぎ見るのである。潔められつつあるや否やについて苦慮することなく、ただひたすらに仰ぎ見るのである。そうすれば、おのずと潔まるのである。

　内省、これは信仰の禁物である。内を見るのではない。上を見るのである。そうすれば、知らず知らずの間に潔まるのである。信仰を離れて高き品性の人とならんと欲するのが、現代人のおちいりし最大の誤りである。これ太陽には牽（ひ）かれずして回転せんとする地球と同じである。また信仰を等閑（なおざり）にして聖霊の恩賜にあずからんとするのが、多くのバイブル信者のおちいる誤りである。聖霊は、信仰の賞報（むくい）として賜わるものである。信仰の冷えし時に聖霊降臨は止まるのである。キリスト教は信仰本位の宗教である。

（一九二二年二月『聖書之研究』）

＜信仰による救い＞

簡単なる信仰

「イエスよ、救いたまえ」

ロマ書第十章の研究として、九月二十六日、十月三日、二回にわたりて、今井館付属、柏木聖書講堂において述べしところの大意

われら、この世に生活しておる者は、時々心を静かにして深く信仰の根本について想(おもい)をめぐらすにあらざれば、世事にとらわれて、取り返しのつかぬ誤りにおちいる恐れがある。されば秋の初めのわれらの新学期の初頭において、わがパウロの力説せし信仰の真髄について学ぶはきわめて必要のことである。

世人は多くロマ書をもって難解の書となし、パウロをもって、むずかしき理論家となせども、彼をしてかかるむずかしき理論を述べしめたのははたして誰の罪であろうか。彼は好んで難解の理論を述べたのではない。当時の学者、宗教家の連中が、浅薄なる宗教観をもって種々

なる問題を提供して、ついに博学なるパウロをしてかかる大理論を述ぶるの余儀なきに至らしめたのであって、その罪はパウロにおいてあらずして、当時の宗教家、学者の輩においてあったのである。

　パウロの主張するところは「人の救わるるは徹頭徹尾信仰によるものにて、そのほかに救わるる道はどこにもない」というにある。おおよそ神の恩恵にあずかるにはおのれが努力してまず救わるるの資格を作るを要すとの考えは、何びとにも残れるところである。しかしながらこの考えはキリストによりてことごとく破壊され、人はただ信仰によりてのみ救わるることとなったのである。パウロはこれを三段に説いた。信仰によりて義とされ、次に聖められ、しかして最後に完成（あがなわる）せらるるとは彼の主張である。何らの準備を要せず、まず信ぜよ、救わるる道は神ご自身が備えたもうたのであると言うのである。今の教会信者は言う、信者となるには神の御手にすがりて信仰によるを要するなれども、その後においては自身の努力にたよるを要す、信仰によりて聖めらるると言う人は、あまりに神にたよりすぎ、あまりに善すぎて、みずから修むることをせず、その結果、世に不道徳をかもすに至ると。しかしてわれらも時にはまたかく言いたくある。しかしパウロは大胆に率直に、「徹頭徹尾ただ信仰によるのみ」と説いた。この心を解してロマ書に対すれば、この書は決して難解のものではない。一章より八章に至るまで、この精神をもって個人の救わるる道を説いた。しかして第十章は、いかにしてイスラエルの救わるべきかを説いた中の一部である。パウロは自身イスラエル人にてありながら、あまりに熱心に異邦人の救いを説いたために、たぶん国人よりは国賊呼ばわりをされたことであろう。愛国の熱血をたたえたる彼にして国賊呼ばわりをされては骨髄に徹する痛みであったであろう。これがために十章一節の語は発せられた。パウロが「兄弟よ」と説き出す場合は、隔意なくおのが真情を吐露する時である。イスラエル救拯（きゅうしょう）のために祈る切なる愛国の念願を同胞に訴えたのである。二節の「知識」は、いわゆる単なる知識にはあらずして、深き実験による知識の謂（いい）である。三節において、パウロは、神の義とおのれの義とを別ちて、二種の義あることを説いて、イスラエルの人らは神の義を知らずしておのれの義を立てんとするものであると言った。イスラエル人はこれを聞いて憤激したであろう。哲学者、教育者らの言うところの義は「おのれの義」であって、われ自身完全なるものとなりて神の栄えをあらわさんと欲するものである。しかしこれは偽善である。福音の供する義は神の賜わる義である。

　すべて信ずる者の義とせられんために、キリストは
　律法の終わりとなれり（ロマ書一〇・四）

「律法の終わりとなれり」と言うは、「道徳の終わりとなれり」と言うにひとしく、この世の道徳はいずれもおのれの義なれば、キリストによりて終わりとなり無用に帰（き）したと言うのである。パウロのこの主張はまたわれらの実験である。われらにおいても、キリストを信じて、この世の倫理はいらなくなったのである。倫理学者には、何ゆえに人を殺してならぬかは非常に困難なる問題である。むかし親鸞聖人が念仏往生を説くのに向かって、ある人が「人を殺してもなお念仏を唱うれば弥陀（みだ）の救いにあずかることができるか」と問うたとのことであるが、信仰に入れば殺したくなくなるがゆえに殺さないのであって、問題はすこぶる簡単である。

五節―九節。律法の律法たるゆえんは、これを実行するによりて生（いのち）を得るにある。さらば信仰による義とはいかに。ペテロかヨハネならば、これを説くにすこぶる簡単であったであろうが、パウロはモーセの語（申命記三〇・一一―一四）を引用し、その中に自己の意見を加え、巧妙なる文学的手腕をもってこの問題を説いたのである。

　義の道は、天に上りまたは陰府（よみ）に下りて探り求むるにあらざれば得がたしなどというがごときものではない。天よりキリストをくだし地よりキリストを引き出すというがごときことではない。信仰をむずかしく考えるのがまちがいである。信仰の要訣は簡単容易である。すなわち、ただ心に信じて口にいいあらわせば救わるるのである

と。法然上人の口唱（くじゅ）念仏に言葉なりに酷似しておるも奇なることである。もちろんキリスト教の信仰がその対象において仏教の信仰とその根本において全く異なるものであるは、われら各自の熟知しておるところであるが、しかし対象に対する信仰の態度については、法然、親鸞に学ぶべきところが多いのである。道はきわめて近きにあり、心に信じて口に言うにある。何ゆえにし

かるか、かくのごときはついに迷信に流るるおそれなきかのごとき問題は、これを他日に譲るとして、パウロの言わんと欲するただ一事は明白である。すなわちユダヤ人とギリシャ人との区別はなく、主を呼びまつる者はことごとく救わるということである。大骨(おおぼね)を折りてロマ書を研究してここに至れば、かくも簡単容易のことになってしまう。大山鳴動して、ねずみ一匹と言えば言うべきであるが、しかし、ただのねずみ一匹ではない。その簡単さと、しかしてその深遠さを思えば無限の教訓がある。しかも何事ぞ、今のキリスト信徒と称する者は多くこれを忘れて、人力により、しいてむずかしき神学を編み出さんとするのである。さきごろ米国にあるある人より、彼の博士論文に、余の旧著「余はいかにしてキリスト信徒となりしか」の中より多くを引用したとの手紙があったが、これまた著者たる余においてはどうでもよいと思う個所の引用にて、簡単な事をむずかしく論じたまでである。キリスト教の聖書において最も困難であると称せらるるロマ書に、かくも簡単なる信仰が説かれてあることは感謝すべきである。「主イエスよ、救いたまえ」の一語が信仰の真髄である。この事を解しない牧師らが、病者臨終苦悶の枕辺にて、「なんじは三位一体の神を信ずるか」などの愚問を発して苦しましむるのは憤激に堪えぬ。余のごときも臨終の際にかかる問いに対しては何の返辞もできないであろう。しかし、もし諸君が来たりて、「先生、なお主イエスを信じますか」と言われたならば、言下に「信ず」と言うであろう。これは子供に言い得べく、老人に言い得べく、無学の者にも学者にも言い得べきである。われはキリストをかく解し、かくのごとく信ず、愛はかくかくにて罪はうんぬんなどと、りっぱに言う者の信仰は、実はなお危きものである。「イエスよ、救いたまえ」は、迷信のごとくに見え、また簡単に過ぎると言う者もあらんも、しかしこれが信仰の真髄にして、これが、人の死せんとする時に際し、卑しき者にも高き者にも言うことのできる人生の最も深きところである。なんじの信仰いかにと問うたならば、言語は何とでも並べ得べきも、しかも婦女子にも子供にも語りてわかるは、「主イエスを信ず」との短き語である。ユダヤ人のつまずきの根本は、この事があまりに簡単にしてばからしく見えたのにある。今の文明人がまた、福音の語があまりに簡単にてもの足らずとなし、

「倫理的福音」などの名を付し、しいてむずかしくするをよしとして、同じ愚を繰り返しつつあるの時、わが大パウロ先生のこの簡単にしてしかも千万年に貫く大真理を学ぶことは、まことに愉快にして感謝すべきことである。

パウロは二つの信仰個条を説いた。その一は、口に主をいいあらわす事にて、その二は、心に神が彼をよみがえらししことを信ずる事であった。パウロの信仰はこれにて尽きているのである。義とせられ、聖められ、あがなわる等の事は、同一の事を異なれる語を用いて言ったのにすぎない。当時の教育をことごとく受けたる大学者パウロにして、かくも簡単なる信仰を説いたということはことに注意せねばならぬことである。

何ゆえに神は異邦人を救いてイスラエルを救わざるかの興味ある問題は、九章より十一章にわたりて説かれてある。神はキリストをゆるしたまいしにあらずして、キリストのあがないによりてわれら人類全体の罪をゆるしたもうたのである。救いはむずかしき事ではなくして、きわめて簡単なる事である「主イエスを信ずる」だけの事である。伝道とはこの事を伝うるの謂《いい》である。

しかるに今の伝道がしからずして、むずかしき神学論の唱道にあらざれば浅薄なる社会運動であることは、なげかわしきことである。パウロは当時の大ローマ帝国内を三度あるいは四度横断して、道を伝え、初代のキリスト教をして一躍たちまち世界的とならしめた。その伝道の効果の偉大、伝播《でんぱ》のすみやかなりしことは驚嘆すべきである。しかし彼はむずかしき哲学的理論や有神論を述べて歩いたのではない。五分間にて言い尽くし得る簡単なる信仰を述べたのである。このゆえに、かくも驚くべき大伝道がなし得られたのである。信仰の道は、パウロのごとき大学者、大偉人においてもかく簡単であったのである。「道はなんじの口にあり、なんじの心にあり」である。このゆえに、いたる所、何千何万の帰依者《きえしゃ》ありて、たちまち世界を風靡《ふうび》したのである。もし今日の神学者のごとく、これにてはあまりに簡単にしてあっけなしと言うならば、これに対し余輩に弁解はないではないが、しかし信仰はひっきょうこのほかではないのである。ルーテルに問うたならばまたこれをもって答えたであろう。もし「事業」と言わんか、「人格」と言わんか、まことにむなしきものにて、言うに足らぬ。ルナンは言った、「キリストのゲッセマネの嘆きは実は恋人を残せし嘆きであり、パウロの最後の嘆きもまた事業の空（くう）なりしことの嘆きであった」と。信仰の事のわからぬルナンとしては、ほかに見方はないのであろう。われらにおいては、事業は楽しき遊びであるも、事業によってわれらの霊魂を満足せしむることのできぬは明らかである。米国流の神学者はパウロの信仰を評して、「これ興味ある信仰にて、これについて論文を作るにはよいけれども、もってわが信仰となすことはできぬ」と言う。しかしてかかる態度は今の多くの信者の態度を代表したものと言い得る。われらは社会事業のことも哲学上のことも、言う時には言うけれども、これは信仰ではなくて、ただ信仰を語るついでに言うまでである。望むところは完全なる道徳にあらず、事業にあらず、この簡単なる信仰である。

われら、キリスト教に入りて以来、何となくすべての旧（ふる）き信仰の敵として立つ感ありて、ことごとくこれを退けたのは大なる誤りである。古来わが国の仏教徒中にわれと同じ性質の信仰があった。これ実に喜ばしきことである。もとより彼らが完全に達するあたわず、彼らの信仰が幼稚なる時代相当のものであったのはやむを得ないことであるが、われらといえども、もし七百年前に生まれたならば、彼らの信仰の圏域外に出ることはできなかったであろう。法然や親鸞の言ったことを笑うならば、欧州の七百年前のキリスト教書類を見て、そのいかに迷信に満ちたるものであったかを知ることができるであろう。かの十字軍がいわゆる神護の鋭槍（えいそう）をふるって幾たびか起こりて功なく、ついには全然神の力にたよりて敵をくじかんとて少年軍を組織し、身に一物の武具をも付けず、赤手讃美歌を歌って敵陣に進ましめ、可憐の少年多数をしてサラセン軍のあくなき屠殺欲（とさつよく）の満足に供せしめた時代である。法然が深く仏教の教理を探り、苦心惨澹（さんたん）ついに安心の道を得たる径路は、全くパウロやルーテルが平和に達せし径路と同じである。法然は言った。

出離の志ふかかりしあいだ、もろもろの教法を信じてもろもろの行業を修す。おおよそ仏教多しといえども所詮戒定恵の三学をばすぎず……もし無漏の知剣なくば、いかでか悪業煩悩（あくごうぼんのう）のきずなを絶たんや。悪業煩悩のきずなを絶たずば、なんぞ生死繋縛（けいばく）の身を解脱（げだつ）することを得んや。悲しきかな。悲しきかな。いかがせん。いかがせん。ここにわれらごときはすでに戒定恵の三学の器（うつわ）にあらず。この三学のほかにわが心に相応する法門ありや、わが身に堪えたる修行やあると、よろずの知者にもとめ、もろもろの学者にとぶらいしに、教うるに人もなし。示すに輩（ともがら）もなし。しかるあいだ、なげきなげき経蔵に入り、かなしみかなしみ聖教にむかいて、手ずからみずから披（ひら）き見しに、善導和尚の観経の疏（そ）の、一心専念弥陀名号（みだみょうごう）、行住坐臥不問時節、久々念々不捨者、是名正定之業、「順彼仏願故」という文を見得てのち、われらがごとくの無知の身はひとえにこの理（ことわり）を仰ぎ、もっぱらこの理を頼みて、念々不捨の称名（しょうみょう）を修して、決定往生（おうじょう）の業因（ごういん）に備うべし……『勅修御伝』第六

と。これパウロのロマ書七章における「ああわれ、なやめる人なるかな。この死の体よりわれを救わんものは誰ぞや……」と、言葉までが似ている。これを見ても、二者の心の状態がいかにも同じであったことが思われる。これあるがゆえに、仏教はわが国人の中にあまねく深くはいったのである。教祖が苦心探求の結果、信仰の真髄をとらえて、これを伝えたゆえに、仏教はわが国に成立したのである。彼にもまた真理がある。もししからずして、七百年間日本人がたぶらかされていたと言えば、これ単に仏教の侮辱にあらずして日本人全体の侮辱にして、またわれ自身の侮辱である。簡単にして強く人の心に訴うる弥陀の慈悲は幾多の人を慰めて今日に至ったのである。これまた仏教の弁護にあらずしてわれ自身の弁護である。われが真理を発見したのではない。われは神によって救われたのである。もちろん仏教の慈悲とキリスト教の十字架と、事実において大なる相違はある。しかしながら仏教徒もかくのごとく簡単なる信仰によりて安心を得、キリスト教徒もまた同じようにして平和を得たのである。しかしまた一面に早合点（はやがてん）の危険はないではない。何事も信仰によりて神にたよればよいとして、いつしか信仰は空（くう）なる形式となり、不義非行を顧みないようになる。浄土宗の今日のごとく堕落せし、西洋にてパウロ教の弊害のはなはだしきもこれで

ある。しかしこれは教理の誤りではなくて、これを信ぜし人の罪である。

パウロの信仰はかくのごとく簡単であったために、人心に深く入り、世にあまねく広く伝わったのである。これ老人に説くべき説教のごとくにて、しかも決してそうでなく、青年に説くべきものである。世の学問知識の真の主眼は、この簡単なる道を知りて、これを証明するにある。もし学問がこれを教うるのでなければ、学問はまことに意義なく価値なきものである。学問はこの簡単なる信仰の道を証明し、われらの生涯もまたこれを証明するのである。（中田信蔵筆記）

（一九一六年一月『聖書之研究』）

完全の道

五月八日、モアブ婦人会の席上において語りしところ

人を完全になすのがキリスト教の目的であります。イエスはその弟子たちに告げて言いたまいました、

このゆえに、天にいますなんじらの父の完全（まったき）がごとく、なんじらも完全かるべし（マタイ伝五・四八）

と。すなわち神の完全なるがごとく彼らも完全なるべしとのことであります。しかるに世には完全き人とては一人もないであります。「義人なし、一人もあるなし」であります。完全は人の理想ならんも、人の達するあたわざるところであるとは、誰しも言いてはばからないところであります。

しかるにキリスト教は大胆に宣（の）べてはばからないのであります、「天にいますなんじらの父の完全きがごとく、なんじらも完全かるべし」と。これ人に無理を強（し）うるのでありますまいか。単に義人となれ仁者となれと言うにとどまりません、完全になれと言うのであります。いにしえの聖人君子といえども達するを得ざりし完全に達せよと言うのであります。私ども凡夫に向かって完全無欠の人となれと言うのであります。これは無理な要求であって、私ども肉をそなえたる人間のとうてい応ずることのできない要求ではありますまいか。

まことにキリスト教を除いて他にかかる要求をなす宗教はないのであります。そは、なすも無益であることを

知るからであります。この世の宗教はすべて罪をおおうための宗教であります。弱きをかばうための宗教であります。正義に代うるに儀式をもってする宗教であります。しかるに神の道のみは完全をもって人に迫るのであります。

　われ潔（きよ）ければ、なんじらも潔くすべし（レビ記二〇・七、ペテロ前書一・一六）

とエホバはその民に宣べたもうのであります。純潔を文字どおりに彼らより要求したもうのであります。まことに厳格きわまる要求であります。人が初めてキリスト教に接して、これを避けんとするはこれがためであります。彼らはとうていその要求に応ずることのできないことを知るからであります。ある人が仏耶（ぶつや）両教を比べて、仏教は慈母のごとし、ヤソ教は厳父のごとしと言うたのは、よく二者の真意をうがった言葉であると思います。

　しかしながら、神の道である以上はこの要求をなさなければなりません。人より完全を要求しない宗教は、これを神の道と言うことはできません。人は不完全ながらにして神の子たるを得べしと言うは、神をないがしろにする言であります。神に似たる者のみ神の子であります。しかして神の子とならずして、彼の国に入りてその栄光にあずかることはできません。救いとはほかのことではありません、完全者となることであります。パウロの言をもって言いますれば、「しみなく、しわなく、聖にして傷なき栄えある」（エペソ書五・二七）者となることであります。

　しかして神は人より完全を要求したまいて、これに達するの道を設けずにはおきたまわないのであります。神は神らしき要求をなしたもうと同時に、また神らしく人を完全に導きたもうのであります。すなわち、神ならではなすを得ざる要求に対して、神ならでは設くるあたわざる道が設けられたのであります。人を完全にする事、その事は、神にふさわしき事業であります。これ神ならではなすを得ざる事業であります。しかして神はキリストをもってこの事をなしたもうて、彼が真（まこと）に神なることをあらわしたもうたのであります。

　完全、神の完全なるがごとき完全、不完全きわまるわれら凡夫がこの完全に達するの道、これがキリスト教であります。キリスト教は世のいわゆる宗教道楽が教理をもてあそぶ玄妙不思議の奥義ではありません。監督、主教などいう世のいわゆる宗教家が教権をふるうための器械ではありません。キリスト教は人を道徳的に完全にするの道であります。神がその最大の犠牲を払いたもうて、われら罪人をおのが子となさんとて設けたまいし、天下唯一の道であります。

しかして神はいかにして人を完全になしたもうのでありますか。彼はまず第一に完全の人を世につかわしたまいました。「義人なし、一人もなし」ではありません。「ただ一人」ありました。「義なるイエス・キリスト」(ヨハネ第一書二・一)であります。彼はきずなく、しみなき小羊(ペテロ前書一・一九)であります。彼は罪ということを知りたまいませんでした。彼の敵も味方も、彼にありて欠点を見出だすことができませんでした。彼の弟子は彼と共にありて、

　われら、その栄えを見るに、まことに父の生みたまえるひとり子の栄えにして、恩寵(めぐみ)と真理(まこと)にて満てり(ヨハネ伝一・一四)

と言わざるを得ませんでした。人間の中に彼のみが、おのが反対者に向かって、

　なんじらのうち誰かわれを罪に定むる者あらんや(同八・四六)

と断言し得るの資格を持ちました。ここに、人類の長き歴史においてただ一回、何びとも道徳的に非難することのできない人が現われたのであります。イエス・キリストのみはまことに天にいます父の完全きがごとき完全き人でありました。彼のみは人類が「人の子」すなわち人類の模範として神の前にささげて恥ずかしからざる者であります。

かくしてここに一人の完全者がありました。しかして彼の完全は彼一人にとどまるべきではありませんでした。「彼を受けその名を信ずる者には能力(ちから)を賜いて、これを神の子となせり」とありますように、この完全者を受け、彼の生涯に現われたる事跡を信じ、信仰をもってこれをおのがものとなさんと欲して、人は何びともついに彼の完全なりしがごとく完全になるを得るのであります。ここに、人の側(がわ)よりすれば信仰をもってして、完全に達するの道が設けられたのであります。神はイエスに信頼(たよ)る者を、いまだ完全ならざるに、すでに彼イエスのごとく完全なる者として受けたもうの

であります。しかして神に完全者として取り扱われて、人はついに完全なるに至るのであります。これを称して信仰の道と言います。道徳の道とは全くちがいます。努力もって不完全より完全の頂へとよじ登るのではありません。これとうてい不可能事(できないこと)であります。われらは信仰をもって、神の援助(たすけ)により、「その愛子の国に移さる」(コロサイ書一・一三)るのであります。しかしてそこに移されて、ついに彼、愛子に似るに至るのであります。まことに驚くべき聖業(みわざ)であります。しかし疑うべからざる事実であります。イエスを救い主と仰いだあまたの人の実験したる事実であります。イエスに対する信仰は単に信仰としてとどまらないのであります。これは必ず改心を起こし、善行として現わるるのであります。

　神の旨はこれなり、すなわち、なんじらの潔(きよ)められんことなり(テサロニケ前書四・三)

とあります。われらは神の子イエスを信じて、ついには彼の潔きがごとく潔くならざるを得ないのであります。もちろん、瞬間(またたくま)にはなれません。パウロの言いましたように、

　われら鏡に対して見るがごとく主の栄えを見、栄えより栄えへと、その同じ姿に変わるなり(コリント後書三・一八)

であります。徐々と変わるのであります。日に日に新たになるのであります。栄えより栄えへと、少しずつ栄えの主の姿に変わるのであります。しかもその変化たる、あいまいではないのであります。確実であるのであります。われら、主イエスを仰げば仰ぐほど、その聖像(みかたち)がわれらの身に感染(うつ)るのであります。

　なんと貴いことではありませんか。天にいます父の完全きがごとく、ついに完全くなることができるのであります。まことに実質的に神の子となることができるのであります。その道がキリストの福音において備えられてあるのであります。聖人も君子もとうてい達することのできないとあきらめし完全の域に達することができるのであります。人世の快事何ものかこれに若(し)かんやであります。しかしてその道たる、決して難(かた)くはないのであります。われらはもはや白楽天と共に

　行路難、水にあらず山にあらず

と長大息するの必要はないのであります。ただ神のつか

わしたまいし完全者イエスを信じ、彼を仰ぎ見て、ついに彼の完全をもってわが完全となすことができるのであります。

かく考えて見て、「天にいますなんじらの父の完全きがごとく、なんじらも完全かるべし」との主キリストの要求の、決して無理の要求でないことがわかるのであります。神は天の高きに立ちたまいて弱き人間に向かいて、「なんじらはここまで登り来たるべし」とただ叫びたもうのではありません。彼は人が彼にいたるその道をそなえたまいました。ヤコブが、夢に、はしごの地に立ちいて、その項の天にいたれるを見たり（創世記二八・一二）とありまする、その天と地と、神と人間とをつなぐはしごが、イエス・キリストをもってそなえられたのであります。

道徳道徳と言います。道徳はまことに貴くあります。道徳は行状（ぎょうじょう）を直します。高き精神を供します。道徳は厳格なる人を作ります。しかしながら道徳は意志（こころ）を直しません。道徳は罪を潔めません。道徳によって人の生来（うまれつき）の性質は変わりません。しかして完全とは単に外部の完全を言うのでありません。完全なる人は内部より完全なる人であります。悪をなさないばかりでなく、悪を思わない人であります。人の心身全部の改革であります。愛を唯一の動機となすことであります。そうして道徳はこの事をなさんと欲してなし得ません。道徳は外の力であります。これに、人をその心の根底より改造するの力はありません。

まことに私どもお互いは、私どもの欠点をさされたればとて、完全無欠の人となることはできません。人間相互（あいたがい）の場合におきましても、愛は人を完成するの唯一の力であります。もしここに愛に富める友人がありまして、私どもが不完全なるにかかわらず、完全なる者として私どもを取り扱ってくれ、私どもの欠点はこれを眼に留めず、すこしばかりの美点にのみ目を注いで、私どもを信任してくれまするならば、私どもはついに彼の愛に感じて、やや彼が私どもについて思うてくれるようなる人となることができるのであります。西洋のことわざに「人を盗人（どろぼう）と呼べよ。その人はついに盗人となるべし」ということがあります。その反対にまた人を善人と呼べば、その人はまたついに善人となるのであります。今日の教会や新聞紙がなすように、批評と攻撃と詰責とによって人を改めんとするは、かえってその人を悪くする道であります。

神は人を救いたもうにあたって、人間のこの心理によりたもうのであります。神はイエスを信ずる私どもを、私どもとしてではなく、イエスとして見てくださるのであります。彼は不完全なる私ども罪の子を、私どもが彼のひとり子完全なる人イエスを信ずるのゆえをもって、イエスの完全なるがごとく完全なる者として扱うてくださるのであります。聖書の言葉をもって言いますならば、私どもはイエスを信ずるによって、今は律法（おきて）の下にあらずして恩恵（めぐみ）の下に置かるるのであります。しかしてその結果として、私どもは衷心よりイエスに化せられて、ついには彼の完全なるがごとく完全になるを得るに至るのであります。聖書に

われら（信者）みな、彼（イエス）に満ちたるその中より受けて、恩寵（めぐみ）に恩寵を加えらる（ヨハネ伝一・一六）

とあるのはこの事を言うのであります。私どもは奮闘努力してみずから完全なるを得て、完全者として扱わるるのではありません。もしそうならば、私どもの努力は無益であります。私どもはいまだ不完全なるに、完全者イエスを信ずる一事のために、完全者として扱わるるのであります。しかしてその結果として、私どもはついに彼の完全なるがごとく完全になるに至るのであります。まことにわずかの差違（ちがい）のように見えます。しかしその間に天地の差違があります。道徳の道は律法の道でありまして、その終わるところは死であります。これに反して福音の道は恩恵（めぐみ）の道であります。その終わるところは生命（いのち）であります。完全に化して完全になるのではありません。完全と認められて完全になるのであります。まことに神は愛であります。彼はそのひとり子を世におくりたまいて、人力の及ばざるこの大事を成就（とげ）たもうたのであります。

世に愛すべき賞すべき技術はたくさんにありまするが、性格を完成するにまさるの技術はありません。これは最上の美術であります。しかして私ども何びとも欲（この）んで画家となることはできず、彫刻者となることはできず、また音楽家となることはできませんが、しかしイエスを信ずるによって、何びともついに完全者となることができます。これまことに美の絶頂、技術の終極で

ありまして、これに達するの特権が私ども各自に与えられたることを知りまして、お互いの生涯の、決して意味のない興味のないものでないことをさとるのであります。

救拯《すくい》の信仰

（一九一五年六月『聖書之研究』）

われらは信仰によって救われるのである。また信仰に「おいて」救われるのである。われらは今救われるのではない。後に救われると「信ずる」のである。すなわち「信仰において」救われるのである。すでに救われたのではない。救われると信ずるのである。すなわち救いは約束のことであって、現実のことではない。ゆえに、われらは神を信じ義を信ずるその信仰をもって自身の救いを信ずべきである。「信ぜよ、さらば救わるべし」とあるはこの事である。神の善しと見たもう時に必ず救わるべしと信ぜよ、さらばその時にいたりて必ず救わるべしということである。この事を知らないで、救いの事実を現今（いま）わが身において実験せんとあせり、これを実験するを得ざれば信ぜざるは、これ神の約束をないがしろにすることであって、不信の罪の中に数えらるべきことである。神はキリストにありてすでに世をあがないたもうたのである。しかしてわれらはこのあがないを信ずるを得て、すでに救わるべき特権を授けられたのである。われらの救いの確証は十字架上のイエスにおいてあるのである。しかしてこの信仰とこの確証とありて、われらは他にわれらの救わるべき証拠を求めないのである。われらは自己に省みてなお旧（ふる）きアダムの残るを見て、われらに約束せられし救いを疑うてはならない。われらの品性の進歩はまたもってわれらの救わるべき確証と見なすに足りない。「われを仰ぎ見よ、さらば救わるべし」と神は約束したもうたのである。ゆえにわれらは彼を仰ぎ見て、われらの善行の挙がる挙がらざるに関せず、われらの身心の潔（きよ）められし潔められざりしに関せず、神を信じその約束を信じて、われらの救いを信ずべきである。

　「われらが救いを得るは望みによれり」（ロマ書八・二四）とのパウロの言はこの事を言うたのである。救いは希望のことに属すとの意である。今ここに救われるのではない。救いは希望として存するのである。しかも神の約束に基づく希望であるがゆえに、最も確実なる希望である。すでに満たされし希望と見てよき希望である。救いは信ずべき待ち望むべき神の恩恵である。

（一九一六年二月『聖書之研究』）

意力の統一

「すべてみずから相争う国は滅び、すべてみずから相争う町や家は立つべからず」（マタイ伝一二・二五）とある。勢力を殺（そ）ぎ能力を減ずるものにして、自己の分離のごときはない。国は外寇（がいこう）によって衰えずして内乱によって滅ぶ。合一は勢力であり、分離は孱弱（せんじゃく）である。勢力増進の秘訣は合一の一事にある。

国がそうである。町がそうである。家がそうである。しかしてまた人がそうである。もし人にしてその天賦の勢力を統一するを得んか、その勢力に当たるべからざるものがある。意志薄弱と言うは、意力の不足を言うのではない。その散乱を言うのである。その統一の無きを言うのである。自己分離の結果として、意力を千々（ちぢ）に分かたざるを得ざるがゆえに、あり余るの意力を有しながら意志薄弱を歎ぜざるを得ないのである。

人生は複雑である。その関係は多種多様である。人は、神より、人より、自己より、社会より、家より、義務責任を要求せらるるのである。彼は君に対しては忠ならざるべからず、父母に対しては孝ならざるべからず、国家に対しては誠ならざるべからず、友人に対して信ならざるべからず。しかして自己と神明とを欺くべからず。忠ならんと欲すれば孝ならず、孝ならんと欲すれば忠ならず、神を喜ばせんと欲すれば人に喜ばれず、人に喜ばれんと欲すれば神に逆らう者となる。「もしわれ、人の心を得んことをねがわば、キリストのしもべにあらざるべし」とパウロは言うた。神に仕えんか、人に従わんか、また自己の良心にそむいてまでも君父の命に従わんか。人生に患難（なやみ）多しといえども、義務の衝突より来たる自己分離の苦痛（くるしみ）のごときはない。人は二人の主に仕うることあたわずとあるも、実際の彼は、二人ならで数人または数十人の主に同時に仕えんとしつつあるのである。かくて彼の勢力は分かたれざるを得ないのである。意志薄弱は当然の結果である。彼はマルタのごとくに、饗応（もてなし）の事多くして心いりみだれ（ルカ伝一〇・四一）、何事をも完全になし得ないのである。

さらばいかにせんか。いかにして意力の統一を計らんか。いかにして勢力の散乱を防がんか。いかにして意志薄弱を歎ぜざるにいたらんか。この問題を解決するを得て、人生の最大問題を解決するを得るのである。「意力の統一」、問題はこれである。その実際的解決いかに？

しかり、キリストである。人は、自己に死しキリストに生きて、そのすべての義務を完全に果たし得るのである。キリストにありて生活して、彼は神に喜ばれ、他人（ひと）と自己とを欺くことなく、真正（まこと）の意味において国を愛し、忠たり孝たり信たり友たるにおいてあやまらないのである。彼は心を尽くし、精神を尽くし、意（こころばせ）を尽くして神のつかわしたまえるそのひとり子を愛して、彼が人たるの義務を尽くしてあやまらないのである。彼、孝を要求されんか、彼はキリストを仰ぐべきである。彼、忠を要求されんか、彼はキリストを仰ぐべきである。彼、愛国を要求されんか、彼はキリストを仰ぐべきである。彼、純情の友誼を要求されんか、彼はキリストを仰ぐべきである。されば キリストは彼にあり、彼をして彼の応ずべきすべての要求に完全に応ずるを得しめたもう。「なんじらわれを仰ぎ見よ。さらば救われん」とはこの事を言うのである。キリストは万全の主である。人は意力を彼に集注して、全力をもって万事に当たることができるのである。

（一九一四年九月『聖書之研究』）

救済（すくい）の確信

われに徳行はない。されども信仰はある（神の恩恵によりて）。われに聡明（そうめい）はない。されども信仰はある（神の恩恵によりて）。しかり、われに信ずるの信仰はない。されども信（まか）しまつるの信仰はある（神の恩恵によりて）。しかしてこの信仰、この信頼があるがゆえに、われに徳行なく、聡明なく、また焼かるるためにわが身を与うるほどなる信仰なしといえども、われは神に受けられ、愛せられ、ついに救わるべしと確かに信ずるのである。しかしてもし信頼が救済唯一の条件でないならば、われは確かに救われないのである。しかり、われのみならず、世に救わるべき者とては一人もないのである。されども神がキリストによりて信頼を救済唯一の条件として定めたまいしがゆえに、罪人のかしらなるわれもまた救わるべき資格を得たのであって、また人という人にしてこの資格にあずかり得ない者とては一人もないことを知るのである。信頼が救済唯一の条件となった時に、万人救済の希望が人類の間に臨んだのである。

（一九一六年六月『聖書之研究』）

救済(すくい)の公平

もし人の救わるるは聖書知識によるならば、神学者と聖書学者とは救われて、学問を修むるに必要なる金と時間と能力(ちから)とのない者は救われないのである。

もし人の救わるるは世のいわゆる信仰、すなわち熱心によるならば、神経質の、過敏性の、感情的の人のみ救われて、冷静なる、寡黙なる、理性的の人の救わるる希望ははなはだ少ないのである。

もし人の救わるるは行為(おこない)すなわち事業によるならば、活動の人、知恵の人、敏腕の人のみ救われて、思想の人、信仰の人、祈禱の人は救いに洩(も)るるおそれがある。

もし人の救わるるは修養によるならば、隠退の人、密室の人、書斎の人の救わるる機会は多くして、畑の人、店の人、工場の人等、多事多忙、喧囂(けんごう)の中に日を送る多数の人の救わるる希望とてははなはだ少ないのである。

もしまた人の救わるるは品性によるならば、善き遺伝を受け、善き境遇の中に育ち、善き教養にあずかりし者のみ救われて、罪によりて孕(はら)まれ、罪の中に生長し、品位養成の恩恵とてはこれを受けしことなき、天下多数可憐の民の救わるる希望はほとんどないのである。

しかし神は公平である。彼は人に救いの恩恵を施したもうにあたって、その有しがたき資格によりたまわない。彼は人の知識のためにも、熱心のためにも、事業のためにも、修養のためにも、はたまた品性のためにも、彼を救いたまわない。神の定めたまいし救いの条件は信仰である。神の愛を信ずる信仰である。単に信仰である。単純なる信仰である。ゆえに神は公平であるのである。信仰が救いの唯一の条件であるがゆえに、無学の徒も博識の学者と共に救われ、理性の人も感情の人と共に救われ、思想の人も活動の人と共に救われ、閭井（りょせい）の人も寺院の人と共に救われ、賤夫（せんぷ）も貴人と共に救わるるのである。

人の救わるるは信仰による

との言が世に臨んで、神の声が人の間に響いたのである。こはまことに福音である。神の公平、人類の無差別、万民救済の希望の福音が、暗きこの世に鳴り響いたのである。

（一九一三年八月『聖書之研究』）

改造と改心*

今やキリスト教国は改造を叫びつつある。しかしながらキリスト教は今日に至るまで千九百年の間、改心を唱えて来た。しかして改心は改造よりも意味深長のことばであって、またはるかに根本的の事柄である。改心の起こる所には必然的に改造がおこなわれる。しかして堕落せるキリスト教国はキリスト教を忘れ、これより離れて、囂々（ごうごう）として改造を要求しつつある。改造何ものぞ。改心の外に現われたる現像（かた）にすぎざるにあらずや。今も昔も異なることなく、いわゆるキリスト教国は生ける水の源を捨て、経済または世界政治の名の下にみずから水ためを掘りつつある。すなわち水を保たざる、やぶれたる水ためをうがちつつある（エレミヤ書二・一三）。されどもわれら日本のクリスチャンは、これら西洋のキリスト教徒らにならわぬであろう。われらは改心を説いて、改造を唱えぬであろう。われらはキリスト教の建設者なる初代の聖使徒らにならいて、旧（ふる）き単純なる福音を固守し、社会改良、世界改造を叫ばずして、キリストと彼の十字架とを説くであろう。

（一九二〇年二月『聖書之研究』）

救いの岩

九月二十一日朝の説教

地の果てなるもろもろの人よ、なんじら、われを仰ぎ見よ、さらば救われん（イザヤ書四五・二二）

ここにこういう言葉があります。いかにも平凡の言葉であるように聞こえます。まことにただこれを読んだだけで、その内に何の深い意味もないように見えます。しかしながら神の言葉であります。そして神の言葉は実験に照らして見なければわかりません。これは哲学でもなければ神学でもありません。また美文でも芸術でもありません。人生の事実そのままであります。すべての人が浮気（うわき）なるをやめて実直になり、おのれに覚（さ）めまた世に覚めて、聖書の言葉は神の言葉である、すなわち事実そのままを語るものであることを知るのであります。

人はいかにして救わるるか、それが問題であります。人は何びとも救いを要求します。そして自己を救わんとして種々の方法を講じます。そしてたいていの人は自分で自分を救うことのできないことを知るや、直ちに他（ひと）にたよります。世にいわゆる勢力家の多きはこれがためであります。すなわち、多くの人がその人にたよるがゆえに、その人に勢力が注集して、その人が強い人になるのであります。秀吉やナポレオンの強かったのも全くそれがためであります。しかしながら、その倚頼（たより）が当てにならぬことが直（じき）にわかるのであります。その人が倒るれば、それで倚頼の岩が失（う）するのでありまして、あとは失望と混乱とであります。世に人にたよるほど愚かなることはありません。また人にたよらるるほど危険なることはありません。しかもわれらは今になお人にたよりてやまないのであります。「なんじら、鼻より息の出で入りする人によることをやめよ。かかる者はなんぞ数うるに足らんや」と神が預言者をもって警告したまいしにかかわらず、われらはその「鼻より息の出で入りする」、弱き、もろき人にたよりてやまないのであります。

人は倚頼（たよ）るに足らず国もまた倚頼るに足りません。個人は弱き者、されども国家は永久性を帯びたる磐石（ばんじゃく）のごときものであると思うは大なるまちがいであります。私どもは過去十年間において、国家のいかにもろい、はかないものであるかをあまた示されたのであります。ドイツとオーストリアとロシア、なんと偉大なる勢力であったではありませんか。われらはその名を聞いただけでふるえたではありませんか。しかもその勢力は今はどこにありますか。その勢力が保証せし紙幣と公債証書とは今は何の価値（ねうち）がありますか。虚偽（うそ）ではありません。真実（まこと）であります。国家主義が盛大（さかん）をきわめ、国家が神としてあがめらる時にあたって、国家主義の本源地たるドイツとオーストリアとが無きにひとしきものとなりて、神はまたここに国家主義という偶像の一つをこぼちたもうたのであります。

しかしながら罪はドイツとオーストリアにのみあったのでありません。他の国にもあったのであります。ドイツもオーストリアも、三国同盟（ドライブンド）の相手の一国としてイタリアを頼んだのであります。しかるにイタリアは自国の利害に省みて、戦争最中に盟約を破り、同盟を脱して、同盟国の敵にくみしたのであります。かくて、神聖なりと称せらるる国家の間に結ばれし盟約も、利害のためには反古（ほぐ）一枚と化したのであります。しかもこの事がキリスト教出現以前のバビロンまたはエジプトによっておこなわれたのではありません。千九百年間のこの教えの教化を受けた国によってなされたのであります。個人頼むに足らず、国家また頼むに足らず。実に情ないものは人世であります。

そして事はドイツとかイタリアとか言いて他国の事ではありません。わが日本の事であります。日本もまた他国に倚頼して、恥を取らざるを得ないのであります。もし世に倚頼（たよ）るに足る国があるとすれば、それは米国すなわち北米合衆国であります。これは神と信仰と正義と人道との上に建てられた国であります。その意味において、米国はたぶん人類の歴史において特殊の地位を占むる国でありましょう。かつて南米アルゼンチン共和国の大統領が、かの国駐在の米国公使に言うたとのことであります、「貴国の強固なるは、貴国はゴッド（神）を求むる人たちによって建てられたからである。弊国はしからず。弊国はゴールド（金）を求むる人らによって建てられたのである。その結果は今閣下が目撃せらるるとおりである」と。「神を求むる人によって建てられし国」、この名誉を担う（にな）ことのできる国は北米合衆国を除いて他にどこにありますか。これはまことに預言者によって預言せられし「正義の都、信義の町」（イザヤ書一・二六）の実現せしものと思われしは決して無理でないのであります。しかるにわれら日本人は最近において、この国もまた……しかり、その建設者、詩人らによって、悩める人類を救うために起こりし国として宣言せられ、また歌われしこの北米合衆国もまた、たよるに足らぬということが、事実をもって証明せられたのでありまして、実にわれらの失望は言い表わすに言葉がないのであります〔注〕。これは私一人の失望ではありません。日本人全体、またアジア人全体の失望であります。しかり、深くその意味を探りますれば、これは人類全体の大失望であります。人はこれを日米問題と称しますが、決して日米二国に限る問題ではありません。世界問題であります。人類問題であります。人類は地上において共同の住所を得て、そこに共同一致して平和の生涯を営み得るか、この問題を解決するために起こった国が北米合衆国でありました。ピューリタン祖先もかかる目的をいだいて渡航したのであります。ワシントンその他の建国者もこの高き理想に励まされて、自由のために戦うたのであります。しかるに今やこの理想が全く裏切られて、米国は白人の所有、ことにアングロサクソン民族の所有、そして米国は西洋を代表して東洋を退却せしめざるべからずというに至ったのでありまして、それで東西両文明融合の希望はその根底よりくつがえされたのでありまして、ここに人類の将来に大暗黒を期せざるを得ざるに至ったのであります。事は実に重大問題であります。当の日本においては、人はすでにこの問題を忘れんとし、『娯楽世界』、『面白倶楽部（おもしろくらぶ）』に再びその注意を傾けんとしていますが、西洋諸国においてはしからず、識者はいずれもその全精力を注いでこの問題を討議しつつあります。

　北米合衆国たよるに足らずとすれば、この世にたよるべきものはいずこにありますか。米国宣教師は言います、米国は米国、キリスト教はキリスト教と。まことにしかりであります。しかしながら過去七十年間、模範的キリスト教国ととなえられし国が、今日突然キリスト教国にあらずと宣伝せられて、私どもは迷い、よろめかざるを得ないのであります。これは私どもキリスト信者にとり実に大なるショック（衝動）であります。私一己の生涯において、こんなショックを受けたことはありません。私の信仰の基礎がこれがためにゆるいだのは事実であります。またある信者がこれがために信仰を捨てたと聞いて、私は怪しみません。主イエスは言いたまいました、

この世はわざわいなるかな。そは、つまずかする事をすればなり。つまずく事は必ず来たらん。されど、つまずきを来たらす者はわざわいなるかな（マタイ伝一八・七）

と。私は思います、米国の政治家らは自国の権利を主張すると称して、かの東洋人排斥の法律を制定した時に、人類の前にこの「つまずきの石」を置いたのであると。

この時に際して、この大失望の時に際して、聖書は再び光を放つのであります。

地の果てなるもろもろの人よ、なんじら、われを仰ぎ見よ、さらば救われん

と。アーメンまたアーメンであります。ここに特に「地の果ての人々よ」とあるのがうれしくあります。預言者の立場より言えば、地の果ては、西はタルシスすなわち今のスペインであります。東はスエネすなわち今のシナ、日本であります（イザヤ書四九・一二参照）。西洋人は今なお日本を極東と称します。神がイザヤをもって特に日本人を呼びかけたもうたように感じます。「極東の民よ、なんじら、われを仰ぎ見よ、さらば救わるべし」と解して、少しもさしつかえないのであります。

ここに強調して読むべきは「われ」なる一字であります。「われエホバ」であります。人に倚頼（よりたの）むなかれ、国に倚頼むなかれ、「われ」に倚頼むべしとのことであります。人の頼むべからざるは、私ども今日まで幾たびも実験しました。しかも国の頼むべからざる、ことにキリスト教によって建てられしと称する国の頼むべからざるを実験したのは今回が初めてであります。「助けを得んとてエジプトに下る者はわざわいなるかな」（イザヤ書三一・一）と神が預言者をもって言いたまいしがごとくであります。エジプトは当時の強国でありました。小国のユダヤがこれに倚頼むはわざわいなりと言うたのであります。そのごとく、英国も米国も倚頼むに足らず、ただ「われ」に依頼めよとエホバの神は言いたもうので

あります。「われに」、しかり、「われに」であります。「さらば救われん」とあります。心霊的、道徳的にはもちろんのこと、政治的にも経済的にも救わるるのであります。これは神の言でありまして、空言ではありません。これは今日までに幾たびか試（ため）された言であります。神が私どもを欺いたことは一度もありません。そして神は人を欺きません、また国を欺きません。大国家という大国家はいずれも神に倚頼みて起こったものであります。その事において、わが日本も例外ではないと信じます。小にして大なるオランダの起こったのもこれによります。また今回われらの信頼を裏切ったる米国の起こったのもこれによります。信仰は個人成功の基であると同時に国家繁栄の礎（いしずえ）であります。「なんじら、われを仰ぎ見よ、さらば救われん」と、イエス・キリストの御父なる真（まこと）の神が言いたまいます。されば人が私どもを捨てようが、助けようが、国が私どもを迎えようが、しりぞけようが、私どもはこの唯一の救いの岩に倚頼むべきであります。私どもキリスト信者は米国人の援助なくしては立つことのできないようの者ではありません。わが信頼は天地を造りたまいしエホバの神にあります。

さらば今よりますます深く、この神のいかなる神なるか、その約束、その戒め、その聖旨（みこころ）を学ぶべきであります。誰か知らん、今や真の福音は欧米を離れて日本に移りつつあることを。人の失錯は多くの場合において神の成功に終わります。米国の建設者がその国において期待した事が日本においておこなわるるのであるかも知れません。日本は神国ととなえられて、昔より信仰の国であります。この国にイエス・キリストの信仰を植えて、この国が救わるると共に世界が救われ、米国にかかわる人類の失望は日本にかかわるその希望となりて現わるるのではありますまいか。

（一九二四年十一月『聖書之研究』）

注　一九二四年五月二十六日にアメリカ大統領クーリッジが排日移民法案に署名したことを指す。この事件に対する著者の憤慨については第二十四巻を参照のこと。

救拯(すくい)の確証

信者は何びとも救いの確証を握らんと欲す。言う、「わが救われし確証いずこにあるや」と。しかしてある者はこれを強烈なる霊的印象に求め、ある者は水のバプテスマまたは教会の承認に認む。されども、これいずれもたよるに足らざる証拠である。救われし確証はただ一つである。「愛し得ること」である。「われら、兄弟を愛するによりて、すでに死を出でて生(いのち)に入りしことを知る。愛せざる者は死の中におる」(ヨハネ第一書三・一四)とある。愛するか、その人は確かに救われたのである。愛せざるか、その人はいまだ救われないのである。彼がバプテスマを受けし事も、リバイバルにあずかりし事も、まばゆきばかりの天よりの光明に接せし事も、彼が愛するに至るまでは、確かに救われし証拠にならないのである、クリスチャンは何者(たれ)であるか。この教義、かの教理を信ずる者ではない。愛する者である。愛し得る者である。敵をゆるし、仇恨(うらみ)をいだかず、寛(ひろ)き暖かき心をもって彼を愛し得る者である。信仰個条も何も要(い)ったものでない。愛する者が信者であって、愛せざる者が不信者である。

(一九二〇年七月『聖書之研究』)

救拯(すくい)の完成

プラトーは『国家論』において述べていわく、

人はひとり立って完全なるあたわず。国家と共に完全なるを得べし。完全なる国家がありて完全なる人がある。また国家をして完全ならしめんと努力して、人は自身(みずから)の完全を計るのである。道徳を離れて政治を論ずることができないように、政治を離れて道徳を論ずることはできない。道徳は個人の政治であって、政治は団体の道徳である……

キリスト教もまたこれと同様の事を言う。すなわち人はひとり離れて個々別々に救わるるのではない。人類と共に救わるるのである。人類の救いが完成せられる時が、各個人が完全に救わるる時であって、その時まで、彼は未完的に救わるるにすぎない。人は人類の救いを計って、みずから救わる。伝道は、他人を救うと共に自己を救うの道である。神が特に人を救いに定めたもうは、彼をもって人類を救わんがためである。人類の救いを離れて個人の救いなるものはない。キリストはもとより人類の救い主である。そして人類の救い主たるの資格をもって個人を救いたもうのである……

以上の論法にまちがいはない。ギリシャ哲学もキリスト教も、人が完全に達し救いに入るの道を共にする。ただ哲学は、完全を、限られたる国家に求め、キリスト教は、限りなき人類と万物とに期するの差があるだけである。そして人類の救いはいつ、だれによって完成せらるるかと言うに、聖書は明らかに示して言う、「神の定めたまいし時において、神ご自身によって」と。時はいわゆるエホバの日である。人はいわゆるその立てたまいし人である（使徒行伝一七・三一）。神はその選みたまいし人々をもって人類の救いを進めしめ、ついにご自身その完成を遂げたもうのである。その時、救いに定められし者はすべて完全に救わるるのである。アブラハムも、ダビデも、イザヤも、エレミヤも、パウロも、ヨハネも、その時に救わるるのである。万物完成の日である。人類救拯（きゅうしょう）の日である。またわれら各自が罪を完全に潔（きよ）められて神の子として現わるる日である。そしてその日は遠い未来でない。エホバの大いなる日は大速度をもって迫りつつある。曙（あけ）の星、神の子らと共に歌うこの喜びの日は近し。われら、いそしまずしていかにせん。神の国建設というは、弱き、あわれなる人たちが社会運動に従事して成る事ではない。われらの小なる努力に完成を告げんがために、神の子ご自身が千万の天使を率いて地にくだりて義をおこないたもう時に成就する聖業（みしごと）である。われらはこの日を望んで、終わりまで働くのである。

（一九二九年七月『聖書之研究』）

デモクラシーとキリスト＊

世界はデモクラシーによって救われない。よしそれが大統領ウィルソンの唱うるところたりといえども、これによって世界は救われない。デモクラシーはその最善のものなりといえども政治上の主義たるにすぎない。しかして主義という主義はすべて生気なく、機械的にして、霊的に無能である。世界は主義によって救われない。人によって救われる。人の集合によって救われない。全能全知にしてすべての人を愛する人によって救われる。世界が救わるる唯一の希望は、死してよみがえり今生きたもうところのキリストにおいてある。万物を自己（おのれ）に従わせ得る能力（ちから）をそなえたもう彼のみ、よくこの世界を化して、義の宿る新しき地となすことができる。デモクラシーにあらず、キリストである。まさに改造にあらず、再造である。国際連盟にあらず、万国が再び現われんとしたもうキリストの足下につどいてその審判（さばき）と指導とを受くる事である。世界救拯（きゅうしょう）の道はここにある。これを除いて他にあるなしである。

（一九二〇年四月『聖書之研究』）

堕落と救拯（すくい）＊

人類は堕落者であるとは聖書が明らか示すところである。いわゆる自然の人は不自然の人である。彼は常態の人にあらずして変態の人である。彼はいかにして堕落せしか、その道を究（きわ）むるはむずかしくある。彼はたぶん創世記の記事そのままのごとくに堕落したのではあるまい。しかし何かこれに似寄りたる道によりて堕落し、今日のごとき、神に捨てられたる、自己中心の人となったに相違ない。人類はその堕落によりて助けなき者となった。おのが努力によりて彼がなるべき者になることができなくなった。彼は今やただ全能者の至上権より出づる恩恵によりてのみ、神の子となることができる。そして福音はかかる恩恵の宣示である。ゆえに人類の最も深き要求に応ずるのである。われらが今、救わるるは

「すべての人が救われて（福音の）真理を知るに至らんことは神のみこころなり」（テモテ前書二・四）とある、そのみこころにのみよるのである。

（一九二五年十一月『聖書之研究』）

救われざる人の心中　救われし者の心中

救われざる人の心中

なんとなく悲惨なり。春来たりて花は咲くも、その栄華の時期の短きを思うては飛花凋落（ちょうらく）の歎を発し、枝頭に佳禽（かきん）のさえずるを聞きては鴛鴦（えんおう）の契り長からざるを恨み、明月に対しては孤独寂寥（せきりょう）の懐を述べ、江河に臨んでは流水の逝（ゆ）きてまた帰らざるを哭（こく）す。風籟（ふうらい）は悲哀の曲を奏し、波濤（はとう）は苦痛の声を揚ぐ。物として彼に死あるを告げざるはなく、事として彼に無常を伝えざるはなし。彼に歓喜なきにあらず。されども彼の常性は悲哀なり。彼は激憤し、あるいは悲歌す。これを洩（も）らすの術は逸興と遊宴とにあらざるはなし。彼、幼にしては父と母とを怨（うら）み、長じては兄と友とを怨み、老いては子と社会とを怨む。癒（い）やすべからざる彼の心中の悲哀は、これを他にやるの道なければ、彼はその原因を他人に帰（き）し、もっていささか彼の憂愁を減殺せんことを努む。彼は終日終夜に幸運の彼の身に到来せざるをかこち、他人をもってすべて彼にまさりて幸福なる者と考え、彼自身は世にあるもののうち最も不幸なる者と思念す。彼はまことに謝恩の念を欠ける者にして、彼の口に賛歌なるものなく、彼の心にたたえがたきの喜楽あることなし。世にあわれむべきものにして救われざる人のごときはあらじ。ああ世間なんぞこの種の人の多きや。

救われし者の心中

その中に閑日月ありと言うも足らず、むしろ歓楽の永遠にわたるものありと言うべし。彼は朝暾（ちょうとん）に対しては欣喜（きんき）の声を揚げ、新月の西天にかかるを見ては希望心裡（しんり）に動く。碧空（へきくう）の限りなきは彼の福祉(ふくし)の限りなきを示し、青山の巍々(ぎぎ)たるは彼の希望の確固たるを証す。彼は雪を見て、彼の心のそのごとく白からんことを願い、雨に会して、神恩のそのごとく豊かならんことを欲す。彼は風の蕭々(しょうしょう)たるに、神霊の形なくしてかえりて効験の著しきを思い、彼は波にただようも、世路難を意とせずして、彼岸に神の天国を望む。彼は死を恐れずして、かえりてこれを喜ぶ。そは、これは彼にとりては新生涯に入るの門なればなり。彼は身の不幸を悲しまずして、かえってこれを楽しむ。そは、これは彼をしていっそう彼の神に近づけしむるものなればなり。彼は今世に生まれ来たりしを悔いず。そは彼はここに天の救いにあずかり、自己を自覚するを得て、神恩の無窮なるを認識するを得たればなり。彼は他人をうらやまず。そは彼は彼の心に足りて他に求むるところなければなり。彼は他人を恨まず。そは神が彼に下せし恩恵は他人が彼に加えし害を償うてなお余りあればなり。彼は死を急がず。そは彼にとりてはこの世は天国の一部分となりたればなり。彼は労働を愛し、善業を愛し、勤学をたしなむ。彼にとりては生命は喜悦の連続にして、寤(ご)より寝に至るまで、賛歌は断えず彼の口にあり。彼は夢に無窮の栄光を夢み、覚(さ)めては鸝鳥と共に希望を唱う。彼は宇宙を解し、歴史を解し、万有はすべて調和をもって一中心点の周囲に回転するを見る。彼は祈るも、一つも求むるところなくして、ただ感謝を述ぶるあるのみ。歓喜、希望、感謝、これ彼の生命そのものにして、彼は今は老朽死にいたるの肉体の中に宿る者なるをさとらず。

世にうらやむべきものにして救われし人のごときはあらじ。されどもああ世間かくのごときの人よく幾人かある。

（一九〇〇年二月『東京独立雑誌』）

自己の発見

自己はこれを発見すべきである。されども発見されたるそのままの自己は貴むべき者にあらずして卑しむべき者である。自己は自己中心である。ゆえに罪の自己である。自己はこれを発見して、これを神にささげて、貴むべき者となるのである。自覚と言い自己発見と言うは、完全に達する途程にすぎない。自己を発見して事おわれりとなすは、その何のためなるを知らないのである。自己を発見し、その神を離れたる倚頼（たより）なき罪の自己なるを発見し、自己に恥じ、自己を悔い、その罪のままなる自己を神にささげて、彼の納（う）くるところとなりて、自己発見の目的は達せられたのである。自己発見を哲学的行為のごとくに見なすは大なるまちがいである。自己発見は哲学的行為ではない。宗教的悔い改めである。自己の造り主にしてその所有者なる神に対する自己の立場を発見し、彼に知らるるごとく自己を知るに至る事（コリント前書一三・一二）、その事が真（まこと）の自覚である。真の自己の発見である。

（一九一六年七月『聖書之研究』）

ユダとわれら

われらはすべてカリオテ人ユダである。われらは彼と共に、われらの師にして主なるイエス・キリストを売り、また売りつつある者である。ユダはわれらを代表して、神の子をその敵に渡したにすぎないのである。しかしながら、その事はユダの大罪を軽減しないのである。神の子を十字架につけし罪は人類全体の担（にな）うべきものであって、また罪に生まれし人たる者の各自の担うべきものである。ユダがイエスを売ったのである。われもまたこの罪を犯したのである。ユダ憎むべしである。ユダはわれらの中の一人なりと言いて彼を庇（かば）うてはならない。われらはユダに対する厳格をもって自己に対しなければならない。われはユダと同じく罪人のかしらである。しかも神の恩恵はこれをしも救うて余りあるのである。

（一九一七年十一月『聖書之研究』）

万人救済

普遍的救済*

もし神が、救われんために余をあらかじめ選びたまいしならば、これ余一人が救われて余の人々が滅びんがためにあらずして、罪人のかしらなる余をもって、多くの人もしくはすべての人を救わんがためであるに相違ない。神はすべての人を救わんと欲し、また救うを得、また世に神が救わんと欲せざる、また救うあたわざる罪人とてはいまだかつてありしことなく、また今あることなく、また将来においてもあることなしという条件の下にのみ、余は余の救済(すくい)を確信することができるのである。普遍的救済ということは、これを一個の信仰個条と見て、ある特種の神学者または教会者を怒らするものならんも、しかも一個人の確信またはその最後の救いにかかわる信証と見て、慰安に富めることきわめて多き教義たらざるを得ない。神はついにすべての人を救いたもうとのことであれば、余もまた救わるべしということを余は確信し、また確信し得るのである(ロマ書一一・三二、テモテ前書一・一五参照)。

(一九一六年十月『聖書之研究』)

再び万人救拯説について

私は早いころ、本誌において、万人救拯説(きゅうしょうせつ)を唱えたことがある(注)。それは、人という人は最後に全部救わるるという説である。この説はある一派の信者によって昔から唱えられた説であるが、しかし教会全体はこれを受けず、異端としてこれをしりぞくるのである。少数救拯説が普通の説であって、万人ことごとく、ついには救わるべしというがごときは、考うるの価値なき説であるがごとくに思わる。

そして教会全体のこの唱道に深き理由があるように見える。聖書は明らかに少数救拯説を伝える。

それ召さるる者多しといえども選ばるる者少なし

（マタイ伝二二・一四）

とイエスは言いたもうたとしるさる。またパウロは預言者イザヤの言を引いて言うた、

　イスラエルの子の数は海の砂のごとくなれども、救わるる者はわずかならん（ロマ書九・二七）

と。イエスはまた、彼が人の子として最後の審判をおこないたもうにあたり、万国の民をその前に呼び出し、羊を飼う者が綿羊とやぎとを分かつがごとくに彼らを分かちたもう時に、

　これらの者はかぎりなき刑罰に入り、義（ただ）しき者はかぎりなき生命に入るべし（マタイ伝二五・四六）

と言いたまいたりとのことに徴して見て、すべての人が救わるるのではないことが明らかであるように見える。その他、同じ事を示す聖書の言をあまた引用することができる。

　またわれらの常識に訴えてみても、万人救拯説は不道理なるがごとくに考えらる。もし万人が救わるるとならば、われは救われんと欲して努力するに及ばない。もししかりとすれば、ピリピ書二章十二節におけるパウロの言は意味をなさないのである。「恐れおののきて、おのが救いを全うせよ」と。われはついには必ず救わるというならば、救われんと欲して恐れおののくの必要は毫（ごう）もない。救いはわが必然の運命であって、われは努めず紡がずして、水が低きにつくがごとくに、われは神のふところへと入るのである。そしてまた救われんと欲するの努力がなくなりて、伝道の努力も必要もなくなる。滅びんとする霊魂を救わんと欲すればこそ、伝道に一生懸命になるのである。もし人という人はついにすべて救わるべしというならば、何を好んで身をささげて人のきらう伝道に従事するのであるか。万人救拯説は伝道熱心の根を絶つものである。悪人は善人と共に救わるとならば、善悪の実際上の差別はなくなりて、道徳はその根底においてくずれるのである。

　以上のごとくに考えて、万人救拯説に拠（よ）るべき何の根拠もないように見える。しかしながら問題はそれだけで尽きない。人生は多方面である。これを万人救拯説の立場より見る見方もある。まず聖書に問えば、聖書がこれを教うるがごとくに見ゆるふしが少なくない。テモテ前書第二章三、四節にいわく、

　これは良きことなり、われらの救い主なる神のみこ

ころにかなうことなり。すなわち彼は「万人が救われて」真理をさとるに至らんことを欲したもうとのこと、これなり

と。同じく四章十節にいわく、

彼（神）は「万人の救い主」なり。ことに信ずる者の救い主なり

と。ここに万人救拯説は明らかに教えられてある。またコリント前書十五章二十二節は左のごとくに読むべきである。

アダムにありてすべての人の死ぬるごとく、キリストにありて「すべての人は生くべし」

と。この場合において、前半部が万人堕落説を教うるに対し、後半部は万人救拯説を伝う。人類全部が第一のアダムの罪によりて死にしがごとく、人類全部が第二のアダムすなわちキリストによりて生くべし、すなわち救わるべしとのことである。前の「すべて」は人類をさし、後の「すべて」は信者をさすとの説明は立たない。またコロサイ書三章十一節に、

それキリストは万物の上にあり、また万物の中にあり

とある。ここに、万人にとどまらず万物の救いまでが暗示されてある。それのみでない、

神は愛なり

と聞いて、万人救拯の希望が響きわたるのである。愛そのものでいましたもう神が、少数救拯をもって満足したもうとはどうしても思えない。イエスは言いたもうた、

神は、その生みたまえるひとり子を賜うほどに、世を愛したまえり（ヨハネ伝三・一六）

と。ここに「世」と言うは、「世人全体」をさして言うのである。もちろん救いの条件として「すべて信ずる者に」とあるがゆえに、信ぜざる者は救いを受くるあたわずといえども、万人救拯を目的として施されし救いであれば、ついに信仰の道に従いて万人を救いたもうべしと解することができる。

イスラエルについても同様に考えることができる。ロマ書九章二十七節に、

イスラエルの子の数は海の砂のごとくなれども、救わるる者はただわずかならん

と言いしパウロは、同十一章二十五節以下において、

幾分のイスラエルのかたくなは、異邦人の数満つる

に至らん時までなり。しかしてイスラエルの人ことごとく救わるるを得べし

と結論している。イスラエルの人はことごとく救われ、しかして彼らの敵たりし異教のエジプト、アッシリヤも彼らと共に救わるべしと言う。

その日、イスラエルはエジプトとアッシリヤとを共にし、三つ相並びて、地の上にて祝福を受くる者となるべし。万軍のエホバ、これを祝して言いたまわく、わが民なるエジプト、わが民なるアッシリヤ、わが産業なるイスラエルはさいわいなるかな（イザヤ書一九・二四―二五）

と。

かくのごとくにして、聖書をもって万人救拯説を証明することができる。そして今、聖書を離れて、自分たちの実験について考えてみて、万人救拯説の決して不道理でないことがわかる。もしただ少数のみが救わると言うならば、その少数は誰であるかが大なる問題である。もしそれが信者であると言うならば、これまた大なる問題である。第一に、バプテスマを受けて教会にはいった者がすべて救わるべき者ならざるは最も明白である。そしてまたキリスト信者と称する者の内に種々（いろいろ）ある。ローマ天主教会信者がある。英国公教会信者がある。露国正教会信者がある。ドイツ、ルーテル教会信者がある。その信者何百という新教諸教会の信者がある。その内いずれが救わるるのであるか、誰も知ることができない。わが教会のみがほんとうの教会であるとは、以上多数のいずれの教会もが唱うるところであって、そのいずれが神の御目の前においてほんとうの教会と認めらるるかは、何びとも判定することのできない問題である。そしてたいていの場合において「わが教会の信者のみが救わるるのである」と言うのが普通である。そして自分の教会の内にも多くの非難すべき信者を見るがゆえに、結極救わるる者は自分一人であると思うに至る。少数救拯説の必然の結果は偏狭である。排斥である。自己賛美である。これがために幾多の宗教戦争が戦われたか、わからない。

よしまた自分一人が救わるるのであるとしても、自分の行為や功労によって救わるるのではない。また自分の属する教会や、その施す儀式によって救わるるのではない。救いは神の恩恵による。自分は罪人のかしらである

が、神の恩恵によって救わるるのである。そしてもし神の恩恵によるならば、救われ得ない罪人はどこにあるか。自分を救いたまいし神はすべての人を救いたもうのではあるまいか。またすべての人を救いたまわざる神が特に自分を救いたもう理由はどこにあるか。自分はすべての人を救う神の愛に接して救われたのではないか。かく考えて、自分の救いに関し安心するのである。

　神の愛は広きかな　海の広きがごとくに広し

との賛美の言がわが救いを保証するのでないか。詩篇第百三篇に現われたる神の御心を知りて、われらはかく信ぜざるを得ないのである。

　さらば少数救拯説と万人救拯説と二者いずれが真理なるか。両説ともに聖書の証明するところたるを見て、聖書に根本的矛盾の無きかぎり、両説いずれも真理であると言わざるを得ない。そして両説の矛盾を除去するための唯一の鍵（かぎ）は、「救い」の何たるか、その説明いかんにおいてあると思う。「救い」とは福祉に入る事であると言うがゆえに、これを自己中心的に解するが常である。人が滅びるに対してわれは特別に救わる、ゆえに感謝すると言う。ゆえに、われまず救われんと欲し、次にわが愛する者の救われんことを欲す。この世にありては「救い」とはどこまでも自己的のことばである。そして「救い」をそう解するがゆえに、万人救拯説に対して不満が生ずるのである。しかしながら、キリスト教の示すところの「救い」はそんなものでない。「救い」は特に自己より救わるることである。救いの一面はたしかに自己に死することである。すなわちイエスが言いたまいしがごとし。

　その生命を得る者はこれを失い、わがためにこれを失う者はこれを得べし

と。すなわち生きんと欲する者は死し、死する者は生く。救われんと欲する者は救われず、救われざるも可なり、ただ神と人とのために尽くさんと欲する者が救わるとのことである。その善き実例はパウロである。彼は彼の国人イスラエルの救われんことを欲して言うた、

　われに大いなる憂いあり。心に耐えざるの痛みあり。もしわが兄弟、わが骨肉のためならんには、あるいはキリストより離れ、滅びに至らんもまたわが願いなり（ロマ書九・二―三）

と。国人が救われんがためにはわれ自身は滅ぶるも可な

りと言い得しパウロは真に救われし人であったのである。

よって知る、わが救われしは、わがために救われしにあらずして、人を救わんがために救われしことを。「救わる」とは、自己を忘れて他を救わんと欲する状態に入ることである。神が特別にイスラエルを選びたまいしは、彼らをもって全人類を恵まんためであった。神がわれらを救いたもうも同じである。特別にわれらを愛したもうからではない。世を愛したもうがゆえに、われらをもって世を救わんがためである。神は部分よりも全体を愛したもう。そして時に部分を愛したもうは、これをもって全体に対しその愛をあらわさんがためである。少数者を救いたもうは、万人を救いたまわんがためである。神が少数の聖者を恵まんがために宇宙と人類とを造りたまえりと言うは、それこそ大なる異端であると言わざるを得ない。信者は神と共に働く者である。悪人はことごとく滅ぼされて、神と信者とのみ残りて、何のさいわいなることがあるか。救われし者はいまだ救われざる者を救わんと欲す、そこに信者の神らしきところがある。もし永久の休息に入るとならば、万人が救われた後でなくてはならない。救うべき者の存する間は救いの聖業は終わらないのである。よしそれがために永遠の時間を要するとも。

かくのごとくに見て、万人救拯説は少しも伝道熱を冷やさないのである。冷やさないのみならず、さらにこれを熱せしむ。救われし者がいかで安閑として自己に施されし救いを楽しみ得んや。救いを自己のために楽しむ時に、神は直ちにこれを彼より奪還（とりかえ）したもう。昔のイスラエル人はしばしば神の彼らに対する愛を濫用したれば、すなわち自己のためにこれを楽しまんとしたれば、神の捨つるところとなった。人が神に救われて、ただ救われしことを喜ぶに至れば、神は彼より救いを撤回したまいて、彼は元の不信者、あるいはさらに不信者以下の者になるのである。救いは奉仕のためである。他を救わんために施されし救いである。これを自己のために用いて、「救い」は直ちに「のろい」に変ずるのである。救われて伝道せざるは不可能である。「われもし福音を伝えずばわざわいなるかな」である。

人という人はすべてついに救わるべき者であるならば、われは救われんと欲して努力するに及ばない、われは努めずとも神はついにわれを救いたもうと言いて、神の福音をしりぞくる者は、みずから神の御心を痛めまつるにとどまらず、おのが救いの時を延ばし、これをしてますます困難ならしむる者である。あたかも医師に病気の全快を保証されしがゆえに摂生を怠りて、衰弱の時期を無限に長からしむると同然である。救いは努力なくしておこなわるるのでない。人一人が救われんがために、神はその一子を世につかわして、彼に十字架の苦しみを受けさせねばならなかった。そしてその人のために多くの他の善人聖徒が熱き涙を流し犠牲の血を流さなければならない。この事を思うて、自分もまた一日も早く救われし身となりて他を救うの任に当たらんと欲するの心を起こすのが当然である。もちろん人の悪は神の善に勝つあたわざるがゆえに、彼一人を救わんがために、神は全宇宙の能力を尽くし全人類の愛を注ぎたもうべけれども、さりとてその時まで悔い改めずして、神と人とに、自己のためにその労苦を負わしめんとするその心のあわれさよ。思うだも人の心のかたくなるにわが心は張りさけんとする。しかしながら、よしかかる人があるとするも、われらは神の愛の無限を疑うことはできない。万人救拯は神の愛の説明として有力である。よし神の愛に狎(な)れてこれを濫用する人ありとするも（かかる人はたぶん少数ならん）、われらはこの高遠なる説を捨つることはできない。

（一九二六年十二月『聖書之研究』）

注　「戦場ヶ原に友人と語る」および「余の信仰の真髄」（第五巻『歓喜と希望』に収録）を参照。

十字架

＜キリストの十字架＞

世を救う唯一の力

キリストとその十字架

二月十六日朝、静岡市富士青年会館における説教の大意

おおよそ新約聖書を通読して二つの事を知り得。その一は、キリストの福音はきわめて簡単明瞭なるものにて、現今多くの人によって考えらるるごとく、文学、哲学の深淵なるものにあらざることなり。パウロの伝道せし年数は二十五年乃至(ないし)三十年にすぎざるに、バルカン半島よりローマに至る当時の文明国をほとんど巡回し、キリストの福音をして天下にあまねからしめたり。その間あいるはエペソには三年間、コリントには一年半のごとく長く滞在伝道せし個所なきにあらずといえども、ガラテヤ、テサロニケのごとく、ただ一、二週間の滞在にて、ほとんど通過せしというにとどまる所多し。しかもかくも広く伝え深く徹底せしめしは、いかに精力絶倫、信仰強烈のパウロといえども、単に精力と信仰とのみによりてなし得るところにあらず。彼の伝えし福音のきわめて簡単にして、数日をもって説き尽くし得べきものたるを知り得べし。

次に吾人は聖書中に二種のキリスト教ある事を発見し得。一は十二使徒らによって伝えられしキリストの教訓を伝うるものにして、マタイ、ヤコブらの系統に属するものにて、山上の垂訓のごとき、これなり。これ容易に説き尽くし得べきものにあらずして、短時日をもって伝え得べきものにあらず。他の一はすなわちパウロの伝えしものにして、簡単明瞭、一言もって尽くし得べきものなり。他の使徒らはイエスの教訓を伝えしに対して、パウロは一言にして直ちに肺腑(はいふ)に入るの福音を伝えたり。

そは、われ、イエス・キリストと彼の十字架につけ

られし事のほかは、なんじらの中にありて何をも知るまじと、意（こころ）を定めたればなり（コリント前書二・二）

パウロの説くところはこれにて尽く。これぞ簡単にしてしかも深遠なるキリスト教の全部と言い得べく、この中にわれらの慰藉と希望のすべてが含まるるなり。いかにして救わるるか。道理を研究せば、きわめて多様ならんも、われら自身の実験をもってせば何らの道理なく、実に救いはイエス・キリストと彼の十字架にありて存するなり。無学不文の翁媼（おきな、おうな）も、少しく学を修めしわれらも、毫（ごう）も異なることなく、ひとしく主の十字架を仰ぐことによりてのみ救わるるべし。キリスト教を一言にして全部言えと言えば、またこのほかになし。わが信仰は世界の書を読破せしによると言うを得ず。良書はわれらの信仰を補うこと多しといえども、これによりてキリスト教の真理を知り尽くしたりと思うは不可にして、かくのごときはまた再び他の良書によりて根拠なく破壊され、今日の人生観は明日のそれにあらず、今日の持説は明年変ぜんも計られず。さらばわが道徳の完全なるによりて諸君の前に師たるか。けだし五分間、諸君の前に立つに堪えじ。道徳をもって信仰を保たんとせんか、あたかも流るる河川をせくごとく、いずれかより破壊されずんばやまず。われを道徳の模範として来たる者はしばらくにしてわが敵となる者なり。博学高徳は伝道に必須(ひっす)のものにあらず。ただ主キリストはわれら人類の罪を負うて十字架につかれ、もって救いを全うされしことを明瞭に知り、強く感ずるをもって足れり。われ今日罪を犯さば主の十字架を仰がん。明日また罪を犯さば明日また十字架を仰がん。幾たび、いかなる罪を犯すとも、またかくせんのみ。罪のゆえに主より離れず。主の愛は無限にして、罪によりてわれらを捨てたもうことは決してなし。信仰強きとは、主の十字架を強く感ずることにして、微弱に感ずる人は信仰弱きなり。このほかにキリスト教あるなく、これ実に人を救い世を救う唯一の道たるなり。その何ゆえかは知らず。あたかも日光の、人の健康に必要なるは知れども、その何ゆえたるかは、一部分の説明はあれども全体の理は分明ならざるがごとし。「十字架を見て……」のごときは、当今なんとなく学者に対して恥ずかしきようの感をいだく者あれども、決してしからず。神はあくまで公平無私にして、この世の知恵をして愚かならしめ、人を救うに高遠なる哲学をもってしたまわず、何びともなし得る十字架を仰ぐことをもってせらる。実に人は十字架を仰ぐことによりてのみ救わる。二宮尊徳翁を尊敬するはさしつかえなし。されどもこれをもって日本国を救わんなどとはもってのほかと言うべし。かく考えて、われらの伝道はきわめて簡単容易なることとなり、何びともなし得、またなさざるべからざるところたるなり。真の大伝道は常に非教役者(ひきょうえきしゃ)たる信徒の語る実験によるものにして、学説哲理の関するところにあらず。各自この実験を有せば、宣教師を要せず、大教会を要せず、諸君各自をもって福音宣伝の大業はなさるるなり。十二使徒らによりて伝えられし道徳的福音はわずかにエルサレム附近にとどまり、パウロの伝えし十字架の福音は全世界にひろまり永遠にわたりて力あり。教会のキリスト教の衰え行くは道徳を期待するによるなり。われら、いかなる失敗を幾たび繰り返すとも、イエスと彼の十字架さえあればなおキリスト信者たるを失わず。まことに哲学者某の言えるごとく、キリストのくぎに刺されたるてのひらの上に全宇宙の全道徳を載す。身を救い世を救う道はこの簡単にして深遠かぎりなきイエス・キリストと彼の十字架のほかになし。パウロは福音宣伝にことばと知恵のすぐれたるをもってせずして、実によき標語を選みたり。これに無限の力あり。無限の真理あり。世にこれにまさりて簡単にして意味深遠なる語あらんや。彼の伝道の驚くべき効を奏せしゆえん、ここにあり。おおよそ世を動かすの語はすべからく簡単なるを要す。「自然淘汰」の語はダーウィンの進化論を代表し、スペンサーの哲学は「分化統一」にあり。ベンタムの経済学は「最大多数に最大幸福を与うる」にあり。しかしてパウロの福音は「イエス・キリストと彼の十字架」をもって輝く。そもそも人間真の苦痛は、いわゆる逆境というがごとき、不遇というがごとき、処世難というがごとき劣等浅薄なるものにあらず。ただ一人神の前に引き出されて、「なんじはいかに」とただされん時を想像するの苦痛ならざるべからず。しかしてこれを癒(い)やすものはただ主の十字架の贖罪(しょくざい)の確信のみ。実に万事ことごとく破壊されし後に残るはただ一つの十字架なり。十字架の輝く家庭は救われ、十字架、村に輝けば村、国に輝けば国救わる。使徒パウロに輝きて、彼の偉大は何びとも比すべからず。彼は渺（びょう）たる自己一人をもって大ローマ帝国を引き受けて、綽々（しゃくしゃく）として余りあるの確信をもって立てり。イエス・キリストと彼の十字架、これぞわれらの標語にして、身を救い、日本国を救い、世を救う唯一の力にして、またキリスト教の全部たるなり。（中田信蔵筆記）

（一九一三年三月『聖書之研究』）

十字架の信仰

キリスト、われを救わんがために十字架に挙げられ、その流せし血にてわれをあがない、その死によりてわが罪を取り除きたまえりと。これ福音の根本義である。聖書は明らかにこの事を伝うるも、その説明を供（あた）えない。何ゆえに神の子はわがために死なざるべからざるか、何ゆえに彼の血はわれを潔（きよ）むるか。何ゆえに十字架につけられし彼を仰ぎ見るによりてわが罪は取り除かるるか、その説明をわれらに供えない。ただ言う、高調して言う、「信ぜよ、さらば救わるべし」と。かくて聖書はわれらに信仰を迫るにおいて教会に似て信条的である。

われは十字架の救いについてみずからある説明を供えることができる。われに一種のいわゆる救拯（きゅうしょう）哲学なるものがないではない。されどもこれらはもってわれを満足せしめてわれをしてわが全身全霊を挙げてこれを主イエスにゆだねしむるに足りない。わが救拯哲学はもってわが信仰を起こすに足りない、十字架は今なお単に権威（オーソリティ）をもってわれに信仰を迫るのである。

信ぜんか、信ぜざらんか、説明を待たんか、われはついに信ぜざるべし。ここにおいてか、われは意を決して断然信ずるのである。神の言なるがゆえに信ずるのである。外よりは聖書の促迫（コンペル）するところとなり、うちよりは良心の推進（インペル）するところとなりて信ずるのである。しかして見よ、罪の重荷はおろされて、われは新たに生まれしの感があるのである、まことに見て信じたのではない。見ずして信じたのである。しかして信じて、見ることができたのである。

しかり、信である。キリスト教はその始めが信であってその終わりが信である。その点において、科学や哲学と全く違う。信じて、信ぜしがごとくに見え、信ぜしがごとくになるのである。哲学と科学とにありては、これを称して迷信と言い、幻想と言う。されども宗教にありては、信なくして神を見ることはできないのである。

しかり、信である。信である。ある時は道理に反して信じ、望みに反して望む。しかして信と望とにおいて平康《やすき》を求むるのである。しかして人のすべて思うところに過ぐる平康はかくのごとくにして獲《え》らるるのである。神、キリストにありて、人の罪を取り除きたまえりという。われはこの事を信ずる。信じて疑わない。しかしてもはやわが罪について心を悩まさない。罪の余勢は今なおわれにのこるのである。されどもわが罪そのものはすでにキリストにありて取り除かれたのである。その意味において聖ヨハネの言は真《まこと》である。「われらの罪を除かんがために主の現われたまいしことはなんじらの知るところなり……おおよそ彼におる者は罪を犯さず……また罪を犯すことあたわず」(ヨハネ第一書三章)と。わがために十字架に挙げられたまいしキリストを信ずるによりて、わが罪の根本は絶たれたのである。

旧《ふる》き英語の讃美歌に言う、

Jesus loves me this I know,
For the Bible tells me so.

イエスはわれを愛す、われはその事を知る
そは聖書は、しか、われに告ぐればなり

と。しかり、聖書がわれに、しか告ぐるがゆえに、われは信ずるのである。われに満足なる説明があるがゆえではない。科学と哲学との保証があるがゆえではない。「天地はすたれん。されどわが言はすたれじ」とイエスの言いたまいし言をしるすところの聖書がわれに告げるがゆえに信ずるのである。これ確かに嬰児《おさなご》らしき信仰である。されども嬰児のごとくにならざれば神の国に入ることができないのである。哲学に問い自己に省み、あまたの証拠を示されざれば信ぜずと言うは、嬰児のなすところではない。父の言なるがゆえに信ずる、聖書が告ぐるがゆえに信ずる、これ嬰児の信仰であって、神の喜びたもう信仰である。

しかして聖書は世界最高の権威である。聖書は年々に変わる人間の哲学のごときものではない。聖書にたよるは万古の岩にたよるのである。人間の哲学はあまりに浅薄である。わが実験も当てにならない。ただ神の言なる聖書のみ、たよるに足る。人生の事実はあまりに深くある。しかして信仰は神の召しに応ずる人生奥底の声である。その説明しがたきはこれがゆえである。深遠にして量るべからざるものなるがゆえである。しかして神の子の血がわが罪を取り除きたりというその事実は、今のわれら人間の了解力をもってしてはとうてい了解し得ざることである。ゆえに今はただこれを信ずるのである。しかして信じて救わるるのである。されども永久にただ信ずるのではあるまい。今は鏡に照らすがごとく、おぼろに見るといえども、わが知らるるごとくこれを知り得るの時が来るであろう。信仰の美と快楽とはここにあるのである。見ざるに信じて、見る時を待つの快楽である。この快楽を称して希望と言う。一種の冒険である。神の言と信じ、わが全身全霊をこれにゆだね、しかしてわがこの信仰の実現を待つのである。いかなる感激(エキサイトメント)もこれにまさるものはないのである。

われは信ず、神の子の十字架上の死によりてわが罪の取り除かれしことを。しかして罪は死の刺(はり)であれば、罪を除かれて、死はわれにありてすでに能(ちから)なきものとなりしことを。イエスを信じて、われは死すとも死せず、時いたりてわれは復活し、彼と共に生くることを。キリストの十字架はわれに永久の福祉(さいわい)をもたらすものである。われはこれによりて罪よりあがなわれて、永生に入るの特権を授けらる。われは自己に省みてこの事を信ずることはできない。されども聖書が、しかわれに告ぐるがゆえに、われは大胆にこれを信ずる。神よ、わが信なきを助けたまえ。

(一九一六年十一月『聖書之研究』)

ツルーベツコイ公の十字架観

一九一八年六月十六日、東京神田バプティスト中央会堂において

ツルーベツコイ公とは、その名の示すがごとく露国人である。しかして露国人中には往々にして深遠なる思想をいだく者がある。しかのみならず露国人の思想は東洋人ことに日本人の心に訴うるところが多いのである。ト

ルストイのごときはその最も好き実例である。彼は日本において少なからざる弟子を有するのみならず、彼に関する研究を目的とする雑誌すらも、この国において発刊せられているのである。その他、ツルゲーネフ、ドストエフスキー等、みな日本人に迎えられつつある。これ、はたして何ゆえであるか。仏国人いわく、「ロシア人の皮一重を剝（は）がば、その下にアジア人を見るべし」と。しかり、ロシア人はヨーロッパ人にして実はアジア人である。彼らにはヨーロッパ人の知識と理性とがある。しかしながら同時にまた彼らにはアジア人の情性がある。ロシア人の思想が日本人に了解せられやすきはすなわちこのゆえである。キリストの再臨につき最も深き印象を余に与えたる者も、同じくロシア人たるウラジミール・ソロヴィエフであった。

ツルーベツコイもまたその大体の精神においてトルストイもしくはソロヴィエフと類似したるところがある。彼もまた西洋の学者にして同時に東洋の詩人である。ゆえに西洋人の見ざる真理をわれらに教うるのである。しかして露国の学者につき敬服すべきは、同一人にして哲学者たり政治家たり詩人たりかつ信仰家たる者多きこと、これである。かくのごときは西洋人中に多く見ざるところである。トルストイとソロヴィエフとは露国の産出したる二大哲学者であった。しかしながら彼らはまたきわめてよく社会の事情に精通し、ある意味においては大なる政治家もしくは社会改良家であった。しかしてさらにまた深き信仰家であった。彼らにしてもし欧米に生まれしならば必ずや偉大なる伝道者としてその名を馳（は）せたであろう。しかしながらロシア人たる彼らは単に一個の深き信仰を有する文士として終わったのである。ツルーベツコイもまたこの種の人である。彼の政治家たることは、近ごろの過激派に対する彼の運動によって知ることができる。しかも彼の論文によって見る時は、彼は同時に哲学者であってまた深き信仰家である。ここに紹介せんとする彼の十字架観のごときは明白にその事を証明するのである。

十字架はクリスチャンの信仰生活を代表するものである。主イエスは教えて言いたもうた、「もしわれに従わんと思う者は、おのれを捨て、その十字架を負うてわれに従え」と。使徒パウロは叫んで言うた、「われ、イエス・キリストと彼の十字架につけられし事のほかは何事をも知るまじ」と。しかして十字架とは、肉を足下に踏まえ、これを捨て、これを去って、ただ霊の世界にのみ生くる事と解せらる。すなわち肉またはこの世は霊の敵である、ゆえに霊をもって肉を征服して、純粋なる霊的人物とならざるべからずと。これすなわち普通クリスチャンの十字架観である。

しかるにツルーベツコイの十字架観はこれと趣を異にする。彼はもちろん十字架の歴史的意義を否む者ではない。十字架は十字架である。すなわちローマ政府の実行したる最も残忍なる刑罰にして、ナザレのイエスの殺戮（さつりく）せられたるその処刑方法であった。ゆえに十字架とキリスト教との間には歴史的に最も密接なる関係がある。古来、十字架はキリスト教の精神を代表する表号（シンボル）として認められたのである。しかしてツルーベツコイは十字架に関するこの歴史的事実を説明し去らんと欲する者ではない。しかしながら彼はそれ以外になおある一つの意義を十字架において認むる者である。十字架はただにその歴史的事実を示すのみならず、また人生および万物に関する深き真理を表わすものなることを彼は指摘するのである。

十字架は縦横二本の棒の交差によって成る、しかしてその横木の表わすものは何ぞ、いわく、「地」である、その縦木の表わすものは何ぞ、いわく、「天」である、天なる縦木が地なる横木を貫きて、これを上に携えのぼらんとするところに十字架の意義があるのであると。これツ公の十字架観の根本概念である。

そのいわゆる「地」に属するものに、われらの肉体がある。社会がある。文明がある。そのいわゆる「天」に属するものに、信仰がある。渇仰（アスピレーション）がある。しかして人の宗教は二者のいずれかに属するものである。キリスト教以前の宗教はおおむね自然教にして「地」に関するものであった。すなわちこの世を改善し社会を開発せんとする現世主義、地的本位の宗教であった。ギリシャ哲学はその代表者である。わが国において重んぜらるる儒教のごときもまたこれに属する。治国平天下はその目的であったのである。儒教は空想を説かずと言う。これその現世主義なるがゆえにほかならない。しかしながら、これに対してまた全然「天」的なる思想があった。インド宗教はその代表者である。すなわち肉またはこの世をもって霊の敵と見て、これに打ち勝ち、これを征服し、これを除却して、ただ一直線に天に向かって進まんとするの思想である。「地」的にあらずんば「天」的、純肉的にあらずんば純霊的、肉のほか何事をも思わざる、世のいわゆる英雄豪傑と、霊のほか何事をも思わざる、いわゆる遁世(とんせ)脱俗の聖人君子、かれか、これか、古来、人類の思想はこの二者の中の一を出でなかったのである。

しかるにツルーベツコイいわく、二者ともに誤まれり、人生横をもって尽きず、また縦のみをもって足らず、政治、経済、殖産、興業は人生の目的ではない、されどもこの世を捨てて純粋なる霊的生活のみを営むことが人生ではない、神のこの地を造りたまいしは、これを捨てんがためにあらずして、これを天国と化せんがためである、ゆえに肉はこれを征服すべきにあらず、霊をもってこれを霊化すべきである、肉を代表する横木を貫くに、霊を代表する縦木をもってしたる十字架は、すなわちこの真理を示すものである、横木のみをもって十字架を成さず、縦木のみをもっても同じく十字架を成さない、霊なる縦木ありて、肉なる横木を地より天に挙げんとするところに初めて十字架の意義がある、しかしてこの交差点においてイエス・キリストは磔殺(たくさつ)せられたもうたのであると。ツルーベツコイ公の十字架観はかくのごときものである。しかしてこの説明はきわめて深き真理を語るものと言わざるを得ない。

キリストは何ゆえに十字架につけられたもうたのであるか。彼は神の心を心として、同時にこの地を捨てたまわざりしがゆえである。この物質的世界を彼の双手にいだきて、これを天国に携えんとしたまいしがゆえである。家庭も社会も政治も産業も、ことごとくこれを神にささげたまいしがゆえである。彼にしてもしギリシャ思想において見るがごとく、現世または肉体の幸福のみを念としたまわんか、社会は必ずや喝采(かっさい)をもって彼を歓迎したであろう。また彼にしてもしインド哲学において見るがごとく、ひとり自己の霊的生活のみを維持し、現世および肉体と全然離絶したまわんか、社会は彼を聖者と呼び哲人と称して尊敬したであろう。しかして十字架は決して彼を見舞わなかったであろう。しかしながら、イエス・キリストにありては、人生のすべてが神によりて霊化せられ聖化せらるべきであった。しかしてこれ実にこの世の容(ゆる)すあたわざるところであった。ここにおいてかインド宗教またはギリシャ哲学のかつて遭過せざりし十字架は、ひとり彼イエス・キリストの運命となったのである。キリスト教のキリスト教たるゆえん、そのすべての他の宗教と異なるゆえんはここにあるのである。

　再臨の信仰もひっきょうするにこの思想にほかならない。反対者あるいはいわく、キリストはその肉体をもって再び天よりくだるというがごときは迷信であると。余輩もまた、しか言うであろう。誰がこの講壇の上よりかくのごとき再臨説を唱えたか。余輩の唱導する再臨は純物質的の思想ではない。霊化せられたる体をもって復活昇天したまいしキリストが再びその霊体をもって来たりたもうと言うのである。しかしてキリストの復活は信者の復活の初穂である。再臨ありて、すべての信者はまた彼のごとくにその肉体を霊化せしめらるるのである。しかして信者の復活は万物の復興の初穂である。再臨ありて万物もまた霊化せしめらるるのである。ゆえに再臨はまた純霊的思想ではない。肉を離れて霊のみ昇天するのではない。イエスの変貌をもって示されしがごとく、肉体の霊化である。この世の聖化である。宇宙万物がキリストの栄光をこうむりて天国と化するのである。十字架、復活、昇天、再臨等、キリスト教の根本的真理はみなこの思想の上に立つのである。

　肉のみにあらず、また霊のみにあらず、霊をもって肉を聖化する事、これキリスト教の福音である。しかしてこれ十字架なくして実現し得る事ではない。霊の来たりて肉をいだかんとするや必ず十字架を伴う。ゆえに十字架はすべてのクリスチャンの負わざるべからざるところである。クリスチャンは自己一人の救いをもって満足することができない。彼にしてもし周囲を顧みることなく、ひとり天国に入らんと欲せば、すなわちただ平和あるのみである。されども福音はこれを許さない。福音の性質は、縦木をもって横木を貫き、これを携えて天にのぼるにある。クリスチャンはこの世の不信者の間に入り、みずから血を流して、彼らを天に携え行かなければならない。家庭と社会と国家とのいっさいを携え行かなければ

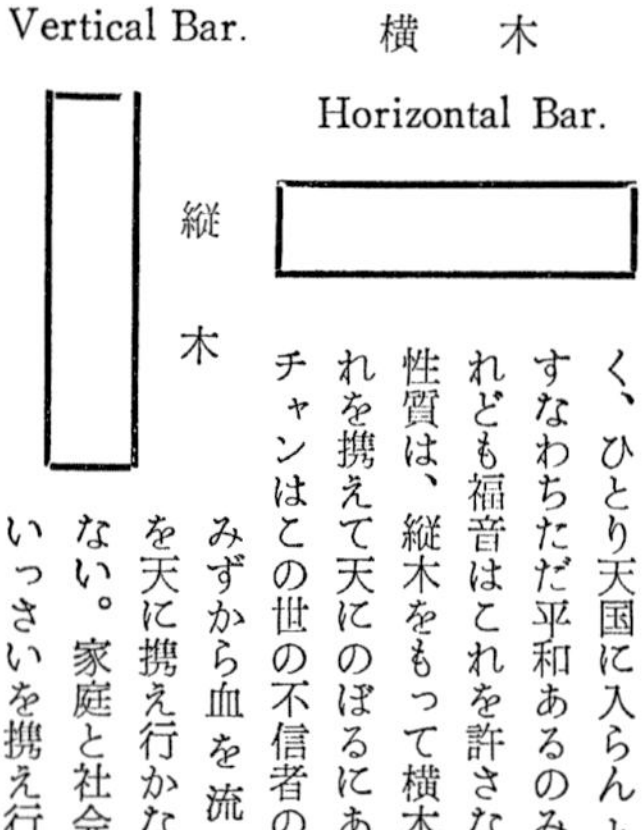

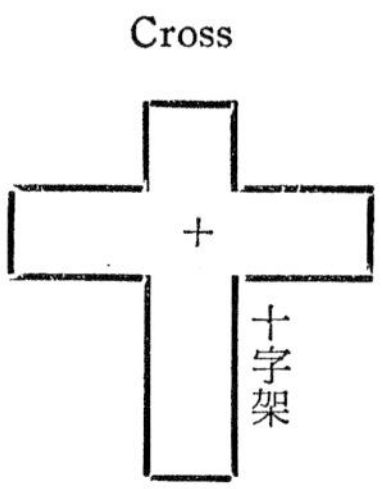

ならない。しかしてここに必然十字架は実現するのである。十字架は霊と肉との交差である。霊をもって肉を聖化すべき唯一の道である。主イエス・キリスト、この道を取りて、全世界を救いたもうた。われらもまた彼にならうてこの道を取らなければならない。ツルーベツコイ公の十字架観は実に福音の根本義を明らかならしむるものである。実に深い貴い思想である。

横に広き地を表号する殖産、工業、社会、政治、および地と人とにかかわる思想は、すべて地に属（つ）けるものであって、横木をもって表号せらる。シナの儒教、ギリシャの哲学はこれである。

縦に高き天を表号する霊、神、天、来世、永生、および神と天と霊とにかかわるすべての思想は、天に属けるものであって縦木をもって表号せらるる。世を離れて天に帰り、肉に死して霊に生くると称する修養の道はすべてこれである。

縦に高き天が横に広き地を貫きて、これを上に挙げんとするもの、これが十字架である。キリストの福音は十字架である。彼は縦木横木の交差点たる十印において、くぎ付けられたのである。（藤井武筆記）

〔一九一八年八月『聖書之研究』〕

完全（まった）き救い

余は義とせらるる事と潔（きよ）めらるる事との間に区別を認むることができない。余にとりて、二者ともに、信じて救わるる事の内に含まるるのである。余がキリストの十字架を仰ぎ見る時に、余は義とせられてまた潔められたりと信ずるのである。「イエスは神に立てられて、なんじらの知恵、また義、また聖め、またあがないとなりたまえり」（コリント前書一・三〇）とあるがごとし。神がキリストの十字架をもって施したもう救いは完全の救いである。その内に義があり、聖めがあり、あがないがあり、すべての知恵と知識とがある。ゆえに十字架を仰ぐによりて信者の救いは完成（まっとう）せらるるのである。われら義とせられんと欲するか、十字架を仰ぐのである。聖められんと欲するか、十字架を仰ぐのである。あがなわれんと欲するか、十字架を仰ぐのである。最も有効的に神と人とに仕えんと欲するか、十字架を仰ぐのである。復活につき再臨につき全き知識を得んと欲するか、十字架を仰ぐのである。恩恵はさまざまなれども、これにあずかる道は一つである。余の信仰は十字架万能の信仰である。しかしてこれ聖書的信仰であると思う。

（一九二七年二月『聖書之研究』）

十字架の福音

「十字架の福音」ということにいろいろの意味があるが、その最も明白なるものは、「負けて勝つ」ということである。この罪の世において、悪は非常に強くある。これを滅ぼさんと欲して滅ぼすことはできない。そして悪を滅ぼすの唯一の道は、悪をして悪をおこなわしめて、これに自殺を遂げしむるにある。その事を事実をもって最も明白に示したものがキリストの十字架である。十字架に贖罪（しょくざい）の能力があるというは、この根本的真理によるのである。キリストは人に悪を滅ぼすの秘訣を教えんがために、おんみずから十字架の道をふみたもうたのである。

「なんじ、悪に抗するなかれ」と教えたまい、また「われ今十二軍余の天使をわが父に請うて受くることあたわずとなんじら思うや。もし、しかせば、かくあるべきことをしるしし聖書にいかでかなわんや」と言いて、劍をもってするペテロの抵抗を戒めたまいしイエスは、悪に勝つ唯一の道を教えたもうたのである。彼は悪魔をして思うぞんぶんにその忿怒《ふんど》を彼の身に対し発せしめたもうて、かれ悪魔を永久に滅ぼす道を開きたもうたのである。この簡単明瞭なる道を解せずして、キリスト教はわからないのである。

しかるにキリスト教国とキリスト教会とキリスト信者とはキリスト教についていろいろの事を知って、この事だけを知らないのである。彼らは世人同様に勝つにあると思い、勝って勝たんと欲するのである。ゆえに彼らは永久に勝ち得ずして、今なお戦争を継続する。政府はもちろんのこと、教会までが、その敵を倒すがこれに勝つ道であると信ずるのである。彼らはまだ十字架の福音を解しないのである。悪に抗せずして悪を滅ぼすの道を知らないのである。

われらは場所を敵に譲りて、いかにも敗北したように見える。しかし敗北したのではない。勝敗を神にゆだねたのである。そして神は彼が善しと見たもう時に、最も公平にまた最も明白に、事実をもってさばいてくださるのである。勝つべきであるならば、神がわれらに代わり、りっぱに勝ってくださるのである。

彼、罪を犯さず、またその口に偽りなかりき。彼、ののしられてののしらず、苦しめられて激しきことばを出ださず、ただ義をもてさばく者にこれをまかせたり（ペテロ前書二・二二―二三）

とあるはこの事である。そして審判が明白におこなわるるまでに、神は聖霊をおくりて、彼に成敗《せいばい》をゆだぬる者を慰めたもう。人には敗北者としてあざけらるる間に、神には善かつ忠なる者として聖霊をもって印せらる。聖霊を受くる唯一の道は、キリストにならいて敗者の地位に立つ事である。

（一九二七年二月『聖書之研究』）

最善か最悪か

十字架の福音は、「ユダヤ人にはつまずくもの、ギリシャ人には愚かなるもの、されど召されたる者には神の大能また知恵なり」（コリント前書一・二三—二四）と言う。しかり、「召されたる者には」である。「信ずる者には」である。信者にとりては、十字架の福音にまさりて善きものあるなく、不信者にとりては、これにまさりて悪しきものはないのである。ニイチェがキリスト教をもって「世界中最悪物」と称したのは、よく不信者の心を言うたのである。まことに信ぜざる者にとりては、キリストの福音よりも悪しきものはないのである。信ずるか、信ぜざるか、この一事によって福音の真価が定まるのである。信ずる者には最善のもの、信ぜざる者には最悪のもの、キリストに従うか、彼に敵するか、信ずる者は主として彼に仕え、信ぜざる者は敵として彼に抗（さから）う。しかして信仰は求めて得べからず、強（し）いて伝うべからず。「父もし引かざれば、人よくわれにきたるなし」（ヨハネ伝六・四四）とキリストは言いたもうた。神によらずしてキリスト教はわからない。しかして神に召されて、哲学も科学もわが信仰をこぼつことはできない。

（一九一七年六月『聖書之研究』）

人生哲学としての十字架＊

人生のなぞは今に至るもなお依然として不可解である。いかなる人生哲学といえども、いまだかつてその解釈に成功したことはない。善事は悪人に来たり、悪事は善人に来たる。真の人は偽善者としてしりぞけられ、偽りの人は聖人として迎えらる。全宇宙にわれらが現世において送る生涯のごとくにふしぎなるものはない。されどもここにすべての問題を解決する一つのものがある。それはイエス・キリストの十字架である。十字架が人生のなぞを解釈する。万事がこれによって明白になり、解しやすくなる。十字架は神の人生哲学である。人生のすべての難問題の満足なる解決にわれらを導く鍵（かぎ）である。十字架の光に歩みて、われらは人生の最大の矛盾に遭遇することあるとも、少しもよろめかないのである。

博士A・M・フェヤベインがその名著『キリスト教哲学』において言うたことがある、「キリストは、そのくぎ付けられたるてのひらの中に、宇宙の秘密を握りたもう」と。まことにそのとおりである。宇宙の秘密は人生のそれと同じく、キリストの十字架においてある。彼がその上に「エリ、エリ、ラマ、サバクタニ」の声を発したまいし時に、人生のなぞは解けたのである。その事のわかった者がキリスト信者である。

（一九二五年二月『聖書之研究』）

新年の辞

福音の中心はキリストの十字架であります。十字架がわからずして、キリスト教はいっさいわかりません。復活も再臨も万物の復興もわかりません。十字架はまことにキリスト教の根本義であります。ついては大正十年（一九二一年）は主として十字架を説かんと欲します。一月十六日より開始すべき中央講壇においては、特に十字架教の経典たるロマ書を講ぜんと欲します。無益なる思索、病的なる感情を排して、万世の岩なるキリストの十字架を高調せんと欲します。同信諸君のご加禱を願います。大正十年元旦　内村鑑三

（一九二一年一月『聖書之研究』）

〈十字架の信仰〉

十字架の信仰

余は著述家ではない。説教師ではない。文学者ではない。哲学者ではない。科学者で はない。教育家ではない。慈善家ではない。しかり、義人ではない。善人ではない。もちろん聖人ではない。世に認めらるべき何者でもない。余はクリスチャンである。キリストに依(よ)り頼む者である。彼の十字架を仰ぐよりほかに何の芸も能も才も徳もない者である。「われ、キリストと共に十字架につけられたり。もはやわれ生けるにあらず、キリスト、われにありて生けるなり。今われ肉体にありて生けるは、われを愛してわがためにおのれを捨てし者、すなわち神の子を信ずるによりて生けるなり」。パウロのこの言は一言一句ことごとく余の言である。余は幾たびこの言を繰り返しても尽きないのである。余の生涯を顧みて、余は誇るべく頼むべき一つの事業をも持たない。ただ存(のこ)るは、キリストの十字架を仰ぐ余の信仰である。これのみが余の義であり、聖であり、贖(しょく)である。しかり、余の有するすべてのすべてである。この信仰のみが余の取得(とりえ)である。これなくして、世に余ほどあわれなる者はないのである。

(一九一九年四月『聖書之研究』)

信仰と希望

キリストを信じて、彼と共に重き十字架をになわざるを得ない。十字架の伴わざるキリスト教は偽(うそ)のキリスト教である。しかして患難(なやみ)多き真(まこと)のキリスト教を信じて、その報賞(むくい)は、今世においては確き希望である。来世においては限りなき生命(いのち)である。しかして「希望は恥を来たらせず」とありて、神が信仰の報賞として賜う希望は最も確実なる 賜物(たまもの)である。まことに今世にありては希望は生命である。希望ありて生くるの甲斐(かい)あり、希望ありて働く動機あり、希望ありて思想の統一あり、希望ありて光明ありである。人世何ものか希望なき生涯にまさりてあわれむべきものあらんや。希望は生命の無限的延長また増大である。「われ死するにあらず、生きて、エホバのみわざを言い表わさん」(詩篇一一八・一七)。この希望をいだかしめられんがためには患難はいとうべきにあらず。藤原道長、伊藤博文の栄達をもってするも、この希望をいだかずして墓に下らんか、人は生まれざるに若(し)かずである。神を信ずるの報賞は、今世にありては十字架に伴う確実の希望である。しかして来世にありては限りなき生命である。

(一九一八年二月『聖書之研究』)

唯一の信仰

信仰は多種ではない。唯一である。米国人の信仰あるなし。英国人の信仰あるなし。日本人の信仰あるなし。また商人の信仰あるなし。労働者の信仰あるなし。農家の信仰あるなし。官吏の信仰あるなし。華族の信仰あるなし。平民の信仰あるなし。信仰は唯一である。信仰はこれをいだく者の人種または職業または階級によって異ならない。信仰の貴きはこれがためである。信仰は唯一なるがゆえに、これによって四民平等、四海みな兄弟たるを得るのである。さらば唯一の信仰とは何であるか。余はこれをガラテヤ書第二章二十節において見る。いわく、

われ、キリストと共に十字架につけられたり。もはやわれ生けるにあらず。キリスト、われにありて生けるなり。今われ肉体にありて生けるは、われを愛してわがためにおのれを捨てし者、すなわち神の子を信ずるによりて生けるなり

とは信仰であるよりはむしろ実験である。実験より出づる信仰である。この信仰のある者が信者である。この信仰のない者は信者でない。信者はすべてこの信仰の上に立ち、この信仰によって生くるのである。しかしてこの信仰は学問によって得らるるものでない。聖霊の働きにより、神の賜物(たまもの)として、信者の心に起こるものである。ゆえに、貧富、知愚、上下の差別なく、すべて神の選みたまいし者の心に起こるものである。しかし

て信仰であって学説でない。「どうでもよいもの」でない。信仰であるがゆえに生命である。ゆえに死をもって守るべきものである。キリストと彼の十字架、これなくしてキリスト教はない。キリスト教は倫理でない。道徳でない。慈善でない。社会改良でない。政治でない。デモクラシーでない。キリストとその十字架を基礎とする救いと希望と歓喜とである。しかしてこの信仰がありて、すべての善き行為（おこない）がおのずからわき出づるのである。この信仰がありて、学者は善き学者たり得べく、労働者は善き労働者たり得べく、各自その職にありて最も完全にその職務を果たし得るのである。まことにパウロは「われ、キリストと彼の十字架につけられし事のほかは、何をも知るまじと意(こころ)を定めたり」と言いて、万事を言い尽くしたのである。（鉄道ミッション集会において述べしところの大意）

（一九一九年六月『聖書之研究』）

信仰問答*

私の事業は何かと貴下は問われますか。それはすでに成就されたのであります。いつ、どこで？　おおよそ千九百三十年前、エルサレム城外のカルバリーの丘に建てられし十字架の上においてです。誰によって？　私に代わり、私の罪のために苦しみ、かつ死にたまいし、私の主にして救い主なるイエス・キリストによってであります。さらば私は今何をなしているかとの貴下の御尋問（おたずね）であります か。私はただ私の信仰の眼をもって、十字架の上の彼を仰ぎ見つつあります。そうしている間に新しき能力が私のうちに入り来たり、私をその器具(うつわ)となし、私にありて、私をもって、私の天にいます父様を喜ばしまつるような事をなさしめます。私はこれは近代人の見方でないことをよく知っています。されども、私は同時にこれがクリスチャンの見方であることをよく知っています。すなわち私を愛して私のためにおのれを捨てたまいし神の子を信ずるによって生くる事、その事が信者の生き方であります。

（一九三〇年二月『聖書之研究』）

信仰の新年

年が改まった。信仰もまた改まらなければならない。しかして信仰の新年はその元始（はじめ）に還（かえ）ることである。信仰の元始は何であるか。われらは何を信じてクリスチャンたるを得たのであるか。社会奉仕か、世界改造か、文化運動か。否、否、しからず。信仰の元始は十字架の信仰である。キリストの十字架を仰ぎ見て、わが罪はゆるされ、われは神と和らぎて、彼の子たるを得たのである。

われ、キリストと共に十字架につけられたり。もはやわれ生けるにあらず、キリスト、われにありて生けるなり。今われ肉体にありて生けるは、われを愛してわがためにおのれを捨てし者、すなわち神の子を信ずるによりて生けるなり（ガラテヤ書二・二〇）

クリスチャンの信仰の元始、その基礎（いしずえ）はこれである。この信仰に還りて、彼の信仰は改まるのである。倫理ではない。道徳ではない。自省ではない。修養ではない。もちろん哲学ではない。社会事業ではない。キリストの十字架である。すべての恩恵、すべての幸福、すべて頌（ほ）むべき事、すべて祝すべき事は、神の子の十字架の上にかかるのである。

（一九二一年一月『聖書之研究』）

福音

〈純福音〉

純福音

純福音とは何であるか。

純福音とは聖書そのままではない。聖書の中に福音でない事が多くある。モーセの律法は福音でない。新約聖書の中にすら福音でない事がある。山上の垂訓のごとき、これを文字どおりに解釈して、純福音と称することはできない。

教会の教義の、そのいずれもが福音でないことはいうまでもない。福音が福音である間は教会を作らない。福音が福音以外のものとなるに及んで教会ができるのである。教会の存在そのものが、その内に純福音のない最も善き証拠である。

純福音は純恩恵である。律法の痕跡(こんせき)だもまじえざる神の恩恵の宣言である。神はイエスにありて罪を滅ぼしたまいて、律法を廃したもうたのである。ここにイエスをもってして、律法を要せざる救いの道が設けられたのである。イエスを信ずる者には、「なすべし」、「なすべからず」というがごとき命令は必要なきに至ったのである。イエスの十字架をもってして、倫理道徳と称するものは無能力になったのである。ここに律法は恩恵と化し、道徳は信仰となったのである。しかしてこの事を伝うるのが福音である。道徳の大革命である。モーセの律法のみならず、孔子の仁義、カントの無上命法(カテゴリカルインペレチーブ)までをその根底より取り除き、これに代うるに神の無窮の恩恵をもってしたのである。

このゆえに、イエス・キリストにある者は罪せらるることなし(ロマ書八・一)

と言う。キリストの福音に刑罰なるものはないとの言(こと)である。

彼（イエス）は律法の中に命ずるところの法《のり》を、その肉体にて廃せり（エペソ書二・一五）

とある。イエスは十字架上の死をもって律法を無効ならしめたりとの言である。

人はただキリスト・イエスのあがないによりて神の恵みを受け、功績《いさおし》なくして義とせらるるなり（ロマ書三・二四）

とある。ここに功績（善行）によらずして義人たるの道が設けられたのである。

かくのごとくにして、純福音は、この世の倫理または宗教の立場より見て大異端である。道徳によらないというのである。法則はいらないというのである。戒めと称するがごときものを無視するのである。刑罰を認めないのである。すべての道義と、すべての訓戒と、すべての善行とを、イエス・キリストをもってあらわれたる神の恩恵と、これに対する人の信仰とに帰《き》するのである。恩恵と信仰、これ以外に道徳もなければ宗教もないのである。単純無比とはこの事である。まことに純福音である。単純なる福音である。わずかに五字をもって言い尽くすことのできる福音である。しかも宇宙の広きをもってするもこの単純なる福音を抱容することはできないのである。

この単純なる福音は、使徒らにより、ことに使徒パウロにより、千九百年の昔に唱えられたのである。しかるに世がいまだこれを解せざるのみならず、キリスト教会と称するものがいまだこれを解し得ないのである。また、よし多少解し得たとするも、大胆にこれを唱え得ないのである。彼らは律法より全然離るるの危険を唱えてやまないのである。ゆえに、福音を伝うると称して実は律法を伝えつつあるのである。彼らのキリスト教なるものは、より高き道徳（律法）にすぎないのである。彼らは今なお「さわるなかれ、味わうなかれ、触るるなかれ」（コロサイ書二・二〇）と唱えて、厳格なる律法の下に自由を世に提供せんと努めつつあるのである。しかして彼らの教会なるものはかかる戒めの実現にすぎないのである。その内に監督職あり、教会法あり、教会裁判あるは、キリスト教を律法と見るの結果が彼らをしてここに至らしめたのである。

純福音、律法の痕跡《こんせき》だもまじえざる神の恩恵の宣言、監督制度、長老制度、その他すべての教会制

度の反対……余輩がかかる福音を唱うるにあたって、教会者は余輩にむかって言うであろうか、

さらば恵みの増さんために罪におるべきか

と。余輩はパウロの言をもって彼らに答えて言うであろう、

否、あらず。決してあらず。われら罪に死せし者、いかでなおそのうちに生くるを得んや（ロマ書六・一―二）

と。信仰のこの秘訣を知らない者はいまだ共に福音を語るに足りない。律法の痕跡だもまじえざる福音こそ、律法を完全に守らしむるに至るの道であることを知らない者は、キリストの福音をゆだねらるるの資格をそなえない者であると思う。

（一九一五年三月『聖書之研究』）

純福音について㈠

純福音とは何ぞ？　純福音とは十字架の福音である。罪のゆるしの福音である。「キリストは、われらのなお罪人たる時、われらのために死にたまえり。神はこれによりて、その愛をあらわしたもう」（ロマ書五・八）という福音である。また「彼、われらを救い、聖き召しをもってわれらを召したまえり。これわれらのおこないによるにあらず、ただ神ご自身の旨と、世の成らざりし前よりキリスト・イエスのうちにわれらに賜いし恵みによるなり」（テモテ後書一・九）という福音である。ゆえにこれを称して、「神の恩恵の福音」（使徒行伝二〇・二四）と言う。神の子のいさおしのゆえに、わがすべての罪をゆるさるる、神の善きみこころを伝うる音信（おとずれ）である。こんな喜ばしい、ありがたい音信はまたと再びあり得ない。ゆえにこれを称して福音と言うのである。

しかるに多くの場合において、純福音と唱えらるるものが福音でないのである。神より来たる喜ばしき福音でないのである。多くの場合において、罪のゆるしにあらずして、罪の摘指、詰責が、純福音の名の下に唱えらるるのである。しかしながら、言うまでもなく、純福言は純道徳でない。あるいはまた純律法でない。モーセの律法を欠けなく守る事でない。これは、守らんと欲して守るあたわざる事である。純福音はわが理想を実行する事

でない。まず第一にわが罪をゆるさるることである。そしてみずからゆるされて、自由に人をゆるし得るに至る事である。ゆるしに始まって、ゆるしに終わる、それが純福音である。ゆるさるる事とゆるす事のないところに、他に何があっても、純福音はない。

もちろん、ゆるしは単なる心理作用でない。ゆるさるるにもゆるすにも正当の道がある。ある種の律法はゆるしに必要である。しかし、ゆるしのための律法であって、律法のためのゆるしでない。ゆるしは目的であって、律法は方法である。ゆるされんがために律法を説くのであって、律法を律法として説くのでない。キリスト信者は、律法道徳を経過して、目的の罪のゆるしに達した者である。律法に無関係の者ではない。律法がその威力をふるうあたわざるに至った者である。

ゆえに福音は喜ばしきものであらねばならぬ。純福音は純歓喜であらねばならぬ。神の義を喜ばざるにあらずといえども、義よりもさらに彼の愛を喜ぶものであらねばならぬ。純福音のあるところに純歓喜、純賛美があらねばならぬ。純福音のあるところに罪の摘発、無慈悲の審判がありてはならぬ。純福音は全赦免の唱道である。ゆえに、往々にしてオリゲンの場合のごとくに全人類の救いを唱うるに至る。純福音がもし誤ることがあれば、慈悲多きがゆえであって、公義に過ぐるがゆえでない。

（一九二八年三月『聖書之研究』）

純福音について（三）

ロマ書一章一六節
コリント前書二章二節

純福音とは何ぞやと問えば、何びとも、純福音とはわが福音なりと答えましょう。誰も不純な福音を信ずる者はありませんから、わが信ずる福音こそ純なるものなりと唱うるは当然であります。それゆえに、ユニテリヤンも、カトリックも、バプティストも、クェーカーも、いずれも純福音の唱道者なりと唱うるは少しも怪しむに足りません。こう考えて、かかる問題について語るの必要なきを思わせられます。

しかしながら、福音が純ならんがためにはいかなる性質を具《そな》うべきか、また聖書はこの事について何を教うるか、その事を攻究するの必要があります。何ものでも、それが純ならんがためには他物の混入を許しません。純白米と言えば、白米のほかに何のまじりもないものを言います。砂はもちろんのこと、その他の穀類の何がまじっても、純白米ではありません。純福音に近いもので純道徳があります。純道徳の何たるかがわかって、純福音の何たるかをわかるにはなはだ便利であります。純道徳とは、道義以外に何の助けをも動機をも持たざるものであります。正直は最善の政略なりと言うは純道徳でありません。正直を利益を得るための政略と見るからであります。正直は正直のための正直でなくてはなりません。何の利害をも考えず、正直は正道なるがゆえにおこのうべきである、それが純正直であります。最大多数のために最大幸福を計ると言うは決して純道徳でありません。民主国において、多くの明白なる罪悪がおこなわるるを見て、このことがよくわかります。いかなる利益といえども、利益を目的とする道徳は純道徳でありません。たとえ国家の利益、社会の利益、教会の利益といえども、利益のためにする道徳は純道徳でありません。まじりのない道徳は単に道徳のためになす道徳であります。西郷隆盛の言う「よし国家は滅ぶるとも正義をおこなわん」という道徳であります。哲学者カントが力をこめて支持せんとせし道徳はこの道徳であります。すなわち純道徳であります。偉大なる、荘大なる、深遠なる、天地は失(う)せても失せざる道徳であります。古い昔の日本にかえってこの道徳がありました。今日の欧米の道徳は不純きわまる道徳であります。いわゆる実利主義の道徳というは実は道徳ではありません。道徳の価値をその結果いかんによって定むるというは、哲学者に問うまでもなく、わが国の古い儒者、国学者に尋ねてみても、彼らはその全然道ならぬ道であることを教えます。

　純道徳に対して純福音があります。それは、純道徳同様、何のまじりもない福音であります。それ自身にて完全なる福音であります。何ものによっても価値(ねうち)づけられざる福音であります。よしその結果がどうあろうが、福音なるがゆえに福音であるものであります。ゆえに純福音は必ずしも人を救うとはかぎりません。ある場合においては純福音はかえって人を殺します。パウロが言うたとおりであります。

　福音は、滅ぶる者のためには死のかおりにて、彼ら

を死に至らしむ。されども救わるる者のためには生のかおりにて、彼らを生に至らしむ（コリント後書二・一六）

と。生命の源なる太陽の光線も、物によってはこれを生かさずして、その反対にこれを殺します。単にその結果によって判断して、真理の正邪を定むることはできません。

　さらば純福音とは何でありますか。言うまでもなく、キリストの十字架の福音であります。

　キリストはわれらのなお罪人たりし時に、われらのために死にたまえり。神はこれによりて、その愛をあらわしたもう。それ律法は肉によりて弱く、そのあたわざるところを神はなしたまえり。すなわち、おのが子を罪の肉のかたちとなして、罪のためにつかわし、肉において罪を罰しぬ。これ律法の義の、肉に従わで霊に従いておこなうわれらに成就せんがためなり

という福音であります。

　今や多くの福音ならざる福音が唱えられます。文化生活の福音、教育普及の福音、世界平和の福音等が唱えられます。いずれもキリストの十字架抜きの福音であります。これパウロのいわゆる「異なる福音」であります。非福音であります。その事それ自身はもちろん善い事でありますが、至上善、最も善い事ではありません。人を神に和らがせる和らぎの福音でありません。パウロまたはアウガスティン、またはルーテル、またはクロンウェルを救うた福音でありません。私自身が、そんな似て非なる福音によって救われたりとは思いません。

　モーセ、野に蛇を挙げしごとく、人の子も挙げらるべし。すべてこれを信ずる者に滅ぶることなくして、限りなき生命を受けしめんがためなり。（ヨハネ伝三・一四）

とある福音である。良心に強く響く福音であります。おのが罪に目ざめし者には、何ものにもまさりて嘉（よ）き音信（おとずれ）であります。The Gospel indeed であります。真に福音であります。すべての善き事はこの福音を信じて始まるのであります。私はキリストの十字架抜きの社会改造、品性向上、世界平和等の効果に信を置きません。人が人である間は、彼の罪を除かずして、彼の改造も進歩も始まりません。そしてキリストの十字架

を除いて、他に人の罪を除くの道はありません。

純福音は簡単であります。一言もってこれを言い尽くすことができます。純福音はそれ自身にて完全であります。それ自身にて、知識、感情二つながらに満足を与えます。純福音は有能であります。これによって、死せる霊魂が生き、社会が潔（きよ）められ、国家が起こりました。純福音は小児にもわかります。大哲学者もその深さを探ることはできません。有名なる宗教哲学者フェヤベーンは言いました、

　キリストは十字架の上にくぎ付けられしそのたなごころの内に宇宙の真理を握りたまえり

と。科学の説明は哲学であり、哲学の説明は倫理であり、倫理の説明はキリストの十字架であると言うことができます。それゆえに言うのであります、純福音すなわちキリストの十字架の福音はそれ自身にて完全なる福音であると。そして信者がすべて目を十字架に注ぎますならば、すなわち衆星が北辰をさしてこれをめぐるがごとくに、十字架にその信仰の顔を向けますならば、その時に信者の一致が成るのであります。その時、各自が、われなし、世なし、肉とこの世に属（つ）けるすべての汚れなきに至りまして、人種、階級、教派なきに至ります。

純福音のみが人を純たらしめます。（八月五日朝、札幌独立教会において）

（一九二八年九月『聖書之研究』）

＜全き福音（使徒信経）＞

全き福音

われは天地の造り主、全能なる父の神を信ず。われはそのひとり子われらの主イエス・キリストを信ず。彼は聖霊により、処女《おとめ》マリヤより生まれ、ポンテオ・ピラトの時、苦しみを受け、十字架につけられ、死して葬られ、第三日によみがえり、天にのぼり、父なる神の右に坐し、また死者と生者とをさばかんためにかしこより来たりたもうを信ず
（使徒信経）

福音というて、一個条ではありません。数個条であります。神は天地万物の造り主であって、われら人類の父であるというは大なる福音であります。しかしながら福音はこれをもって尽きません。人類はすべて神の子であって、人はすべて兄弟姉妹であるということもまた大なる福音であります。しかしながら福音はこれをもって尽きません。キリストはわれらの救い主であって、彼に学び、彼の弟子たるによって、人生の意義を完成《まっと》うすることができるというのも大なる福音であります。しかしながら福音はさらにそれ以上であります。福音は、人のすべて思うところに過ぎて高くまた深くまた広くありますがゆえに、私どもはその一部に接して全部に接したように感じます。神と言えば強い者、聖い者、凡人の近づき得ざる者と思わるるが常であるに、彼はわれらの父であると聞いて、私どもの心は飛び立ちます。私どもはその上べつに聞くの必要がないと感じます。キリストのような人が私どもの兄弟であると聞いて、私どもの価値《ねうち》が急に上ったように感じます。「神はわれらの父である、人類はわれらの兄弟である」と言うただけで、キリスト教の全部が言い尽くされたように思われないではありません。キリスト教の一派なるユニテリヤン教はこの二個条をもって立つ教えでありまして、まことに簡単明瞭にして尊敬すべき教えであると言わざるを得ません。しかしながらキリスト教はこれだけではありません。福音は以上の二個条をもっては尽きません。ユニテリヤン教は尊敬すべき教えでありますが、完全なる

福音であるとは言い得ません。キリスト教はユニテリヤン教の教義以外に多くの事を教えます。

キリスト教は、神は人類の父であると教えます。キリストは神のひとり子であって、人類を救わんために神につかわされて、世にくだりたまえる者であると教えます。さらにまた、キリストは人類の罪をにないて十字架につけられ、彼を信ずる者のために救いの道を開きたまえりと教えます。キリストの死と復活と昇天とを教えます。彼は今は父と共にいまして、信者のためにとりなしたもうと教えます。そして父の定めたまいし時において再びあらわれたまいて、すべて彼を信ずる者を、ご自身に似たる者となしたもうと教えます。聖霊の存在と活動（はたらき）を教えます。聖霊をもってつながる信者の聖き交際を教えます。信者の復活と限りなき生命を教えます。万物の改造を教えます。キリストによっておこなわるる、すべての人の審判（さばき）を教えます。神の国の完成と、新天新地の実現を教えます。これらを総合したものが福音であります。その一つだけが私どもの小さき希望（のぞみ）を満たして余りありますが、しかし神様はそれをもって満足したまいません。「小さき群れよ、なんじらの父は喜びて国をなんじらに与えたまわん」（ルカ伝一二・三二）とイエスがその弟子たちに言いたまいしがごとくに、神は御自身（おのれ）を愛する者に、完成（まっとう）せられたる宇宙を与えたまわずしては満足したまわないのであります。福音に小なるものと大なるものと、部分的なるものと全体的なるものとがあります。私どもは小さき私どもの心をもって神の愛を量ってはなりません。神には神相応の愛があります。私どもは神の従順なる子供として、神が与えんと欲したもうものを感謝して受くべきであります。

神のあることはたいていの人が信じます。キリストが完全な人であったことは信ずるに難（かた）くありません。しかしながら、彼の死がただの人の死でなかった事、これに贖罪（しょくざい）の意味があった事、ことに彼が死してよみがえりたりとの事、そして今は天にあって万物を統べ治めたもうとの事、そして再びあらわれて救いを完成したもうとの事は、信ずるにはなはだ難い事であります。しかしながら、それは聖書が明らかに示すところでありまして、これを信ずることができて初めて神の愛の高さ深さ広さを悟ることができるのであります。

神は愛であると言うただけでは足りません。どれだけの愛であるか、その事を知らなければなりません。「神はわれらを恵みて、天より雨を降らせ、豊かなる季節を与え、食物と喜びをもてわれらの心を満たしめたもう」(使徒行伝一四・一七)と言うただけで神の愛は尽きません。「神の、おのれを愛する者のために備えたまいしものは、目いまだ見ず、耳いまだ聞かず、人の心いまだ思わざるものなり」(コリント前書二・九)というが真理であります。子は親の愛を知らないように、人は神の愛を知りません。神はどれだけ人を愛したもうか、それは人の側(がわ)からはわかりません。人は神よりこの世の幸福をいただけばそれで充分であると思います。しかし、そう思うて、自分で自分を知らないのであります。人は百年に足らざる短き生命を楽しまんと欲します。神は人に永生すなわち限りなき生命を賜わんと欲したまいます。そして福音は、神がご自身の立場よりして人を恵まんと欲したもうその道を示したものであります。そして天の地よりも高きがごとく、神が人を思う心は、人が自分を思う心よりも高くあります。福音は解しがたしというは、道理に反するからではありません。子が親の愛を量り得ないように、人が神の愛を測り得ないからであります。私どもは福音全部を信ずるを得て、神の愛の深さ広さを測り知ることができるのであります。

「イエスはわれらが罪のために渡され、またわれらが義とせられんがためによみがえらされたり」(ロマ書四・二五)とあります。イエスの死はわれらの罪をあがなうための死であり、彼はまたわれらが義とせられんがためによみがえらされたりと言う。これは福音のたいせつなる個条であります。一見して、人類の幸福には何の関係もない事柄のように思われます。それゆえに多くの人はこれをドグマ(教条)と称して、教会が信徒に押しつける無用の信仰個条であると思います。しかし、そうではありません。人には何びとにも死の問題があります。そして死の問題は罪の問題と離れて考うることはできません。まず罪を滅ぼして、しかる後に死を無きものとすることができるのであります。そして死とその恐怖とが取り除かれざる間は、人にほんとうの幸福がないのであります。キリストの死は、人の罪を取り除くために必要であったのであります。彼の復活は、罪の消滅の証拠として必要なるのであります。今その事についてくわしく論ずるの時はありません。いずれにしろ、キリストの死と復活とが人の永遠の幸福をもたらすために必要欠くべからざるものであることは確実（たしか）であります。キリストの死を普通（あたりまえ）の人の死と同一に見、彼の復活を後世の信者が捏造（ねつぞう）した偽談（つくりばなし）と解して、福音の大要点が失（う）せてしまうのであります。キリストは復活したまえりという事は、わが罪はゆるされて、われもまた彼のごとくに復活するのであるとの事でありまして、この事を聞かされて歓喜この上なしであります。復活は非科学的の迷信であると断言して、福音の福音たる価値（ねうち）がなくなってしまうのであります。

その他の事もまた同じであります。キリストは昇天して、今は父と共にいまして、われらのためにとりなしたもうと言います。何やら幽玄界に逍徉（しょうよう）して夢を語るがごとくに聞こえます。しかし夢ではありません。事実であります。もしキリストが単に過去の人でありますならば、私どもに救い主はないのであります。私どもは人生日常の戦闘（たたかい）において、生ける強い援者（たすけて）を要求します。私どもはキリストがのこしたまいし教訓だけでは足りません。私どもと共にありて私どもを助けてくださる生ける救い主を要求します。彼は昇天するにあたりて、その弟子たちに告げて、「見よ、われは世の終わりまで常になんじらと共にあるなり」と言いたまえりと聞いて、私どもは非常に慰められまた強めらるるのであります。病を癒（い）やし波を静めたまいしキリストは今なお生きてわれらを守り、われらをもってこの罪の世においてその聖業（みわざ）をおこないたもうというのであります。これはまことに大なる福音ではありませんか。孔子（こうし）は聖人であり釈迦（しゃか）は大教師であると言うても、過去の人たるにすぎません。キリストは彼らとちがいます。キリストは昔あり、今あり、永遠にまである者であります。それでこそ、ほんとうの救い主であるのであります。神がかかる救い主を人類に与えたもうたという、それこそ真の福音ではありませんか。福音はキリストの伝えた教訓（おしえ）においてある、彼の復活とか昇天とかいう事においてあるのでないというは、何やら学者らしく聞こえまするが、しかし福音をして小なるものたらしむるのであります。真の福音は、キリストの教訓においてよりは彼ご自身においてあるのであります。復活せるキリストが昇天するにあたり「天の内、地の上のすべての権をわれに賜われり。このゆえに、なんじら行きて、万国の民に、わがすべてなんじらに命ぜしことばを守れと教えよ」と言いて神のもとへと帰りたまえりと聞き、この事を信じて、伝道の熱心と勇気とが起こるのであります。キリストの教えが、孔子や釈迦の教えと異なり、いつまでも古びずして、常に古びやすきこの世の革新の力として存するその理由はどこにあるのですか。能力ある神の子がご自身世を統べ治めたもうからであります。福音と言いて、ただに音ではありません。「神の国はことばにあらず、能（ちから）にあり」とパウロが言うたとおりであります。

キリスト再臨もまた同じであります。これもまた福音の大個条であります。これなくして福音は完全でありません。再臨は救いの完結であります。総くくりであります。

われ、新しき天と新しき地を見たり。先の天と先の地はすでに過ぎ去り、海もまたあることなし。われ、聖なる都なる新しきエルサレム、備え整いて、神の所を出でて、天よりくだるを見たり。そのさまは、花嫁、その花婿を迎えんために飾りたるがごとし。われ、大いなる声の天より出づるを聞けり。いわく、神の幕屋、人のなかにあり。神、人と共に住み、人、神の民となり、神また人と共にいましてその神となりたもう。神、彼らの目の涙をことごとくぬぐいとり、また死あらず、悲しみ、叫び、痛み、あることなし。そは先の事すでに過ぎ去ればなり

（黙示録二一・一―四）

福音はこれらをすべて合わしたものであります。その一を欠いて、福音は福音でありません。私どもは現代人の反対を恐れて福音の一部分をもって満足してはなりません。完全なる福音、聖書全部を信じ得る信仰、「おおよそ事信じ」というパウロの信仰、これが私どもの信仰でなくてはなりません。私どもの信受するキリスト教は、深い強い無限大なるキリスト教でなくてはなりません。

（一九二四年七月『聖書之研究』）

〈福音とは何か〉

福音の恩恵的解釈

福音はもとこれ神の恩恵の福音であれば、これは恩恵的に解釈すべきものであって、律法的に解釈すべきものでない。福音を律法的に解釈して、福音は福音でなくなるのである。パウロの言をもってすれば、かくなして、キリストの死は徒然（いたずら）なる業（わざ―ガラテヤ書二・二一）となるのである。

しかるに事実はどうであるかというに、たいていの人は、しかり、たいていのキリスト信者までが、福音を律法的に解釈せんとするのである。今、試みにマタイ伝五章八節について見るに、

心の清き者はさいわいなり、その人は神を見ることを得べければなり

とある。キリストのこの言に対するたいていの人の見解は全然律法的である。彼らは、山上の垂訓と言えば、モーセの律法に対するキリストの律法であると思う。モーセがシナイ山の頂において神より授かりし十戒のさらに厳正なるものが、キリストの山上の垂訓であると思う。ゆえに彼らは、恩恵に富めるイエスのこれらの言に接しても、感謝を感ぜずしてかえって恐怖を感ずるのである。

なんじ、心を清くせよ、さらば、なんじ、神を見るを得べし

と。彼らはかくのごとくに垂訓のこの一条を解するのである。しかるに心を清くせんと欲して清くするあたわず、かえってその反対なる汚れのみこれを認むるを得て、彼らはおのれに失望し、神を見るの資格なき者として、ついに福音より遠ざかるに至るのである。

しかしながらキリストは決してかかる事を教えたもうたのではない。彼は

まずなんじの心を清くせよ

と言いたもうたのではない。

心の清き者はさいわいなり

と言いたもうたのである。われらはまず第一に「さいわい」なることばの意味を探って見なければならない。

「さいわい」とは、福祉（さいわい）を神より受くるの意である。ゆえにこれは「恵まる」と訓（よ）んでさしつかえのないことばである。福祉は恩恵（さいわい）の結果である。今、原因を結果に代えて読んで、意味はいっそう明白になるのである。

　心の清き者は恵まれたる者なり

と。かく読んで、キリストのこのことばが明らかに恩恵の調子を帯びて来るのである。

次に究（きわ）むべきは、「心の清き」ということばである。これは、清浄潔白、一点の汚れを留めずということであろうか。もしそうであるならば、何びともかかる状態に達することはできない。したがって何びとも神を見ることはできないということになるのである。しかし、そうでありようはずはない。神は人より無きものを要求したまわない。まことにヨブが言いしごとくである。

　誰か清き物を汚れたる物の中より出だし得る者ありや、一人も無し（ヨブ記一四・四）

と。汚れたる人が、神を見ることができるだけに清くなり得ようはずはない。神はよくこの事を知りたもう。ゆえに「心の清き」とは、「清きを求むる」の意であるに相違ない。すなわち「飢えかわくごとく義を慕う」と言うと、ほとんど同意義のことばであるに相違ない。すでに清くなりたる心ではない。心の清浄を求めて、もだえ苦しむ状態である。普通のことばをもって言えば、「鋭き良心」である。ジョン・バンヤンが持ちしような、自己（おのれ）の汚れに堪えずして常に泣き叫びし心の状態である。実現的の清浄ではない。予望的の清浄である。罪に生まれし人間の清浄はこれ以上に達することはできない。

キリストは言いたもうのである、

　鋭き良心をもておのがうちを探り、その汚れに堪えずして泣き悲しむ者は、神に恵まれたる者なり

と。しかしてこれ事実であるのである。罪を悲しむの心はこれ確かに神の大なるたまものである。世にはこの悲歎を感ぜざる者が多いのである。他人の汚れはよくこれを見ることができるが、自己の汚れはこれを見るの眼ない者が多いのである。特別に神に恵まるるにあらざれば、心のこの清浄を持つことができないのである。

しかし恩恵はここにとどまらないのである。汚れを認むるの心の眼を賜わりしは、これ、やがてこれを取り除

かれて神をその清浄において仰ぎまつるに至るの予兆であるのである。

その人は神を見ることを得べければなり

とある。おのれの汚れに堪えずして清浄を望んでやまざる者は、ついに、赦罪の福音をもたらして世にくだりし神の子によりて、父なる神を仰ぎ見るに至るのである。イエス・キリストの御父なる真（まこと）の神は、罪人（つみびと）はこれをおのれに近づけたまわざる峻厳（しゅんげん）義罰の神ではない。彼は罪をゆるしたもう神である。あわれみの神である。慈愛の神である。清浄を追求して罪に泣く者はついにかかる神を見るに至るべしとのことである。

神は自己（おのれ）を罪人に示さんと欲したもうのである。しかして罪人を自己に引き附けんがために、彼に汚れに堪えざるの心、すなわち清き心を賜うのである。罪に苦しむの心、これ神よりのたまものである。このたまものを授かりし者はまことに恵まれたる者である。そのゆえは、彼は特別に神に招かれたる者であるからである。彼はやがて天の筵（むしろ）に侍（はん）べり、霊の饗応（ふるまい）にあずかるのである。それゆえに彼は恵まれたる者である。キリストは山上の垂訓の発端において、恵まれたる者の目録を示されたのである。新たなる律法を布（し）かれたのではない。

心に清浄を追い求むる者は神に恵まれたる者なり、
その人はイエス・キリストの御父なる愛の御神をついに見ることを得べければなり

山上の垂訓はすべてこの例にならって解釈すべきものであると思う。新約聖書全体もまたかくのごとくに解釈すべきものであると思う。

（一九一三年一月『聖書之研究』）

福音と哲学*

神の愛の福音であるところのイエス・キリストの福音の次に、この世においても、この世以外においても、真理のために真理を愛するところの哲学より大なるものはない。まことに哲学を離れて、福音は福音ならざるものとはなはだなりやすくある。福音の暖き血は常に哲学のかわきたる光をもって潔（きよ）めらるるの必要がある。

しからざれば、福音は堕落して、いわゆる宗教となるおそれがある。半ば肉的にして半ば律法的なる、主として神秘的なる、純霊的たらず、恩恵に満ちたる福音たらざる、いわゆる宗教に化しやすくある。同様に、福音は哲学に必要である。たぶん、より以上に必要であろう。哲学と福音とは同腹の姉妹である。福音は天よりくだりし天使であって、哲学は地より生まれし淑徳の処女である。

付言　神は相並びて大なる二小国を起こしたもうた。哲学のギリシャと信仰のユダヤとを起こしたもうた。あたかも哲学と信仰との離るべからざるものなることを示さんがためなるかのごとくに。

（一九二八年七月『聖書之研究』）

人の了解と神の裁判

人は余を了解するにおよばない。余はまた人に了解せられんことを欲(ねが)わない。余は生まれながらにして罪人(つみびと)である。ゆえに人はいかに善意的に余を了解するも、余を罪人以上に了解することはできない。余は人に了解せられんことを欲(ねが)わない。しかしながら人は何びともキリストを了解せんことを欲う。キリストを了解して、人は自己(おのれ)を了解することができ、しかしてまた最も正当に他人を了解することができる。キリストを了解せざる者は、実は他人を了解(批評)するの資格なき者である。キリストを了解する者のみ、またよく余をも了解することができる。余はまた彼に了解せられんことを欲う。それは彼の了解は正当にして、また最も慈悲深くあるからである。

「神はイエス・キリストにより、わが福音をもって、人の隠れたる事をさばきたまわん」(ロマ書二・一六)とパウロは言う。まことに感謝すべきことである。「神はさばきたもう」と聞いて、われらは戦慄せざるを得ない。しかし「何をもって、何びとによりて」さばきたもうかを知りて、われらは感謝してやまないのである。神はわれらをさばきたもう。罪人の救い主なるイエス・キリストにより、パウロの伝えし恩恵の福音をもって、さばきたもうとのことである。さらば、さばきは恐るべきことではなくして望むべきことである。キリストが恩恵の福音をもってさばきたもう時に、苛刻なる無慈悲なる判決のありようはずはない。モーセの律法をもってではない、罪のゆるしの福音をもってさばきたもうのである。ゆえに、われらの行為（おこない）によってではない、われらの信仰によってさばきたもうのである。ゆえに妓婦ラハブも、マグダリヤのマリヤも、キリストのかたわらに磔（たく）せられし罪人の一人も、義人として認められて天国に入ることができるのである。恩恵何ものかこれに若（し）かんやである。世に歓迎すべきもの多しといえども、神がキリストにより、福音をもっておこないたもう裁判（もし、これをしも裁判と称するを得べくんば）のごとくに、待望すべくまた歓迎すべきものはないのである。

（一九一三年八月『聖書之研究』）

三角形として見たる福音

愛は一直線ではない、二直線である。直角をもってつながれたる二直線である。すなわち図のごとくである。神とわれとの関係である。また、われと隣人との関係である。

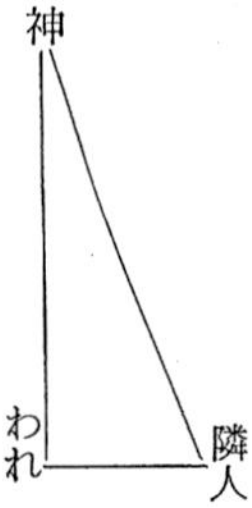

神とわれとの関係、これを称して宗教と言う。われと隣人との関係、これを称して道徳と言う。神とわれと隣人との関係、これを称してキリスト教と言う。キリスト教は宗教ではない。また道徳でもない。キリスト教は宗教に道徳を加えたるものである。ゆえに言う、

なんじ、心を尽くし、精神を尽くし、意（こころばせ）を尽くして、主なるなんじの神を愛すべし、また、おのれのごとくなんじの隣人を愛すべし（マタイ伝二二・三七—三八）

と。キリスト教は単に人道ではない。さればとてまた単に神道ではない。キリストご自身が神人（God-Man）でありしがごとく、彼の福音は「神人道」である。神を愛してその愛を人に及ぼす道である。天の道にしてまた地の道である。誠実（まこと）にキリストの福音を信じて、われらは隠士ならんと欲するも得ないのである。われらは直立的に神と交わり、地平的に同胞に接し、しかして彼らをしてわれらを経由せずして直ちに神にいたらしめて、

福音はわれらにありてその実効を奏したのである。

（一九一二年六月『聖書之研究』）

道の異同

「道、同じからざれば、相ともに語らず」と言う。「語らず」とは「言語を交えず」ということではない。「語合（かたら）わず」ということであって、語り合いて相ともに契らないことである。すなわち霊魂の最も深き所において兄弟姉妹の関係に入らないことである。

「道同じからず」とは、必ずしも宗教を異にするということではない。彼は仏教を奉じ、われはキリスト教によるということではない。宗教は異なっても道の同じき場合は少なくない。道は心の傾向である。崇拝物に対して取る霊魂の態度である。ゆえに宗教を同じくしても道を異にする場合が多くあるのである。キリストをいかに思うや、福音をいかに解するやによって、各自の道は定まるのである。

われはキリストの福音を深玄なる哲理と解する者と語り合うことはできない。われにとりては福音は哲理以上である。霊魂の実験である。罪のゆるしである。贖罪（しょくざい）である。福音の秘密は、宗教哲学の鍵（かぎ）をもって開かれ得べきものでない。

われはキリスト教を荘厳なる儀式と見る者と語り合うことはできない。儀式は儀礼である。しかして神に対して儀礼の守るべきあるは言うまでもない。しかしながら神は帝王ではなくして父である。直立して遠くより拝すべき者ではなくして、近くすがりて頼むべき者である。われは、へりくだりて神と親しまんと欲する者であるがゆえに、宗教界のいわゆる崇礼家（リチュアリスト）と道を同じくして相ともに語ることはできない。

われはキリスト教を崇高にして厳格なる道徳と見る者と語り合うことはできない。われにとりては、キリストは道徳の教師ではなくしてわが罪の救い主である。したがって彼の教えは「なすべし」、「なすべからず」の訓戒ではなくして、われをして再び神との義（ただ）しき関係に入らしめんとする恩恵の手段である。われにとりては、キリストは恐るべき主ではなく、キリスト教は人をさばくための律法ではない。

われと道を同じくする者は誰ぞ。福音を文字どおりに福音として受け取る者である。罪人に臨みし放免状としてこれを拝受する者である。キリストにありて何びとをもゆるし得る者である。その黙示に接して、恐怖を感ぜずして歓喜を感ずる者である。感謝の人である。歌の人である。心の底において温柔の人である。恩恵の福音としてキリスト教を解する人である。理知の人、政治の人、儀礼の人、道義の人はわれと道を同じくする者でない。われは、キリストにありてその罪をゆるされたる人と、深き兄弟姉妹の関係に入らんと欲する。わが名はこれである、すなわち、ゆるされたる罪人である。ゆえに、われと契り合う人もまたこれでなくてはならない。

（一九一三年八月『聖書之研究』）

自由福音の解

何ゆえに自由福音と言う？

人のこれを信ずるも信ぜざるも彼の自由なるがゆえに、しか言うにあらず、またこれを信ずる者をして自由気ままの人たらしむるがゆえに、しか言うにあらず、また自由研究と称して拘束せられざる学究によりてその真理を発見し得るがゆえに、しか言うにあらず。

自由福音と言うは、教会、教職、教義と称するがごとき、人の定めし権威に対しての自由を言うなり、律法、神学、信条というがごとき機械制度に対しての自由を言うなり。すべての教権と儀文と規則とに対しての自由を言うなり。

福音はもとより神の善き聖意（みこころ）より出でしものなり。しかり、福音は善なる神の聖意そのものなり。ゆえに、これにあずかるの道としてただ人の善意あるのみ。神の善意これを恩恵と言い、人の善意これを信仰と言う。神の恩恵に対するに人の信仰をもってす。福音の要求はこれにほかならず。教会、教職、教義、律法、信条等によらず、ただ鹿（しか）の谷水を慕いあえぐがごとく、砕けたる悔いし心をもって聖父（ちち）を慕う。神と人との間に直通の道を備えしもの、これをば称して自由福音と言うなり。監督、牧師、宣教師らの干渉を受けざるがゆえに自由たるなり。儀式、教則、信条等の拘束を受けざるがゆえに自由たるなり。律法、道義、戒律等によらざるがゆえに自由たるなり。人よりにあらず、また人によらず、直ちにイエス・キリストと彼を死よりよみがえらしし父なる神によるがゆえに自由たるなり。ただに信仰の道なるがゆえに自由たるなり。自己献納の道なるがゆえに自由たるなり。他人を経ざる父子接近の道なるがゆえに自由たるなり。人と制度と教権とを全然排斥して直ちに神のふところに入るの道なるがゆえに自由たるなり。

自由の福音なり。ゆえに万民の福音なり。単に信仰をもって神の恩恵に応ぜんと欲す。これに人種、階級、学派、教派の別あるべからざるはもちろんなり。人は何びとも、信仰により、今日直ちに、修養によらず、行為(おこない)によらず、儀式によらず、教会教職等の援助を借りずして、神の聖召《みまねき》に応じて、直ちに彼の救いにあずかるを得るなり。

貴きかな、自由の福音、ほむべきかな、この福音を賜いし神！「この言い尽くされぬ神のたまものによりて、われ、神に感謝するなり」(コリント後書九・一五)である。

(一九一五年六月『聖書之研究』)

「生の哲学」と十字架の福音

(病中の三並良君の暗示による)

現今流行の哲学はいわゆる「生の哲学」である。いわく生、生、生と。いわく活動と。いわく収得と。いわく他人の物を奪って、おのが生を助長せよと。しかしてこの主義を明らさまに言い表わしてはばからないものがニーチェ哲学である。しかしてその実現が目下の欧州大戦争である。

ニーチェ哲学はその本国のドイツ国民の喜びかつ迎うるところであるばかりではない、英国民も米国民も、しかり、日本人も、すべて進取膨脹を標榜《ひょうぼう》する国民はこの主義に拠(よ)って立つのである。他人または他国を犠牲に供して自己または自国の膨脹を計ることは今は罪悪として認められない、否、かくするは生の要求であって義務であると、この種の哲学者は言うのである。

しかして、ひとり世人と政党と国家とに限らない、信者も教会も今や「生の哲学」に拠って働くのである。彼らが大挙伝道を称してキャンペイン（campaign 戦役的運動の意）と言うはこれによるのである。彼らの見るところをもってすれば、伝道は他人の領域を侵すことである。仏教を倒してキリスト教を起こすことである。旧教の信者を捕えて新教の信者となすことである。他教会の信者を奪って自教会の信者となすことである。伝道は信仰的侵略である。ドイツがベルギーに侵入せしように、他宗教、他教会に侵入して、その権威をこぼち、その信者を奪い、もってわが宗教わが教会の勢力拡張を計ることである。教会はニーチェの名をきらうといえども、その従事する伝道においてニーチェ哲学に則(のっと)りつつあるのである。

現今流行の哲学は「生の哲学」である。しかしながらキリストの福音は一名これを十字架の福音と称して、「死の哲学」である。いわく、

> なんじら、キリスト・イエスの心をもて心とすべし。彼は神の本体にていませしかども、みずからその神とひとしくあるところのことを捨てがたきことと思わず、かえっておのれをむなしゅうし、しもべのかたちをとりて人のごとくなれり。しかしてすでに人のごときありさまにて現われたまいたれば、おのれを低うして死に至るまで従い、十字架の死をさえ受くるに至れり（ピリピ書二・五―八）

と。これ生の主張ではない。死の唱道である。奪(と)れよ、満ちよとの教えではない。与えよ、むなしゅうせよとの教えである。「なんじを訴えて下着を取らんとする者には上着をもまた取らせよ……なんじに求むる者には与え、借らんとする者をしりぞくるなかれ」とはイエスの明白なる教訓である。教会が信仰の証明として何ものよりも重く見るところの、そのバプテスマの式なるものは、死の標象にほかならないのである。

> イエス・キリストに合わんとてバプテスマを受けし者は、その死に合わんとてこれを受けしなることを、なんじら知らざるか（ロマ書六・三）

とある。まことにキリストの福音はニーチェ哲学の正反対である。うべなり、ニーチェがキリスト教をののしりて「奴隷の道徳」と言いしは。

しかして平和と満足と愛と幸福とは「生の哲学」においてあらずして十字架の福音においてあるのである。生は生を獲《え》んと欲して得らるるものではない。生は生を捨ててのみ得らるるものである。すなわちキリストの言いたまいしがごとし。

おおよそ、その生命を救《たす》けんとする者はこれを失い、もしその生命を失わん者はこれを保つを得べし（ルカ伝一七・三三）

と。死は生に入るための唯一の門である。われら日々に生きんと欲すれば、パウロのごとくに日々に死ぬるの必要があるのである。現今《いま》の「生の哲学」はその根本において誤っている。第二十世紀の不安と困苦と、その「有史以来の最大戦争」は、この誤りたる哲学の結果にほかならないのである。生きんと欲するか、死せよ。奪《と》らんと欲するか、与えよ。人に主たらんと欲するか、そのしもべとなりて仕えよ。競争は相互《あいたがい》に善をなさんと欲する時にのみおこなえよ。他国を侵す国家は滅ぶべし。他宗をののしる宗教は衰うべし。これを称して「キリストの律法」（ガラテヤ書六・二）と言う。しかるにああ、今のキリスト教国は！　そのドイツは！　その英国は！　プッシュ、プッシュ（前へ、前へ）と言いて物質の収得を人生唯一の目的とするその米国は！　しかしてこれら偽りのキリスト教国にならわんとする日本は！　彼らは「生の哲学」に拠りてみずから死を招きつつあるのである。しかしてキリスト教会と称するものまでが今やこの誤りたる哲学によって歩みつつあるのである。「生の哲学」に対する十字架の福音……われらの今日唱うべきものはこの福音である（コリント前書二・二）。（一九一五年七月『聖書之研究』）。

欲しきもの

欲《ほ》しきものは十万円の教会堂ではない。これを満たすための、貴族と富者と政治家と実業家とより成る信者ではない。かかるものは古わらじまたは鉄滓《かなくそ》にもひとしきものである。無いは有るにまさるものである。欲しきものは真理である。単純なる福音である。僅少の文字をもって言い表わすことのできる神の真理である。わが全性に響きわたり、しかしてまたやがては全宇宙に響きわたる単純なる真理である。われはかかる真理のたまものにあずからんことを願う。「天国は、好き真珠を求めんとする商人のごとし。一ツの値高き真珠を見出ださば、その持ち物をことごとく売りて、これを買うなり」（マタイ伝一三・四五―四六）とある。われはその商人である。その真珠を求むる者である。もしこれを見出ださば、われはわが持ち物をことごとく売りてこれを買わんと欲す。しかり、単純なる真理、聖書の一節、キリストの一言、しかしてこれを見るの眼、解するの心。これは、すべての哲学、すべての神学、全国または全世界、総理大臣の椅子、大監督の地位よりもはるかに貴きものである。しかして神は彼を愛する者に、その祈禱にこたえて、これを与えたもう。

（一九一七年二月『聖書之研究』）

福音の律法化〔注〕

世に恐ろしいものとて、律法として見たるキリスト教のごときはない。いくら尽くしたところで不完全であるのであって、完全なるクリスチャンにはなり得ないのである。「誰かこの任に耐えんや」（コリント後書二・一六）である。最善を尽くして、「われは無益なるしもべなり。なすべき事をなしたるのみ」（ルカ伝一七・一〇）と言うよりほかはないのである。こんな苦しい教えのまたと他にありようはずがない。そしてキリスト教を律法と見て、人にその実行を迫りて、弊害百出、とどまるところを知らずである。多くの宗教戦争はこの誤ったる見方より起こった。キリスト教界が地獄のような所であるは、同じ謬見（びゅうけん）によるのである。教えと言えば命令であると思う。信者と言えば祖師の命令をそのまま実行する者、実行し得ざる者はすべて偽信者（にせしんじゃ）であると言う。それゆえに、自己を除くすべての信者が偽信者に見え、ゆえに批判攻撃が絶えないのである。かくてキリスト教会にけんかの絶ゆる時はない。イエスの名を唱うる教会がパリサイ人の教会となったのである。矛盾の極である。しかしその原因を探るに難（かた）くない。

キリスト教は律法でない。こんな明白なことはない。キリスト教は福音である。神の恩恵の福音である。罪のゆるしの福音である。こんなありがたいものはまたと他にありようはずがない。ゆえに、キリスト信者の団体たるべき教会ほど居心地の好い所のありようはずがない。ここは、罪が摘発され、批判され、追窮せらるべき所にあらずして、おおい隠され、ゆるされ、忘れらるべき所である。すなわちキリスト教会は、罪のゆるしの福音が唱えられ、実行せらるべき所である。しかるに事実はその反対である。キリスト教会はたいていは罪の審判のおこなわるる所である。冷酷な、無慈悲な、峻烈（しゅんれつ）な所である。何ゆえにしかるか。キリスト教がモーセの律法以上の律法として信ぜらるるからである。ここに、最も善きものが、その見方の誤りたるがゆえに、最も悪しきものと化したのである。福音として見たるキリスト教は最も喜ばしきもの、律法として見たるキリスト教は最もいとうべきものである。哲学者ニーチェの有名なる言たる、「キリスト教はすべてのものの内で最も悪しきものなり」とは、律法として見たるキリスト教に当てはむべきである。われらが教会とその教えとをいとうはこれがゆえである。これは「パリサイのパン種」（ルカ伝一二・一）である。キリストの福音を律法化したものであって、まことにこんな悪い事は他にないのである。

（一九二九年七月『聖書之研究』）

注　著者が最後の病床で綴って、「病閑雑記」と題して発表したものの一つ。

クリスマス

＜クリスマスの意義＞

クリスマス演説 (一)

キリスト降世の意義

キリストが世にくだりたまいしという事は、ただに一人のえらい人が世に現われたという事ではありません。世には孔孟釈基（こうもうしゃくき）と唱えて、キリストを孔子、孟子、釈迦などと同日に談ずる人がありますが、しかし、われらキリスト信者はキリストをそうは見ないのであります。したがってキリストの降誕を単に一人の嬰児（みどりご）の誕生として見ないのであります。キリストの誰なるか、その事に関する聖書の啓示（しめし）は明白であります。しかして私どもは聖霊の啓示によって、聖書のその啓示の真理であることを知るのであります。

預言者イザヤはかつて預言して言いました、

一人の嬰児、われらのために生まれたり。われらは一人の子を与えられたり。まつりごとはその肩にあり、その名は「霊妙なる議士、大能の神、とこしえの父、平和の君」ととなえられん（イザヤ書九・六）

と。しかしてキリストはこの預言に応（かな）うて生まるべき者であります。「霊妙」「議士」の説明はこれを他日に譲ることにいたしまして、この一人の嬰児が「大能の神、とこしえの父、平和の君」の名を担（にな）うべき者であることは、預言者のこの言が明らかに示すところであります。神はついに自己を人にあらわしたもうべし、しかして自己をあらわしたもうにあたってご自身肉体を取りて人のうちにくだりたもうべしとは、イスラエル人全体の信念であって、またその希望でありました。しかして神はこの希望にかなわせんがために、そのひとり子を世におくりたもうたのであります。しかして、かくのごとくにして生まれたまいし者が、キリストととなえられしナザレのイエスであります。もちろん世の人はかかる事を聞いて笑います。また近ごろはみずからキリスト信者なりと称（とな）うる人の中にもこの事を否認する人が少なくありません。しかし人の批評はどうでもよいのであります。聖書の啓示は明白であります。信者の確信もまた動きません。もしキリストがただの人でありますならば、キリスト教は倒れてしまうのであります。人類はその最大の希望を失うのであります。救いとか永生とかいうことは全く意味のないことになるのであります。

言(ことば)肉体となりて、われらの間に宿りたまえり。われら、その栄えを見るに、まことに父の生みたまえるひとり子の栄えにして、恩寵（めぐみ）と真理（まこと）にて満てり（ヨハネ伝一・一四）

とあります。ここに言う言(ことば)とは、道理ではありません。また宇宙の原理というがごとき漠然たるものではありません。言とは自己(おのれ)をあらわしたもう神であります。はじめに神と共にあり、万物これによりて造られ、造られたるものにして一としてこれによらで造られしはなき神であります。その言、その造化の神、人の生命（いのち）にしてその光が肉体となりてわれらの間にくだりたまえりという事であります。まことに驚くべき事であります。信じがたい事であります。しかし事実であります。事実でなくてはなりません。事実であってほしくあります。もし人類の父なる真(まこと)の神がまことにあるとしますれば、かかる事はあるべきはずであります。

われらに父を示したまえ。さらば足れり

とのピリポの言は、人類全体の心の奥底より発する言であります。われら各自は父を知りたく欲（おも）うのであります。しかして人は何びとも、完全に父をわれらに示すことができないのであります。また人は何びとも、死と敗壊(やぶれ)より救われたく欲うのであります。しかし人は何びとも、われらに不朽の生命を与うることができないのであります。神のみが、神を完全に人に示すことができるのであります。生ける神のみがわれらのうちにありて死に勝つことができるのであります。もし神が人となりて世にくだりたまわないならば、神は永久にわれらの疑問としてのこるのであります。また人は永久に死のなわめよりまぬかるることができないのであります。神が人となりてわれら人類の間にくだりたまいたればこそ、ここに初めて神と人との間に真実(まこと)の交通が始まり、神は真実に人の父となり、人は真実に神の子となり得るその道が開けたのであります。愛がなし得ない事はないのであります。神の愛がなし得ない事はありません。神の愛が宇宙とその中にある万物を造ったのであります。神の愛がこれをささえて今日に至ったのであります。しかしてその同じ神の愛がついに神ご自身をして、天にあるその栄光(さかえ)をぬいで、卑しき人の肉体を取り、われらの一人としてわれらの間に宿らしめたのであります。これもちろん奇跡であります。最大の奇跡であります。しかし奇跡なればとて否定することはできません。愛は奇跡をおこないます。神の愛はついに神ご自身をして人として世にくだらしめたもうに至ったのであります。驚くべき愛、しかしてこの愛に伴う驚くべき奇跡。その愛を信じて、その奇跡を信ずるに難(かた)くありません。

　それ神は、その生みたまえるひとり子を賜うほどに、世の人を愛したまえり(ヨハネ伝三・一六)

　なんじら、われらの主イエス・キリストの恵みを知るべし。彼は富める者なりしが、なんじらのために貧しき者となれり。これ、なんじらが彼の貧しきによりて富める者とならんためなり(コリント後書八・九)

　彼(キリスト)は神の(本)体にていませしかども、みずからその神とひとしくあるところのことを捨てがたき事と思わず、かえっておのれをむなしゅうし、しもべのかたちを取りて、人の姿になれり(ピリピ書二・六―七)

　神、昔は多くの区別(わかち)をなし、多くの方法をもて、預言者たちにより、先祖たちに告げたまいしが、この終わりの時にはその子によりてわれらに告げたまえり(ヘブル書一・一―二)

　キリストの降世は、神が人類を愛したもうその愛が因(もと)となってあった事であります。キリストはこの事をなすにあたって、万物をおのれに有したもうその富を去って、われらのために貧生涯に入りたもうたのであります。キリストはもともと神の本体にましまして、神とひとしき者であったのであります。しかるに、われらを罪とその結果たる死より救わんために、天の栄光を捨て、しもべのかたちを取りて、われらの間に宿りたもうたのであります。彼は同時にまた完全に神をわれらに示す者であります。神のおくりたまいし最後の預言者でありまして、預言者以上の者であります。彼はすなわち「子」であります。

　神の栄えの輝き、その質の真の姿なり（ヘブル書一・三）

とヘブル書の記者は続いて言うております。聖書はかくのごとくにキリストとその降世とを説いております。しかして私どももまたかくのごとくに彼と彼の降誕とを解すべきであります。

　かかる絶大の奇跡がこの世においておこなわれたのであります。しかしてその結果として、世に大変動の来たったのは言うまでもありません。これによって歴史は一変したのであります。マリヤの讃美歌にありますように、神はこれによって、

　　権力ある者を王座より引きおろし
　卑しき者を上げたもう（ルカ伝一・五二）

たのであります。貴賤上下が転倒したのであります。大革命がこの世全体に臨んだのであります。しかして事はここにとどまりません。宇宙の改造が始まったのであります。滅びのしもべたりし受造物が、神の子たちの栄えなる自由に入る（ロマ書八・二一）の道が開けたのであります。事はさらにここにとどまりません、神ご自身の構成に変化が来たのであります。（私は敬畏（おそれ）をもってかかることばを使います）。三位の一なる聖子がこの時、その神たるの性を去りて、人となりたもうたのであります。今より後、子はもはや神ではなくして、人でありたもうのであります。この時、天の聖家庭は、罪に沈める人類を救わんがために破壊されてしもうたのであります。聖天子はあわれむべき臣民を救わんがために、その一人の皇太子を庶民となして、これを彼らのうちに送りたもうたのであります。聖子が人となりて人類の間にくだりてより後は、天には子なる神はなくなったのであります。今ある者は神ではありません。「人なるキリスト・イエス」（テモテ前書二・五）であります。彼が肉体となりてわれらの間に宿りたまいしはわずかに三十三年の短年月をもってやんだのであります。彼はこの時より永久に人となりたもうたのであります。ゆえに彼は言いたまいました、

　神のわれに与えたまえる子どもを見よ（ヘブル書二・三）

と。

　このゆえに、彼は彼らを兄弟と称（とな）うるを恥と

したまわず（同二・一一）

と。また

われ、なんじ（父）の名をわが兄弟に示さん。なんじを（彼らと共に）会衆の中にほめん（同二・一二）

と。受肉後の聖子は神たるをやめて人となりたもうたのであります。しかして彼は今なおわれらの兄弟でありたもうのであります。父にとりての犠牲にこの上はありません。子にとりての謙遜にまたこの上はありません。まことに

われら、となえられて神の子たることを得たり。これ父のわれらに賜ういかばかりの愛ぞ（ヨハネ第一書三・一）

ああ実にいかばかりの愛ぞ。われらはこの事を知りて、神のこの最大最美の賜物（たまもの）の無限に貴い理由がわかるのであります。パウロはかつて言いました、

その言い尽くされぬ神の賜物によりて、われ、神に感謝するなり（コリント後書九・一五）

と。キリストはまことに「言い尽くされぬ神の賜物」であります。その価値（ねうち）を言い表わすにことばはありません。全宇宙を賜うよりも大なる賜物であります。最愛のひとり子を賜うたのであります。アブラハムがその敵のために彼のひとり子イサクを与えたと見てよいのであります。われわれ人間にとりても、わが子を与うるはわれ自身を与うるよりもつらくあります。しかるに神はそのひとり子をわれらのために、しかもわれら罪人（つみびと）のために与えたもうたのであります。一時ではありません。わずか三十三年の間、人となしたもうたのではありません。永久に、世々限りなく、人となしたもうたのである。われら罪人のために、世々限りなく、天の聖家庭を破壊してしまいたもうたのであります。これいかばかりの愛ぞ。しかし宇宙万物を造りたまいし神にはかかる愛があるのであります。この事をわれらに告げ知らすのがキリストの福音であります。

しかしてかかる愛がキリストをもってわれらに示されしことを知るがゆえに、われらの恐怖（おそれ）は全く消え去るのであります。

おのれの子を惜しまずしてわれらすべてのためにこれを渡せる者は、などか彼にあわせて万物をもわれらに賜わざらんや（ロマ書八・三二）

とのパウロの言を聞いて、われらはその深い意味がよく

わかるのであります。キリストをわれらに賜いし神は、彼にあわせて、すでにすでに万物をわれらに賜うたのであります。パウロはまたかつてキリスト信者の財産を数えて言いました、

あるいはパウロ、あるいはアポロ、あるいはケパ、あるいは世界、あるいは生、あるいは死、あるいは今あるもの、あるいは後にある者、これみななんじらのものなり。しかしてなんじらはキリストのもの、キリストは神のものなり(コリント前書三・二二―二三)

と。しかり、死そのものさえもわれらのものであるとのことであります。まことにキリストによりて、われらは死のものたらずして、死がわれらのものとなったのであります。死までがわれらの利用すべきもの、われらに感謝を供するもの、われらを導きて父の所に至らしむるものとなったのであります。まことに神がキリストをわれらに賜いしその主《おも》なる目的の一つは、

死を恐れて生涯つながるる者を放たんため(ヘブル書二・一五)

であります。しかしてこの目的は、キリストの降世と彼の十字架上の死とによって美事に達せられたのであります。

キリスト降世の意味はかくも深長なるものでありません。ただに一偉人が生まれたのではありません。ただにすぐれたる道徳が説かれたのではありません。ただに一光明が世に輝いたのではありません。神が人となりたもうたのであります。人の光が世に臨んだのであります。神の愛が事実的におこなわれたのであります。世にこれにまさるの大事件はありません。百のシーザーが生まれようが、千のソクラテスが世に出でようが、神のひとり子がその聖座を捨てて人となりたもうた、しかも永久に人となりたもうたということの事にまさる事件ではありません。文明世界が今やその暦を作るにあたって紀元をキリストの降世に取るのは決して怪しむに足りません。歴史の中心点はユダヤの山地なるベツレヘムにおいてあります。今を去る千九百十五年前(西洋暦に三年の違算がありますか)、処女マリヤがベツレヘムの飼葉おけの中に聖き初子《ういご》を生みし時に、人類の歴史はその新紀元に入り、宇宙の改造は始まり、神ご自身にまで大変化が来たのであります。その事を知りて、その時、多くの天軍現われ、天使と共に神をほめて、

いと高き所には栄光、神にあれ
地には平康、人には恵みあれ

と歌いたりと聞いて、われらは怪しまないのであります。天地が成った時にさえ、

明けの星、相ともに歌い、神の子たちみな喜びて呼ばわりぬ（ヨブ記三八・七）

とあります。まして神のひとり子が第二のアダムとして世に現われたまいし時においてをや。天軍天使がこの時ユダヤの山地の静粛を破って神をたたえて歌いしというは、さもあるべきであります。

さればわれらもまた喜ぶべきであります。われらもまた賛美すべきであります。われらもまたすべての恐怖を脱して、神の子たるの栄えなる自由の生涯に入るべきであります。しかしてかかる絶大無比の賜物（たまもの）に対しては、われらもまた

その身を神のみこころにかなう聖き生ける供え物となし、これを神にささぐべき（ロマ書一二・一）

であります。これ当然（なすべき）の祭であります。ことにこの時に際して当然の祭であります。神はそのひとり子をさえ惜しまずして、これをわれらに賜いました。われらはこれに報いんがために何を神にささげましたか。クリスマスはただにうれしい、うれしいと言いて遊ぶべき時ではありません。深く考え、深く決心し、深く感謝して、神とキリストと同胞とのために蹶然（けつぜん）立って働くべき時であります。

（一九一二年十二月「聖書之研究」）

聖誕節の教訓

一、ダビデの裔（すえ）より生まる（ロマ書一・三、マタイ伝一章、ルカ伝三・二三以下）

イエスはユダヤ人の理想を身に体して生まれたりとの意である。父祖の希望も預言者の理想も、詩人の祈願も、すべて彼にありて成就（じょうじゅ）されたりとのことである。彼はまことに聖民の精華であったのである。真正の意味において「ユダヤ人の王」であったのである。その血統において、その人格において、その理想において、彼は純潔無垢のユダヤ人であったのである。

二、処女マリヤによりて生まる（マタイ伝一・二三、ルカ伝

一・二六以下）

イエスは特別に神によりてつかわされたる者なりとの意である。すなわちヨハネ伝記者の言いしがごとく、

かかる人は血脈によるにあらず、情欲によるにあらず、人の意（こころ）によるにあらず、ただ神によりて生まれしなり

との意にかないたる者である。イエスはヨセフによって生まれたのではない。またマリヤによって生まれたのではない。聖霊によって生まれたのである。すなわち直ちに神によって世におくられたのである。イエスに限らない、すべての偉人はかくのごとくにして世におくらるる者である。その父と母とは単に出世の機械として使わるるにすぎない。偉人の出世は遺伝の法則をもってしてこれを説明することはできない、カーライルがしばしば唱えしがごとく、偉人はすべて神の特産物である。しかしてイエスのごとき偉人において、われらは特にそのしかるを見るのである。イエスが後日、その母に向かって、

女よ、なんじとわれと何のかかわりあらんや（ヨハネ伝二・四）

と言われしは、その中に深き意味があることである。イエスはマリヤの子であってまた彼女の子でなかったのである。彼は神の聖旨（みこころ）を成すために直ちに神よりおくられたる者である。イエスにもまたパウロとひとしく、

血肉と謀（はか）ることをせず（ガラテヤ書一・一六）

神の命に従うの機会があったのである。処女の懐胎と聞いて、われらは奇異の感を起こさざるを得ないが、しかしこれを神人特遣の道と解して、その奥義をさとるに難（かた）くない。

三、イエス、ベツレヘムなる客舎の飼葉おけの中に生まる（ルカ伝二・七）

神によって生まれし人は神によって立たざるべからず。彼は境遇の寵児たるべからず。万民の救い主は貧者の一人たらざるべからず。神はその愛子を飼葉おけの中に送りて、まず第一に家畜と貧者とを祝したもうたのである。美服を着たる人、錦繡（きんしゅう）をまとうておれる者は王の宮にあり。されども神は特に草盧（そうろ）の純樸（じゅんぼく）美を愛したもう。神の子はその呱々（ここ）の声を飼葉おけの中に揚げて、永久に貧を祝して富をのろいたもうたのである。イエスをもって大なる革命

はこの世に臨んだ。彼の降世をもって貴賤はその位地を転倒したのである。しかしてその革命運動は今もなお静かにおこなわれつゝある。神の子が飼葉おけの中に生まれたりと聞いて、王者は震え、貧者は歓呼したのである。

四、天軍、牧者に現わる（ルカ伝二・八以下）

万民救済の喜びのおとずれはまず純樸の民に伝えられたりとのことである。エルサレムの神殿に多くの祭司の神事をつかさどるありしに、また多くの学者らは日々に聖書をひもときて、メシヤの到来を待ちつゝありしに、神は彼らに聖子降世の喜信を告げたまわずして、野にありて羊を飼いし者にまずこれを伝えたまえりという。まことに貧しき者はさいわいである。彼らはすべての人に先だちて天国の福音を聞かせらる。ヒレル何者ぞ。ガマリエル何びとぞ。神は知者を恥ずかしめんとて世の愚かなる人を選びたもうにあらずや。しかり、学者何者ぞ。博士何者ぞ。神の事に関しては農夫と牧者と職工と商人とは彼らにまさりてはるかに慧（さと）き者である。天の万軍は今もなお牧者とその同階級の者とに現われて救いの福音を伝えつゝある。学者はあざけり、知者はののしり、教職と称する今の祭司らは聖書をひもときて古き伝説を弁証せんと努めつゝある間に、天使はその清き声をもって労働の子らに天の福音を唱えつゝある。天使が牧者に現われてメシヤの降臨を告げしと聞いて、神学者らはその講堂にありてははなはだしく憤懣（ふんまん）したのである。キリスト教はその始めより平信徒の宗教である。教職と称する宗教専門家を忌みきらう宗教である。

五、新星、ベツレヘムの上に現わる（マタイ伝二・一、二、七、九、一〇）

嬰児（えいじ）は槽中（そうちゅう）に生まれ、天使は牧者に現われ、瑞星は天に現われた。貧と労働と天然とは期せずして同時にイエスを迎えた。イエスの降誕は人類にのみ関係のある事ではない、これはまた天然にも深き関係のある事である。

> それ被造物の切なる望みは、神の子たちのあらわれんことなり（ロマ書八・一九）

と言う。人は万物の長であって、イエスは人のかしらである。造化はイエスに達してその終極に達したのである。もし造化に声あらんか、彼もまたこの時声を揚げて叫びしならん。天地の初めて成りし時に

明けの星、相ともに歌い、神の子たちなみな喜びて呼ばわりぬ（ヨブ記三八・七）

と言う。今や造化の最美の産たる神のひとり子の出現に際して、造化は再び喜び喜ばざらんや。宇宙はもとこれ一体である。人事と天然とは深く相関連している。天の時を待って人の和はきたる。星現われて聖子生まれしか、聖子生まれしがゆえに星現われしか。しからざりしならん。星と聖子とは同時に現われしならん。栄光、天に輝きし時に、地に平和は臨みしならん。イエスは神の聖旨に従い、人類の要求に応じ、天の時を得て、ベツレヘムの客舎に生まれたもうたのである。

六、博士、東方よりおとずれ来たる（マタイ伝二・一以下）

国の中にありては家畜と牧者とはイエスを迎えた。国の外よりは異邦の博士らは彼をおとずれた。まことに預言者はそのふるさとにては敬わるる者にあらず。ユダヤに多くの博士はおりしも、その一人だもイエスの生まるるを知らなかった。灯台下暗し。大なる光輝は遠きを照らして近きをくらます。

光は暗きに照り、暗きはこれをさとらざりき
彼、おのれの国に来たりしに、その民、彼を受けざりき
多くの人々、東より西より来たりて、アブラハム、イサク、ヤコブと共に天国に坐し、国の子らは外の暗きに追い出だされ、そこにて悲しみ歯がみすることあらん

イエスを受けざりし者は彼の国人と貴族と教会とであった。牧者は彼を拝せしも、王者は彼を殺さんとした。外の博士らは彼をおとずれ来たりしも、内の博士らは彼を無視した。まことにイエスの全生涯は、上の排斥と下の歓迎と、内の迫害と外の優遇とのそれであった。しかして彼が生まれし時にそうであって、今もなおそうである。彼にして今再び生まれたまわんか、彼を第一に排斥する者は今のいわゆるキリスト教会であろう。その監督と長老と牧師と伝道師とであろう。しかし彼らは貴族と相結びて彼を社交的に殺してしまうであろう。しかも彼は多くの「不信者」の受くるところとなるであろう。無神論者とユダヤ人と社会主義者とはかえって彼を迎うるであろう。しかして真理は教会の手より奪われて異信の徒に与えられるであろう。

以上は、イエスの誕生に関する聖書の記事がわれらに伝うる永久の真理である。その中に歴史的事実として疑わしきふしはありもしよう。しかしながら、その伝うる心霊的真理は永久に変わるものでない。歴史的に正確なればとて、記事は必ずしも実際的に価値のあるものではない。多くの歴史的事実は多くの心霊的虚偽を教うるものである。真理は歴史によってのみならず、また詩歌によって、また神話によって伝えらる。最大の事実は、有った事ではない、有るべき事である。歴史は有った事の記録であって、詩歌は有るべき事の予言である。理想のみが唯一の永久不変の事実である。われらは理想を学ばんと欲して歴史家にのみたよってはならない。

成るべき事は必ず成る。有るべき事は必ず有る。有るべきことはすでに有ったかも知れない。理想の人が生まれし時に理想の事は有ったかも知れない。イエスは誰か。人の子か、もししからんには、彼の誕生に関する記事は妄譚（もうたん）であろう。はたして神の子なるか、もししからんには、彼が、永久の真理を示すべき多くの異象に伴われて世に生まれ出でたまいしとは信じがたいことではない。旧記を否定するはいたって易（やす）くある。しかし深慮は否定に先だつべきである。教会の破門を恐れてにあらず（余輩はこれを恐れず、かえってこれを歓迎す）、真理に忠実ならんために、余輩は今なおイエスの奇跡的出生の記事を単に「うるわしき神話」としてのみ受け取ることのできない者である。

（一九〇九年十二月『聖書之研究』）

ベツレヘムの星 (一)

十二月二十一日、丸の内衛生会講堂において

ベツレヘムの星と言えば、すべてのクリスチャンの耳に最もうるわしき響きを伝う。いまだその意義のいかんを知らずしてすでに無量の感慨を促さずんばやまない。語そのものが詩である、歌である。しかしながら事はただに詩または歌ではない。その中に深き真理がある。クリスチャンはこれを探りて、神の与えんとしたもう大なる恩恵にあずかるべきである。

神の子イエス・キリストの降誕に際し、天に常ならぬ星現われて、東方の博士ら、これに導かれ、ついにベツ

レヘムに至りて、彼を拝したという。これを一種の童話と解し、日曜学校の小児らが三人の学者に扮装《ふんそう》して、クリスマスの歌をうたい、銀の星を指さしつつ、星よ星よと言いて進み行くがごときは、興味多き遊戯なりといえども、少しくこれを常識または学問に訴えんか、はなはだ怪しむべき伝説たるをまぬかれない、かくのごときはとうてい有り得べからざることである、この種の記事は古代の理想すなわち迷信を伝えたるものにして、もちろん信用をおくに足らないと。これ多くの人の考うるところである。しかしてすべて聖書中、難解の記事に遭遇する時は、これを古代の迷信と呼びまたはユダヤ的思想となして説き去らんことはきわめて容易である。かくのごとくして、奇跡も復活も昇天も再臨もみな葬り去ることができるであろう。しかしながら解釈の容易なるは必ずしもさいわいなるゆえんではない。これらの記事を除くと共に聖書はその力を失いて聖書たらざるに至る。聖書が神のなしたまいし事実の記録たる以上、その奇跡の書たるは当然である。ゆえに聖書中の記事はこれを軽々しく迷信なりと断定せざるをよしとする。われらはまずこれを学問の立場より説明せんことを努力すべきである。

注意すべきは、マタイ伝第二章の記事の歴史的性質を帯ぶることである。多くの大家、しかも冷静なる学者がこれを証明する。王ヘロデが人をつかわして、ベツレヘムおよびその地方の二歳以下の男児をことごとく殺さしめたりというがごときは、吾人今日の立場より見て信じがたきことなりといえども、ユダヤの史家ヨセファスの筆に成りし当時の歴史、ことにヘロデについて詳記したるものを見るに、彼は決してかかる残虐をおこのうに躊躇《ちゅうちょ》せざりし人物なるを知る。彼は我欲のためには人命を奪うことをはばからず、自己の妻子をも殺戮《さつりく》して、その宮廷は悲惨をきわめたるものであった。かくのごとき王にしてこの事ありしは毫《ごう》も怪しむに足りない。マタイ伝第二章の記事の歴史的真実は大体においてこれを拒むことができない。

さらば、イエスの生まれたる時新しき星の出現あり、これに導かれて、東方（バビロンか、ペルシヤか、インドか、あるいはシナか）の学者たち、はるばるエルサレムにおもむき、さらに南六マイルの地ベツレヘムまで至れば、すなわち星の告知ことごとく明白にせられて、彼らは大なる歓喜をもって喜びしとの記事はたして事実であるか。ある人はこれをもって有り得べからざる事となし、星占いの一種にすぎずと言う。しかしながらかくの断ずるはおおむね星について学びしことなき人々である。今の人は多く星について知らない。彼らの学ぶところはみな地のことである。経済学といい採鉱学という。みな小なる地球に関する探索にすぎない。されども目を挙げて見よ。地上の花の衰えたるころよりようやくその光輝を増し、しかして地上より花の全く絶えたる冬の夜に至りて荘美の絶頂に達するかの天上の花を見よ。神は無限大の蒼穹（そうきゅう）にルビー、真珠、金剛石、その他何をもっても比すべからざる幾百万の宝玉をちりばめたもうたのである。そのわれらの肉眼に映ずるもののみにても五千乃至（ないし）六千を数うるを得べく、しかもパウロの注意したるがごとく、かの星とこの星とみな一々その栄光を異にし、青きあり、黄なるあり、赤きあり、だいだい色なるあり。東天燦然（さんぜん）として輝きつつ、あけぼのを待てる一個の金星を望み見るだにハレルヤの声はおのずからわれらの口よりわかざるを得ないのである、これを一種の娯楽として見るも、清くして有益なるは星の研究である。しかして古代の民が星を見て楽しみたるははるかに今人よりも上であった。ことにアラビヤまたはイラン高原（ペルシヤ）等、天空爽快（そうかい）にして晴朗なる地方においては、けだし星の望見は万人の日々の話題であったであろう。今日二十世紀の書に現わるる星の名称のごとき、その多くはアラビヤ語である。たとえばアルデバラン、アルゴール、アルタヤ等の「アル」は、英語の the に相当するアラビヤ語の定冠詞である。もって彼らの天文学の進歩を窺（うかが）うに足る。彼らの問題は地の事にあらずして天の事であった。新星の出現のごときは彼らの興味の焦点であった。今日われらが七曜または暦等につき負うところ大なる天文学の発見は実に現代の学者の功績にあらずして、これをさかのぼれば有史以前の時代に帰着するのである。学者の計算によれば、暦の制定は少なくとも四千年または五千年の昔に始まるという。さらばモーセがイスラエルの人々を率いてエジプトを出でしころ、すでに天体に関する精密なる観測がおこなわれておったのである。

東方の「博士」と言う。語は今日のいわゆる博士を連想せしむるも、これ偶然の配合にすぎない。その原語マガイはペルシャ語である。すなわちバビロンよりさらに東方に住みし文明人種の語である。しかしてマガイとは貴むべき人々であった。彼らはまず道徳、宗教の事を究《きわ》めなければならなかった。また国政の善悪につき王の諮問《しもん》に応じなければならなかった。またその道徳を根底として天然のいっさいを研究しなければならなかった。学問として当時最も進歩したる天文学は彼らの精通するところであった。ゆえに彼らは最古の文明国における預言者また宗教家にして、政治家以上の政治家たり、加うるに天文学者であった。彼らは人と神との関係を究め、道徳を中心としたる宇宙観、人生観を有した。彼らは天を見、人を見、自己を見、歴史を見、すべての方面より、神のいかにして人類を導きたもうかを観察したのである。しかしてかくのごときマガイが、ある時星の出現を望み、これをその他の暗示と総合して、救い主の世に出づべき時なるを悟ったのである。

新星の出現は、ある異変または偉人の出生を表示すとは、古来言い伝うるところである。もちろん星のみをもって判断を下すことはできない。しかしながら、星といい、夢といい、これを全然無意義として排斥し去るは一顧を要するところである。余自身にありても、かつて余の生涯に関するあまりに意味深き夢を見たることありて、翌朝これを書き留めおきしに、爾来、幾多の浮沈ありしといえども、余の生涯は実にその夢の告知のごとく実現したのである。ダニエル書に現わるるネブカデネザル王の夢もまた一例である。星もまたしかり。すべての星の告知を無意義となすなかれ。ある事においては星の出現はわれらに教うるところあるを留保すべきである。

天にありて光輝強き木星、土星の二星は、二十年に一回、交会することがある。その時、燦然《さんぜん》たる光輝はいっそう顕著である。しかして有名なる天文学者ケプラーの計算によれば、この現象は常に大人物の出現と相伴いしという。すなわちモーセ、クロス王（イスラエルをバビロンより釈放したる）、シャーレマン、ルーテルらの出生の時にこの事が繰り返されたのである。ことに最も注意すべきは、ローマ建国の七四七年、キリスト降誕に先だつ二年の時、この現象（すなわち木土二星の交会）を呈すること、一年中三回の多きに及びしという。この事実はグリニッチ天文台の承認するところにして、信仰の問題を離れてなお一個の特別なる出来事であった。しかして長き研究の結果、木星、土星の交会と偉人の出現との関係を知りしマガイらが、この特別なる出来事により、人類の期待したる救い主の出現に想到したるはまことに自然である。

またキリスト降世前百二十五年、天文学者ヒッパルカス初めて星図を編製した。その動機は、特殊の星の出現により天体の観察一変したるにあるという。しかるに紀元百五十年、エジプトの学者プトレミーがヒッパルカスの事業を継ぎし時には、その特殊なる星はほとんど光を滅失しておったのである。よって知る、キリストの生誕当時、一個の光輝ある星の現われおりしことを。今日までこの種の特別なる星の出現は前後二十七回に及びその最も著名なるは、一五七二年よりおよそ一年五カ月の間、北方に現われたるものであった。その光輝強烈にして、日中なおこれを望むことができたという。ベツレヘムの星とはあるいはかくのごとき星ではなかったか。

博士たちは星の出現を見た。しかしてこの星の代表すべき人物のいずこにあるかを知らんがため、彼らはこれを望みつつ出発した。けだし、ある人のために現われたる星は、夜の十二時に当たり、その人の頭上絶頂の所にあるべきはずなるがゆえに、そのはたしていずこなるかを探らんと欲したのである。昔の天文学者のこれを探りし方法は簡単であった。すなわち深き井戸を上より見おろして、中央にその星の影の立つ所をもってこれを定むるのである。博士たち、エルサレムにまでいたりしも、いまだ精確に決定するあたわず、たまたまユダヤの学者たち、聖書の上より救い主の出生のベツレヘムにあるべきを論じたるより、さらにその地をさして出発した。パレスチナの旅行は日中の暑気を避けて、おおむね夜間におこなわる。博士たち、かの星のわが頭上に来たるはいずこぞと、これに導かれつつ進みてベツレヘムにいたり、しかしてある井戸のかたわらに立ちて試みに俯瞰(ふかん)すれば、かの星の影ついに立ちてその中央にあるを見る。ここにおいて彼ら雀躍(じゃくやく)していわく、「これなるかな、これなるかな、ここにわが研究と黙示とが一致したのである」と。

さきに東の方にて見たる星、彼らに先だちて嬰児(えいじ)のおる所(おる家にあらず、その土地を言う。すなわちベツレヘムなり)に至り、その上にと

どまりぬ。彼らこの星を見て、いたく喜び（マタイ伝二・九―一〇）

「いたく喜び」とは、きわめて大なる喜びをもって喜べりとの意である。原語には「喜び」の字を四つ連続してある。たとうるにものなき大なる歓喜である。預言者の歓喜と学者の歓喜との結合したるものである。その一半はこれを学者に聞け。研究多年、ついにその求むるところを発見す、何の歓喜かこれに如（し）かん。その一半はこれを預言者に聞け。迷信狂妄（きょうもう）をもって世よりあざけられしにかかわらず、ついにその預言の成就（じょうじゅ）を見る、何の歓喜かこれに及ばん。マガイらはこの大なる歓喜をもって喜んだのである。いまだ救い主その人に会わざるに先だち、おのが生涯の研究と預言との一致より来たりし言うべからざる歓喜を経験したのである。

神がそのひとり子を世にくだすにあたり、はたして特別なる星を出現せしめたもうたか。今ここにこの問題を詳論するのいとまはない。しかしながら星辰（せいしん）はもと神の造りたまいしものであって、しかしてイエスは神の子である。天地の造り主なる神がその子を送らんと欲して新しき星を出現せしめたもうた事、なんぞ怪しむに足らんである。ことに古代の預言者たり道徳家たり天文学者たりし博士たちが、星に導かれて進み、そのついにおのが頭上絶頂の所に来たりし時、言うべからざる歓喜をもって喜びしとの事実は、学問上いかにしてこれを否定することができるか。すべて聖書の記事はこれを迷信と呼びて嘲笑するに先だち、すべからくまず熟思せよ。研究せよ。しかして学問の証明するところにより、その誤りたるを確信するまで、軽々しき批評を下すをやめよ。われらは学問の上に立ちてなお聖書の信ずべきものたるを明らかならしめんと努力しつつある。これ信仰上決して卑しむべきことではない。神の真理はすべての方面よりこれを証明し擁護すべきである。

ベツレヘムの星は学問上証明し得べき事実である。しかしながら、しばらくその問題のいかんを離るるも、ここに学問を用いずして何びとも解し得べき大なる教訓がある。イエス・キリストの世に生まるるや、最初にこれを認め、しかして彼に相見（まみ）えんがために、黄金、没薬（もっやく）、乳香を携え、らくだにまたがり、山河幾百マイルの道を遠しとせずして、ユフラテスをさかのぼり砂漠を横断してベツレヘムの里にまでたどり着きしははたして誰であったか。彼らは実に東方の学者であった。東洋人であった。当時、学者はギリシャにあり、ローマにあり、預言はユダヤにおいてあった。しかるにもかかわらず、一人の西洋より来たる者なく、ユダヤ人らまた救い主を迎えんとせざるにあたり、はるかに東方の学者が信仰と学問とに導かれて来たりて彼を拝したのである。この一事実は聖書の明記するところにして、何びとといえども疑うことができない。ユダヤ人はおのれの王を迎えず、欧州人は人類の救い主を知らず、ただ東洋人のみこれを知り、これを迎う。まことに東洋の名誉である。西洋の不名誉である。しかしてここにわれらに関係ある深き真理が示さるるのではないか。イエス・キリストの心を最もよく解する者は誰であるか。今日に至るまで、その人はいまだ現われないのではないか。聖書が東洋人の手に渡り、彼らがその謙遜なる信仰と深遠なる研究とをもってこれを解したる時に、イエスは初めて遺憾(いかん)なく人に解せらるるのではないか。われらはかく言いて東洋のために誇らない。また西洋を侮蔑(ぶべつ)せんと欲しない。しかしながらキリスト教の最も深きところは東洋人を待ちて初めて闡明(せんめい)せらるとは、心ある西洋人の期せずして告白するところである。余輩は西洋人の信仰的会合に臨むごとに、何かは知らず一種のもの足りなさを感ぜざるを得ない。西洋の神学書にキリスト論を読むごとに、何ゆえここに触れざるかとの感を禁ずることができない。東洋人には西洋人の有せざる独特の心理状態がある。あたかも婦人がその鋭敏なる直覚によって善悪を鑑別するがごときである。トルストイと並び称せられたる露国の大哲学者ソロヴィエフはその著書中にしるして言うた、「西洋人の解し得ざるところを解するものは東洋人である。われらロシア人はその間に立ちて仲介の労を執らなければならない」と。また有名なる米国の宗教家ホール博士のごとき、シナ、インド、日本等を巡視して得たる感想を公にしていわく、「東洋人は優秀なる霊的感能を有す」と。博士のごときは東洋人に望みを嘱(しょく)することむしろ多きに過ぎたりと言わる。ここに東洋人と言いて、必ずしも主として日本人を意味しない。否、あまりに模倣を好む日本人はかえって小西洋人として終わるにあらざるかのおそれがある。もし日本人ならずとせば、あるいは朝鮮人、あるいはシナ人、あるいはダッタン人、あるいは蒙古人、あるいはチベット人であるかも知れない。かの詩人タゴールのごときは実に東洋人の代表者の一人である。誰か知らん、タゴールの代表したる精神が最もよくキリストを解するところの心にあらざるかを。西洋の宣教師は言う、教会によらずしてキリストを知るあたわずと。しかしながら東方の博士たちは、預言書によらず、シナゴグによらず、良心と天然とをもって伝えられたる神の啓示によって神の子の出現を知り、貴き贈り物を携えてベツレヘムに向かったのである。われらの胸中またこの博士たちの精神がある。東洋人特有の天真なる心情と、神の造りし天然とが相待ちて、イエスをわれらに紹介するのである。われらはもちろん聖書は不要なりと言わない。否、聖書自身がそのマタイ伝の第二章においてこの事をわれらに教うるのである。

知らず、キリスト再び来たりたもう時、最初に彼を認め彼を迎うる者は何びとであろうか。西洋人ことにその神学者らは再臨の信仰を迷妄視して嘲笑しつつある。しかしながら東洋のクリスチャンよ、彼らの言に耳を傾くるなかれ。われらは二千年前の東方の博士のごとく、神のわれらに賜いし特殊の霊感と、天然の啓示と、聖書の明言とにより、西洋人に先だちて、再臨のキリストを認め、われらの黄金と没薬と乳香とを携えて、出でて彼を迎え、彼を拝するであろう。（藤井武筆記）

（一九二〇年二月『聖書之研究』）

クリスマスの意義

神は始めに天地とその中にある万物を造りて、彼の大能と大知とを現わしたもうた。彼は次に人類を造り、これに良心を与えたまい、またモーセ、孔子（こうし）、ソクラテスのごとき人を送りたまいて道徳の律法を定め、もって彼は正義の神であり、すべての事にまさりて正義を愛したもうことを示したもうた。かくのごとくにして、神はおのれの大能と大知と正義とを示したまいしといえども、彼にはいまだこれらのものにまさりてなお善かつ美なるものがあった。しかして彼はついにこれをしもまた示さずしてはやみたまわなかった。それはすなわち彼の愛である。慈悲である。あわれみである。しかして彼はついにキリストをもって、彼の最善最美、最高最深の特性を、天地と人類とに示したもうたのである。神の特性は愛であるとは、人類はキリストによりて初めて聞いたことである。神が全知であり全能であることは、宇宙を探り万物を究（きわ）むればわかる。また神の義であることは、聖人義人の教訓によりてみればわかる。しかしながら、神は愛であるとは、キリストによらずしては会得（わか）らない。しかして神に関する最高知識とは、彼は愛であるとのことである。この事がわかって、われらは神に関し、宇宙に関し、人生に関し、すべてがわかったのである。

クリスマスは、神がこの最高知識を人に供したまいしその記念日である。この日において、神は自己（おのれ）に関する最大最後の自顕をなしたもうたのである。しかしてわれらもまたキリストによりて、神の愛であることを知って、われらの生涯もまたここに全く一変したのである。ここにおいてか苦痛も患難（かんなん）も、しかり、死そのものまでがことごとくその刺（とげ）を失うに至ったのである。神は愛であると知って、人生は涙の谷ならずして歓喜の園となったのである。

クリスマス、ああ楽しきクリスマス、世の人は年が暮るるとて悲しむなれども、われらは栄光の日のさらに一年近づきしを知って喜ぶ。われらは今は神を恐れない。彼を愛する。われらが今日この時、神に向かって発する言はパウロのそれである。すなわち

　その言い尽くされぬ神の賜物（たまもの）によりて、われ、神に感謝するなり（コリント後書九・一五）

と。まことに言い尽くされぬ神の賜物なる主イエス・キリストによりて、われらは神に感謝するのである。

（一九一〇年十二月『聖書之研究』）

ベツレヘムの星 ㈡

みそらにきらめく　千よろずの星は
御神のみいずを　うたいまつれど
救いのたよりと　つみびとの仰ぐ
ひかりはひとつの　ベツレヘムの星

空に輝く星の数に限りありません。しかしながら星の数は幾らあっても、その状態（ありさま）はいかに変わっ

ても、星は星であって、人の心を慰むるに足りません。星の事を知れば知るほど、宇宙は恐ろしい所となり、したがって人生の無聊（ぶりょう）を感ずることますます大であります。無限の距離と無限の時間、その事を知って、人はただ自分の小を知るだけであります。天然を究（きわ）むると称して、星の事を幾ら知ったところで、その結果は悲歎と失望のみであります。

しかるにここに一つの希望の星があります。それはベツレヘムの星であります。「われはダビデの根、またその裔（すえ）なり。われは輝く明けの明星なり」（黙示録二二・一六）と言いたまいし、世を照らす真（まこと）の光であります。彼いまして、われらに真の平安があります。彼いまして、星が示すところの宇宙が恐ろしくない所となります。彼いまして、無限の宇宙が神の宮となります。彼いまして、罪人も子供となりて、天然の庭に楽しく遊ぶことができます。ベツレヘムの星は他のすべての星に意義を供します。彼は人生を聖むると同時に宇宙を潔（きよ）めます。キリストは人類のかしらであって宇宙の中心であります。彼によって見て、星も花も鳥も意義あるものとなり、互いに相関連して一つの聖き目的を達するものとなります。ベツレヘムの星を除いて、星も天然もわかりません。

（一九二二年八月『聖書之研究』）

〔無題（キリストはすでに）〕

キリストはすでに来たりたまえり。彼は再び来たりたもうであろう。彼はマリヤの子として人の間に生まれたまえり。彼は神の子として人類を治めたもうであろう。彼は今やこの世にいましたまわず。しかしそれは暫時である。彼はじきに帰りて、われらの王たりたもうであろう。

見よ、暗きは地をおおい、やみはすべての民をおおわん。されどもなんじの上には主、照り出でたまいて、その栄光、なんじの上にあらわるべし（イザヤ書六〇・二）

とある。彼はこの地をその暗―（黒）にゆだねたまわず、彼はその上に輝き、われらに光をたもうであろう。今や新しきクリスマスが来たりつつある。そは、新しき星がベツレヘムの上空に輝きし時に数倍まさる栄光のクリスマスである。神の子は地をその正統の主人公として承（う）け嗣がんとして来たり―― ――ある。この度は罪を―わんためにあらず、これを滅ぼさんため――……ベツレヘムの星は義の太―〔陽〕として昇らんとしている。新しきクリスマスよ、楽しきかな！

（未発表）

〈クリスマスと平和〉

クリスマス演説 (二)

平和と争闘

いと高きところには栄光、神にあれ。地には平安（おだやか）、人には恩沢（めぐみ）あれ（ルカ伝二・一四）

地に平和を出ださんためにわれ来たれりと思うなかれ。平和を出ださんためにあらず、つるぎを出ださんためなり。それわが来たるは、人をその父にそむかせ、女をその母にそむかせ、嫁をそのしゅうとめにそむかせんためなり。人の敵はその家の者なるべし（マタイ伝一〇・三四―三六）

キリストのこの世に来たりたまいしは平和を来たすためであります。しかるに彼が生まれたまいてより後千九百余年の今日、この世は少しも平和の世ではありません。今年の今日、日本帝国の議会においては、さらに軍備拡張を討議しつつあります。アフリカのソマリランドにおいては、英人が回教徒と戦っております。南アメリカのベネズエラにおいては、英独の二国が軍艦をもってある要求を迫りつつあります。西インドのハイチにおいても、内乱は今済んだばかりであります。ドイツとロシアとは東洋へ向け、新たに軍艦を派遣最中であります。世界各国の軍備は月々に増すばかりで、減ずるの兆候は少しも見えません。平和を祝すべき今年のクリスマスもやはり戦雲をもっておおわれております。

そうして戦争は国と国との間にのみ限りません、米国において、世界の開闢(かいびゃく)以来いまだかつて有ったことのない労働者の大同盟罷工がありまして、その落着はいつのことかわかりません。仏国の南部においては船員の大同盟罷工がおこなわれつつありまして、船は港にはいったきり、動くことはなりません。資本家と労働者との衝突は日々に熱度を高めて来まして、ここに未来の大戦争をきざしております。競争と競争、衝突と衝突、これが紀元の千九百二年のイエス降誕祭における文明世界の状態であります。

そうして今眼を転じて、階級と階級との争いより、個人と個人との折衝と反目とを見ますれば、これまた実にさんたんたるものであります。親は子を憎み、弟は兄を責め、弟子は師を売り、同胞相せめぎ、少しの資材のある所には必ず財産争いがあり、寡婦がその不義をおこなうためにその実子をいとうもあり、友に売られてこれを憤り彼を殺さんと怒るもあり、子はその母の罪のために路頭に迷い、妻はその夫の酔酒のために空乏に泣いております。子を恨む親、親を恨む子、兄を憤る弟、弟を歎く兄、一家淆乱(こうらん)、社会紛乱、実に見るに忍びざるありさまであります。世は平和どころではありません、鮮血淋漓(りんり)たる戦場であります。

こう考えて来ますと、キリスト教はこの世に何の功をも奏しないように見えます。功を奏しないのみならず、キリストが世にくだって来て、人が彼の福音を信じたからこそ、かえって争闘が増したようにも思われます。ゆえに世の平和を望む者はたびたびキリスト教をきらいます。彼らはキリストをもって世の擾乱者(じょうらんしゃ)と見なします。彼らは安慰を望むに切なるがゆえに、キリスト教のごとき激烈にして深刻なる宗教をしりぞけます。

しかしながら、われらキリストを深く信ずる者は、世のこの悲惨なる状態を見て失望いたしません。われらはまず第一に、この状態はこれキリストが明白に預言されたるものであることを認めます。キリスト教はもともと安泰を望んでこの世にあらわれたものではありません。これは神の真理であります。そうして世は悪魔の世であります。神が悪魔の世に臨んで、衝突のないはずはありません。熱気が寒気と接触する所に、雲が起こり、風が起こり、雨が降るのであります。光が闇暗（くらやみ）に臨む所に、薄暮の愴然（そうぜん）たるのがあるのであります。真理が誤謬（ごびゅう）に接して、争闘のないはずはありません。戦争はこれ救済の臨みし確かなる予兆であります。そればかりではありません、キリストが世にくだりたもうて以来、争闘はだんだんと外面的になって来ました。彼は霊魂の城砦（じょうさい）でありまして、彼に拠（よ）る者には心の中に常に永久の平和があります。殺さるるのは肉体だけであります。焼かるるのは身のみであります。奪わるるのは財のみであります。キリストが世にあらわれたまいてより、神を待ち望む者は心の隠れ場を得て、霊魂は肉情を離るるを得、それがために、つるぎをもってしても達することのできない「堅き城」を心の中に得ることができるようになりました。それでありますから、キリストを信ずる者にとっては、世の争闘はさほどに苦痛ではありません。また彼を信ぜざる者にとっては、争闘はかえって彼らをキリストに追いやる機会となりまして、彼らを救いの歓喜に導くに至ります。平安（おだやか）は実にキリストの降誕と同時にこの世に臨んだのであります。今はただこの平安を実にせんために種々の戦いが戦われつつあるのであります。

そは、われらの言う平和とは無事との謂（いい）ではありません。平和は神の意志と人の意志との調和であります。神に愛せらるるとの確信であります。直ちに神の霊をわが心に宿すの喜びであります。これはまことに神より出でて人のすべて思うところに過ぐる平安（ピリピ書四・七）でありまして、神はかかる平安をわれらに下したまわんために、キリストを世にくだしたもうたのであります。われらは平和を、世の安逸を望む者がなすように解してはなりません。平和は「心の平和」であります。身を殺しても得んと願う平和であります。

もちろん、かかる宏大なる平和を神より賜わりたるわれらは決してみずから世の平和を乱しません。われらは争うことがありまするも、金のためや財産のためには争いません。われらはまた世にいう権利なるもののために争いません。わが衣を取らんと欲する者にはこれを取らせます。わが金をほしがる者にはこれを与えます。われらキリスト信者は無抵抗主義を執る者でありますが、キリスト信者はただ精神の自由のために争います。われらに悪事を強(し)いられる時に争います。真理を蹂躪《じゅうりん》せられる時に争います。無辜《むこ》の迫害を見る時に争います。そうしてかかる争いをなすことをもってわれらは大なる名誉なりと信じます。

ゆえにクリスマスが来たりたればとて、われらは何びととも平和を結ばんとはいたしません。悪魔はわれらの永久の敵であります。世に正義が全然おこなわれるまでは、われらの戦いは絶えません。キリストがこの世に生まれ来たりたまいしは、われらの心に、人の思うに過ぐる平安を与うると同時に、この世にこの激烈なる戦いを開始せんがためでありました。ゆえに聖母マリヤが初めて嬰児《おさなご》を抱いて神の宮に詣《いた》りし時に、老人シメオンはこの児を祝して、その母に言いました、

この嬰児は、イスラエルの多くの人の滅びてかつ興らん事と、言い逆らいを受けんそのしるしに立てらる。これ、多くの人の心の思い現われんがためなり。また、つるぎ、なんじが心を刺し貫くべし(ルカ伝二・三四―三五)

と。イエスをもって平和の記号(しるし)とのみなすはまちがいであります。彼はまた戦争の記号であります。彼が世に出でてより初めて真個《ほんとう》の義戦なるものが開始されたのであります。

ああ楽しき、楽しきクリスマス、この時に幸福なるホームの基礎がこの地にすえられました。この時に大慈善の理想が地に植え付けられました。すべての善きものはこの時この涙の世に臨みました。しかしながら、この時また大責任が人類の肩の上に置かれました。この時から闇黒の駆逐が始まりました。この時から罪悪の大掃攘《だいそうじょう》が始まりました。ゆえに天使は彼の降世を聞いて喜びましたが、悪人ヘロデはこれを聞いて非常に恐れました。この時にすべての圧制はくずれだしました。君の圧制も親の圧制も、資本家の圧制も雇い主の圧制も、はたまた労働者の圧制も平民の圧制も、弟子の圧

制も子の圧制も、イエスの誕生のこの時にくずれだしました。すなわち嬰児イエスの誕生によって人類の歴史に新紀元が開かれました。新しき平和と新しき争闘とがこの時、人類に供せられました。われら深く人世を稽（かんが）うる者はただ浮気にこの降誕祭を祝しません。われらは深き感謝と共に重き責任の念をもってこの佳節を祝します。

（一九〇二年十二月『聖書之研究』）

今年のクリスマス

クリスマスの意味　平和の中心点

またクリスマスがまいりました。例年（いつも）のとおり、はなはだ喜ばしくあります。しかし「いかに」喜ばしいか、それは年々（としどし）変わります。今年のクリスマスの喜ばしさは昨年のそれとはちがいます。今年のクリスマスと三十年前のクリスマスとを比べてみますと、なにやら同じクリスマスではないように感ぜられます。

しかし、それはそうあるべきはずであると思います。私どもの信仰は常に進歩すべきものであります。キリスト教は一年や二年でその奥義がわかるものではありません。日に日に、年に年に、新しく感ぜられるのがキリスト教であります。キリスト教は毎年新しい宗教（おしえ）のように感ぜらるべきはずのものであります。したがってクリスマスのうれしさ、ありがたさも、年ごとに新しく感ぜらるべきはずであります。

クリスマス！　キリストのお生まれあそばされた日！この日はキリスト信者にとりては実に意味の深い日であります。もしこの日がなかったならば、今日の私どもの生涯は全く別のものであったでありましょう。世には私どもが景慕する英雄豪傑はあまたあります。しかしその中の一人が生まれなかったとて私どもの生涯にさほどの差違（ちがい）はなかったろうと思います。たとえニュートンが生まれなかったろうが、クロンウェルが生まれなかったろうが、ワシントンが生まれなかったろうが、それがために私どもの生涯が今日とは全く違ったものであったろうとは思われません。ニュートンなしにも私どもは宇宙についてだいぶ知っておったろうと思います。クロンウェルなしにも英国はどうにかしてその自由を回復したろうと思います。ワシントンなしにも米国に大共和国は起こったろうと思います。しかしながら、もしキリストがお生まれあそばされなかったならば、私どもの生涯は今日とは全く違ったものであったに相違ありません。キリストは独一無二の人物であります。彼に似た者とてありません。彼は「唯一の人」であります。彼は「一人の人」では他《ほか》に一人もありません。釈迦《しゃか》も孔子《こうし》もソクラテスも、私どもにキリストの代理を勧めてくれることはできません。キリストによってあらわれたる真理は、他の人によっては決してあらわれませんでした。

クリスマス！　この日に私の自由も救いも希望も永生も生まれ来たったのであります。私をして今日生きるの甲斐《かい》あらしめしすべての善きものは、この日この時、世に出たのであります。キリストは今は私の万事《すべて》であります。彼は私の義、救い、生命《いのち》であります。彼は私自身であります。今は私には「私」なるものはないのであります。もし在《あ》るとすれば、それは私が「罪の私」としてすでに捨て去ったものであります。「われ、キリストと共に十字架につけられたり。もはやわれ生けるにあらず。キリスト、われにありて生けるなり。今われ肉体にありて生けるは、われを愛してわがためにおのれを捨てし者、すなわち神の子を信ずるによりて生けるなり」（ガラテヤ書二・二〇）。これ今日の私の生涯であるのみならず、またすべてのキリスト信者の生涯であります。キリストの降世によって新生涯がこの世に始まったのであります。そうして私もその生涯に入るを得て、その生涯はまた私の生涯となったのであります。クリスマス！　この日は私の救い主の生まれたもうた日であります。そうしてまた聖められたる新しき私どもの生まれた日であります。私どももキリスト信者の生涯は、文久や慶応や明治に始まったものではありません。これは一千九百年前の昔、ユダヤのベツレヘムに始まったものであります。われらはキリストの属《もの》であります。ゆえにキリストの生涯はわれらの生涯であります。われらはキリストと共にベツレヘムに生まれ、キリストと共に成長し、キリストと共に人に憎まれ、世に捨てられ、彼と共に十字架につけられ、彼と共に葬られ、そうしてついに彼と共に更生《よみがえ》りて、父のふところに行くものであります。私どもはキリストのご生涯を歴史的に研究するのみにとどまってはなりません。また実践的にその聖足《みあし》の跡に従うのみにとどまってはなりません。私どもは実質的にキリストと同体にならなければなりません。すなわち、ぶどうの木の枝がその幹に連なるように、私どもはキリストの一部となりて、彼の生涯をわが生涯となさなければなりません。福音書すなわちわが履歴書となさなければなりません。

そうして信仰の進歩とはこれであろうと思います。信仰の進歩とは必ずしもわが徳性の完備することではないと思います。また必ずしもわが確信のますます強固となりて岩をも溶かす熱心を起こすことではないと思います。信仰の進歩とはキリストに近寄ることであります。キリストが信仰の目的物であるのであります。彼に達して、私どもは信仰の極致に達するのであります。彼が私どもに来るのではありません。私どもが彼に行くのであります。あるいは私どもが彼にひきつけらるるのであります。そうして彼の生涯が全く私どもの生涯となるに及んで、私どもの「走るべき途程《みちのり》を尽くし」たのであります。キリストのご誕生が私どもの誕生となり、キリストの死が私どもの死となり、彼の復活が私どもの復活となるまでは、私どもはまだ全くキリストの属となったのではありません。そうしてクリスマスが少しなりとまことにまことにわが誕生日として祝せらるるに至って、私どもはややキリストに近寄ったのであると思います。

クリスマス! この日をすべての人の誕生日となさなくてはなりません。私どもの敵も味方も、みな再びこの日に生まれ更《か》わらなければなりません。世界万国の人がみなこの日をその誕生日と定むるに及んで初めて真個《ほんとう》の平和が地上に臨むのであります。「主一つ信仰一つ、バプテスマ一つ、神すなわち万人の父一つ」(エペソ書四・五―六)。しかり、誕生日一つ。東北人も西南人も、関東人も肥後人も、しかり、日本人もロシア人も、外交上の同盟によってではなく、神がこの世に賜いし唯一の生命のパンなるイエス・キリストの血を飲み肉を食うことによって、骨肉の兄弟もただならざる霊の兄弟姉妹となるに及んで、真個の平和がこの世に臨むのであります。それまでの平和はみな仮りの平和であります。武装的平和であります。人がみな性を異にし、齢（よわいー誕生日）を異にし、国を異にし、人種を異にし、宗教を異にし、宗派を異にする間は、ある種の戦争は決して絶えません。彼らがすべてこれらの異同を忘れ、すべてベツレヘムに行いて、天使の賛美の歌に伴われてキリストと共に飼葉おけの中に生まれるまでは、永久の平和は世に臨みません。

そうして、かかる平和は世に臨みつつあります。万民は徐々とベツレヘムに向かいつつあります。彼らは相互（あいたがい）の血を流しつつある間にもダビデの村に向かいつつあります。彼らは正義の名を借りて戦いを開きましても、人道の名に余儀なくせられてこれをやめざるを得ざるに至りました。文明と言い人道と言いますものの、これはみなベツレヘムへの途中であります。非戦論はあざけられますが、それは東洋の日本国に限ります。文明の本舞台なる西洋諸国においては、非戦論は今や事実上の大勢力であります。今年九月十九日、スイス国ルツェルンにおいて開かれました第十四回平和主義者大会におきましては、日本国を除くのほかすべての文明国は代表されまして、かつて詩人テニソンが夢想せし世界議会（Parliament of the World）開設の議さえその議事に上るに至りました。軍備は拡張されつつある間に軍事は日々に不人望になりつつあります。宗教家が戦争を謳歌しつつある間に（のろうべき彼らよ！）商人や製造家は相結んで戦争廃止を企てつつあります。ベツレヘムにおける呱々（ここ）の声は今や世界の世論となりつつあります。戦争に疲れ果てたるこの世界は、東の方の博士のごとくに、星に導かれて、平和の君をその飼葉おけの中に探りつつあります。「すべての道はローマに向かう」とのことわざに洩（も）れず、すべての事件（ことがら）はベツレヘムに向かいつつあります。商業も工業も、農業はもちろん、政治も教育もみなベツレヘムの平和を望みつつあります。世界歴史の終局点はほかではありません。日本の東京ではありません。英国のロンドンではありません。ユダヤの郡中にていと小さきものなるベツレヘムであります。そこに平和の君が生まれたまいました。そうしてそこに万国の民は再び生まれなければなりません。そうしてそこに再び生まれて、ロシアの熊（くま）も英国の獅子（しし）と共に住まい、ドイツの豹（ひょう）も米国の肥えたる家畜（けもの）と共におりて、ベツレヘムの小さき童子(わらべ)の導くところとなります(イザヤ書一一・六―七)。その時、剣(つるぎ)は打ちかえられて鋤(すき)となり、槍(やり)は鎌(かま)となり、国は国に向かい剣をあげず、戦いのことを再び学ばざるに至ります(同二・四)。

そうして私どもはまた世がベツレヘムに来るのを手をつかねて待っておってはなりません。私どもも進んで彼らをそこに連れて行かなければなりません。少なくとも彼らにベツレヘムのあることを明らかに示さなければなりません。あるいは口をもって、あるいは筆をもって、またその他のすべての方法をもって、私どももまたベツレヘムの星となりて、東方の博士のみならず、その賢者をも愚者をも、ユダヤの王として生まれたまいし、人類の王にしてその救い主なる者のもとに導かなければなりません。真個の平和はかの君においてのみ存します。世のいわゆる平和運動なるものは永久の平和を来たすに足るものではありません。家庭の平和も、社会の平和も、国家の平和も、世界の平和も、ベツレヘムの平和にあらざる以上は、永久真個の平和ではありません。世に平和を与えたいとならば、ベツレヘムの平和を与うるよりほかに道はありません。伝道これ唯一の平和事業であります。「平和を宣(の)べ、善きことの福音を宣ぶる者の足はいかにうるわしきかな」(ロマ書一〇・一五)。万民の平和を望む者は、政治に入るよりもむしろ福音の伝道に従事すべきであります。ベツレヘムの夕べをしてキリスト降誕の日たるにとどめずして、新しき天と新しき地との開闢(かいびゃく)の日たらしむべきであります。

ああキリストはベツレヘムに生まれたまいました。神は賛美すべきであります。私の永生の希望も、万民の救済の希望も、社会改良の希望も、万国平和の希望も、希望という希望はすべてこの一事に存します。神が人となりて人の中にくだりたまいしとよ。驚くべき音信(おとずれ)、しかも信ずべき音信……われらはこの音信に接して、われらのこの世の事業について決して失望してはなりません。神はすでにすでに世にくだりたまいました。罪の芟除(せんじょ)、世界の改善はすでにすでに始まりました。われらはただわれらの微力をもって神の聖業を協賛しまつるのみであります。ベツレヘムの飼葉おけに始まりし神の偉業は、キリストの再来、聖徒の復活、万物の復興をもって終わるべきものであります。神の聖意(みこころ)は必ずおこなわれます。たとえ大政府がこれに逆らおうが、たとえ新聞記者が総掛りになりてこれに反抗しようが、たとえ全国民が立ってこれを妨げようが、神の聖意は、太陽が東より出て西に入るよりも確かに、川がその源に発して大洋に注ぐよりも確かに、きっと、必ず、この世におこなわれます。「エホバ、この事を宣べたまえり。彼必ずこれをおこないたもうべし」。キリストはすでに生まれたまいました。彼はすでに昇天したまいました。ゆえに必ず再び来たりたまいます。今はまだ夜であります。しかし「喜びは朝と同時（とも）に」（詩篇三〇・五）来たります。ベツレヘムの星は復活の朝を告ぐる明けの明星であります。そうしてすでにこの星を見ました私どもは、「いよいよ輝きを増して昼の正午（まなか）に至る」（箴言四・一八）旭日（あさひ）の到来を疑うてはなりません。戦争もついにはやみます。佞人（ねいじん）も悪人も奸物もついには滅びます。私どもの事業は無益ではありません、私どもは今晩またベツレヘムの星を仰ぎ見て、私どものうなだれたるこうべを揚げ、私どもの失いたる希望を回復し、新しき勇気を得て、新しき年に新しき事業を計画すべきであります。

（一九〇五年十二月『聖書之研究』）

クリスマス一九二四年*

地には平和と言う。世界の平和を言うのではない。その平和はキリストが再びあらわれたもうまでは来ない。神に選まれたるある人々の心に宿る平和を言う。これは罪に打たれたる地の上に、また堕落せる人の子らの間には知られざる平和である。人のすべて思うところに過ぐる平和である。異教の民と不信者らは騒ぎ立つも、こぼつことのできない平和である。平和の主（きみ）が賜いし平和なれば、真（まこと）の、動かすべからざる平和である。世界の国民は大規模の戦争準備をなしつつあり、しかしていわゆるキリスト教国の民が最も好戦の民なりといえども、あえて意とするに足りない。真の平和は信仰によりてわがものである。われらにとりてはベツレヘムの星は意味なき表号にあらず、また天使の歌は空音にあらず。「エホバ言いたもう、悪しき者には平和あるなし」（イザヤ書四八・二二）と。されども義（ただ）しき者すなわち信仰によりて義とせられし者には平和は確実にあり、今現にありである。

（一九二四年十二月『聖書之研究』）

謹告二件

次号はまた楽しき「クリスマス号」であります。世は戦争の風声（うわさ）をもって充（み）ち満ちまするが〔注1〕、私どもは例によって平和と感謝とを歌おうと欲（おも）います。なにも戦争は今日に限りてあるのでありません。神を離れたるこの世はつねに戦争的状態においてあるのであります。ただ今年はこの戦争的状態が軍事行動に現われたまでであります。私どもはこの事を見てべつに驚きません。平和はいつもこの世にはないのであります。その反対に、平和はいつもわれらの主イエス・キリストにおいてあるのであります。まことに「彼はわれらの平和」（エペソ書二・一四）であります。ゆえに、われらは彼にありて、いつでも、しかり、戦場にありても、平和的状態においてあるのであります。ゆえに戦時のクリスマスなればとてべつに平和を秘するに及びません。否、戦時なればこそ特に平和を高唱すべきであると思います。

「ヨハネ伝は何を教うるか」〔注2〕の続編をこの号に掲ぐるはずでありましたが、編集の都合上、これを次号に載することにいたしました。その事をご承知願います。

（一九一四年十一月『聖書之研究』）

注1　一九一四年（大正三年）七月、第一次世界大戦始まり、同八月日本はドイツに対して宣戦を布告した。

2　『内村鑑三聖書注解全集』第一〇巻六七頁以下に収録。

〈クリスマスの感謝〉

クリスマス

クリスマスは来たりぬ。われらの友を記憶すべき時は来たりぬ。

われはまずわれを捨て去りしわが友を記憶せん。われは彼らがわれに加えしすべての苦痛をわが記憶の外に撤せん。われは彼らの善き事をわが記憶にとどめて、彼らの悪しき事をすべて忘れ去らん。われはわが神の祝福が豊かに彼らの上に宿らんことを祈らん。

われは次に、すでにこの世を去りしわが友を記憶せん。われに多少の善き事あるは、われが彼らと共にあることを得たればなり。われはまことに彼らの一部分にして、われは彼らに対しても、善をなし義に勇むの大なる責任を担(にな)う。ああ新英州の岡に眠る師よ〔注1〕、ああペン州の森の中に長き休息につきし者よ〔注2〕、ああ北辰の輝く下にわれの希望を埋めし者よ、われは今ひとりこの荒野に残されて寂寞(せきばく)の情に堪えがたき感あり。幸福なる者はなんじらにしてわれにあらず。われは今なお嫉妬の里にあり。怨恨の国にあり。われは今年も幾回か、なんじらの家なる地下のサイレンスを思えり。

われはまた今年神が新たにわれに賜いにし友について記憶せん。われはまことに一を失って十を得たり。われはまことに失うべき者を失うて、得べき者を得たり。すなわちわれは友ならざる友を失うて、友たるべき友を得たり。北は宗谷(そうや)、知床(しれとこ)、南は台南、鳳山(ほうざん)まで、わがために祈る者は新たに与えられたり。願わくは佳節の祝福彼らの上にあれよ。

終わりにわれはわが永久の友について記憶せん。彼らは世のわれを疑う時にわれを信じ、敵のわれを殺さんとせし時にわれを生かせし者なり。彼らはわれの有する最も貴き宝なり。彼らあるがゆえに、世はわれにとりて全くの暗夜たらざるなり。彼らの信任は、金銀積んで山をなすも、あがない得ざるものなり。ああ貴き、愛すべき、敬すべき彼ら、われは特別に彼らのために祈りかつ感謝せん。

（一九〇〇年十二月『聖書之研究』）

注1　著者の母校アマスト大学総理シーリー（『余はいかにしてキリスト信徒となりしか』「流竄録」（共に第二巻に収録）および「先師シーリー先生を憶う」「クリスマス夜話＝私の信仰の先生」（共に第三巻に収録）を参照。

注2　ペンシルバニヤ州立児童白痴院々長ケルリン（『余はいかにしてキリスト信徒となりしか』「過去の夏」および「流竄録」（いずれも第二巻に収録）を参照。

クリスマス述懐

クリスマスはまた来たりました。悲しくもあります。喜ばしくもあります。

まず悲しいことから申しましょうならば、過ぐる年のクリスマスに私どもと顔を合わせて共に志を語りし私どもの友人にして、今はこの世にその影をとどめない者は幾人（いくたり）もあります。私どもは彼らの事を思い出だしまして、時には断腸の念に堪えません。友人とは、私どもに数限りなく与えられる者ではありません。私どもは一人の友人を失いまして、一本の指を失ったようなものであります。これは取り返しのつくものではありません。私どもは友を失って永久に彼を失ったのであります。そうして世には何億万という人がおりましても、その中のごく少数のみが私どもの友人でありまして、この世界が私どもに貴いのは、その幾億万の人口のためではなくして、その中の十か二十の私どもの友人のためであります。しかるにその貴重なるわずかの友人が年とともに追い追いと減り行くのを見まして、この世は追い追いと私どもには価値(ねうち)のないものとなります。年ごとのクリスマスのつらい事の第一は、この佳節に巡り会いまして友誼(ゆうぎ)をかわすべき友人の年と共に少なくなることであります。

しかし世を逝（さ）った友人はあきらめることができます。あきらめんと欲してあきらめることのできないものは、いまだ世に存するも、一時のわずかの誤解のためにわれらをそむき去った友人であります。同じ地球の空気を呼吸しておりながら、さきの友人が今の讐敵（しゅうてき）であり、さきにはわれらを友と呼び師と仰ぎし者が、今はわれらについてすべての悪しき思いをいだく者であると思えば、世に人ほど恐しいものはないことが感ぜられまして、花は咲き鳥のさえずるこのうるわしき世界もなんとなく住み甲斐（がい）のない所となります。平和の君が世に臨みたまいしというこの時に、私どもは旧怨はすべてこれを私どもの心より焼き払わんと努めまするが、さりとてまたこの世はやはり涙の谷でありまして、悲哀をまじえない歓喜とてはない所であると思いますれば、クリスマスの喜楽（たのしみ）の中にもまた言い尽くされぬ悲歎（なげき）があります。

もちろんキリスト信者として私どもは齢（とし）の加わるのはあまり深く気にかけません。しかしながら齢の加わると同時に事業の挙がらないことはこれまた悲歎（かなしみ）の種であります。過ぐる年にわれらは何をなしたかと考えてみますれば、実にその零屑（れいせつ）なるに驚かざるを得ません。学び得しこと少なく、分かち得しことさらに少なく、ただ無益に地上に住まっておって、無益に呼吸し無益に衣食したのではないかと思いますれば、私どもは心に一種言うべからざるの悲痛（いたみ）を感じまして、「主よ、この益なきしもべをゆるしたまえ」との祈禱を思わず口より発するに至ります。ことに私どもの信仰の遅々たりしことは、われながら驚くばかりであります。あるいは私どもの理想は前年にまさって高くなったかも知れません。しかしながら理想は信仰の標準ではありません。われらの信仰の誤りなき指針（しるし）は、われらの日常の行状であります。そうして理想によらずして行為によって私どもの信仰の進歩を量りますれば、私どもはこの長の月日、同じ所をうろついておったのではないかとの疑いをいだかざるを得ません。もし聖書が示すごとく、人世は実に非常にたいせつなるものであって、私どもがこの世においてなしたことで私どもの永遠の運命が定まるのでありますならば、無益に歳月を消費（ついや）したことは無益に貯蓄金を消費したるにまさること数層倍の厄難（やくなん）であります。まじめに過去（すぎこしかた）を顧みまして、クリスマスは実に喜悦（よろこび）の時ではなくして悲歎後悔のときであります。

以上（これ）は悲哀の半面であります。しかし私どもの歓喜の半面を言いますならば、それは言い尽くされるものではありません。キリストの降世と生涯と死とによりまして、死とは私どもには無きものとなりました。死は私どもには「つらい、うれしい事」であります。私どもは世の望みなき人のように、永眠（ねむ）れる私どもの友人について嘆きません。なぜなれば、私どもは、イエスの死にてよみがえりしことを信じまするゆえに、イエスによるところのすでに眠れる者を、神、彼と共に携え来たりたもうことを信ずるからであります（テサロニケ前書四・一三―一四）。世はこの信仰を迷信であると言います。しかしこの「迷信」をいだく私どもは、世の人が死者についていだく断腸の念（おもい）をいだきません。私どもの涙はイエスの奇跡力によって真珠と化せられました。私どもは死者について思うて涙をこぼしますが、しかしその涙は希望と感謝の涙であります。

涙にも暖かい涙と冷たい涙との二つの種類があります。そうして私どもは暖かい涙を流す者であります。世の冷刻なる政治家は笑いますが、しかし私どもは時にはみずから求めて涙を食とする者であります。すなわち失（う）せし友のことを思うて、神の約束せられし希望をもって私どもの心を喜ばす者であります。

世の人は、私どもの交際のいたって狭きを見て私どもをあわれみます。しかしながら彼らは私どもの交際の無限大なることを知りません。たとえ私どもはこの世にありて単独（ただのひとり）となりましても、それで寂寞を感ずる者ではありません。私どもは世の人のように、寂寞に堪えずして友を外に求むる者ではありません。私どもはキリストによって独（ひと）りでおることができる者となりました。そうしてこの神を知らざる世にありて、私どもは社会の中にあるとは申しまするものの、実は独りで砂漠の中におるがごとき者であります。しかしながら私どもはそれがために少しも寂寞を感じません。米国の詩人ホイットマンの言いました「大なる友人」（Great Comrado）は私どもの友人であります。彼は私どもが独り杖をひいて散歩する時の唯一の話相手であります。凋林（ちょうりん）に葉絶えて丘陵ために粗色を呈する時に、寒月こずえの上にかかりて氷のごとき光を送りまする時に、私どもは独り小川のふちに立って、「わが父よ」と呼び、「わが友よ」と叫びます。そうして暮色蒼然（そうぜん）として独りわが家に近づきますころは、私どもの心の中はまばゆきばかりになりまして、空天に輝く星までが私どものために讃美歌を唱えてくれます。世にこんな友を持つ者はほかにどこにありますか。世の英雄といい交際家という者はみな独りではおられずして、衆に接し、あるいは衆を圧して、心の中の堪えがたき寂漠の念を滅（け）さんとする者ではありませんか。独りでありて喜ぶことができるとは、これ大なる幸福であります。これは幾多の英雄輩が得んと欲して得ることのできなかった快楽であります。しかるにキリストによってこの快楽が私どものものとなったのであります。私どもは実に世の中で最も幸福なる者であります。

もちろん私どもにも人なる友人のあることは言うまでもありません。私どもに霊なる友人があります。すなわち同国の民でもなく、同教会の会員でもなく、または同政党の党員でもなく、ただ同じ救い主によって霊魂を救われた真個（ほんとう）の深い友人があります。そのような友人は、世の人には一人もありません。利益を追うて集まりし友人や、不平をもって結びし友人は、名は友人ではありまするが、しかし実は「同所（とも）に立つ」だけの人でありまして、ぶどうの枝がその幹によってつながるような、そんな深い生きたる友人ではありません。どうですか、午後の七時が鳴りまする時に、北は北見の稚内（わっかない）より南は台湾の果てに至りまするまで、数千の霊の兄弟が父の前にひざまずいて、相互のために祈っているその状態（ありさま）を世の人は想像することができますか。世は日々に冷酷におもむくなどと言いて歎（かこ）つ者はこの快楽を知りません。五人や十人の旧（ふる）き友人が私どもを去ったとてなんでもありません。神が私どもに与えたもうた友人は、私どもが自分で作った友人とは全く違って、いかなる事があっても私どもをそむき去るような友人ではありません。神は永久の生命を私どもに与えたまいしと同時にまた永久の友人を私どもに賜いました。

過去（すぎこしかた）を顧みて歎くのは人情の常であります。しかし神は私どもに命じて、「過去を見るなかれ」（ルカ伝九・六二、ピリピ書三・一三）と、のたまいました。これに引き換えて、神は私どもに、「われを仰ぎ見よ、さらば救われん」（イザヤ書四五・二二）と、のたまいました。「日に三たび自己（おのれ）を省る」とは儒教の教訓（おしえ）です。「なんじ、自己を見るなかれ。われを見よ」とはキリストの教訓であります。私どもはイクラ自己の内を探って見ましても、その中に何の善い事をも発見いたしません。もし自省が人類救済の唯一の方法でありまするならば、人類に救済の希望はないと思います。そうして世の道徳家のあわれさの一つは、この自省のつらくして益なきことであると思います。彼らは日々に汚れたる自己に省みて、ただ歎声を発してのみおります。年の終わりが来たります度ごとに彼らはこの歎声を発しまして、さらば年が新たになったならばその汚れたる心を清めることができるかというに、決してできません。彼らは毎年同じ事を繰り返しております。彼らは、きたなき自己に省みて、きたなき生涯を続けております。

しかしながら私どもには私どもを潔《きよ》むるものが与えられました。それは自省の心ではありません。キリストの十字架であります。これを見れば、真正《ほんとう》に罪が潔まるのであります。これを仰げば、新たなる心が私どもに与えられるのであります。これにすがって、私どもに新たなる希望が生ずるのであります。私どもの功《いさお》はすべてこの十字架にあるのであります。これがキリスト信者の最大の宝であります。キリストの十字架が私どもの所有《もの》となりました時に、私どもは世と全く離れて神の属《もの》となったのであります。

それでありますから、過去はもはや私どもを責めません。私どもは私どもがこの世においてなせし事業を楯《たて》に取って神の聖前《みまえ》に出でんとする者ではありませんから、事業の足りないことをもって良心を苦しめません。私どものキリスト教は「現世的キリスト教」でもなければまた「事業的キリスト教」でもありません。もし一言にして私どものキリスト教の何たるかを述べんとしますれば、これを「十字架的キリスト教」と言うのが最も適当であると思います。

そうして、かかる奇《ふしぎ》なる、かかる広大なる幸福を私どもに与えてくださりました者はキリストであります。キリストなくして、私どもは世に生まれて来た甲斐《かい》のない者であります。もし「命あっての物種《ものだね》」とのことわざが真理でありますならば、「キリストあっての命」とはこれにまさるの真理であります。キリストを知らずして、まことに生きて生き甲斐のない者であります。

全国にある兄弟姉妹よ、私どもは今日特別に喜ぶべきであります。私どもは今は全国に散在して顔と顔とを会わすることはできませんが、しかし、この特別の神の恩恵によって、心の奥の聖殿において、手を取って同情をかわす者であります。ここに諸君が永遠にまで主より離れざらんことを祈り、諸君と共に感謝をもって旧《ふる》き年を送りて、希望と歓喜と勇気とをもって新しき年を迎えようと欲（おも）います。

（一九〇三年十二月『聖書之研究』）

クリスマスの祝詞＊

神様があなたと共にいまさんことを祈ります。しかり、人でなく「神様」が……教会員ではなく、世のいわゆる兄弟姉妹方ではなく、教派ではなく、また党派ではなく、「神様」が、あなたと共にいまさんことを祈ります。私はあなたが、人を離れてただ一人、神様と共におることができるだけ強からんことを祈ります。党派心と党勢拡張の盛んなるこの時代において、人の間に友を求むるは危険であります。正統派といい異端派といい、聖書全部信者といい高等批評家といい、二者いずれにくみするも危険であります。神様がまた私と共にいまさんことを祈ります。私もまた神様と共にただ独（ひと）りおらんことを祈ります。ちょうど神のしもべモーセが四十日四十夜、何も食うことなくまた飲むことなく、下の谷には偶像崇拝のイスラエルの民が金の小牛を拝みつつありし間に、聖き山の上にただ独り神様と共におりしがごとくに、私もまた神様と共にただ独りおらんことを祈ります。ただ独り神様と共におるの幸福が、あなたのものでありまた私のものであらんことを祈ります。

（一九二二年十二月『聖書之研究』）

この世の宝

クリスマス物語

この世の宝は金銀でもなければ、宝石でもなければ、土地家屋でもなければ、株券でもなければ、公債証書でもない。この世の宝は、われを知る友人である。わが欠点を知り、またわが美点を知り、わが少しばかりの美点のためにわがすべての欠点をゆるしてくれる友人である。これを持つ者が富者であって、これを持たない者が貧者である。われらは人の貧富を分かつに円と銭との高をもってしない。友人の多寡有無をもってする。

そうしてわれらキリストにある者のごとくに多くの善

き友人を持つ者はあるか。「世人結交須黄金、黄金不多交不深」〔注〕とは、昔のシナにおいてばかりではない、今の日本においてもそのとおりである。しかし黄金多きがゆえの友人は友人ではない。われらは黄金少なくして多くの友人を持っている。「われらの心をキリストにありて、つなぐその愛は祝すべきかな」。こんな貴いものはこの世にはない。この愛は「義理」でもなければ「愛想」でもない。この愛はこの世の愛ではない。これは神の聖霊がわれらの心に注ぐ愛である。この愛を味わうは、天国を前もって地上において味わうことである。これは純粋なる無我の愛である。人をして兄弟よりも密着せしむる愛である。

クリスマスはキリスト信者の友愛交換の時期である。この時、われらは、全国はおろか全世界の友とわれらの友愛を交換する。われらは「謹賀新年」とは言わない。われらは「なんじに楽しきクリスマスのあらんことを祈る」と言う。そうしてわれらはただそう言うにとどまらない、われらは同一の父の前に心をこめてそう祈る。

すみか隔つとも　　　主を呼ぶたみは
めぐみの宝座（みざ）にて　ともにこそ会わめ

かく祈りかく歌うて、われらの心は全国はもちろん全世界に通う。その時わが小さき心の中には大世界は一円となりてのこる。その中に三府四十六県はことごとくはいってしまう。北海道もある。琉球もある。台湾もある。朝鮮もある。満州もある。しかのみならず、米国もある。ヨーロッパもある。米国の西海岸のごときはその中に広き場所を占めている。ドイツもある。オーストリアもある。スイスもある。スエーデンもある。ロシアもある。フィンランドもある。「オー全国、全世界の友人よ、なんじらは今いかにあるか」と。「オー神よ、彼らを恵みたまえ。彼らをして今日なんじにありて安からしめたまえ。彼らをしていかなる境遇にあるともなんじを捨てざらしめよ。彼らをしてキリストと共にありて、われと共に愛のつなぎにあらしめよ。オー神よ、彼らをわれに与えたまいしにより、深く深くなんじに感謝す」と。かく思い、かく祈りて、クリスマスの夕べはわれらにとりては実際の天国である。全世界は楽園と化して、その中に憎（にっく）き敵とては一人もなくなる。

クリスマス！　楽しきクリスマス！　友情のためにささげられしこの一日！　年ごとにこの日にめぐり会う

て、われらはキリスト信者となりしを感謝する。世はわれらを迫害する。しかし彼らにこの喜びはない。彼らはわれらを苦しめて相互（あいたがい）を苦しめつつある。われらは彼らに苦しめられて相互を愛しつつある。クリスマスに会うて、われらは少数ではないことを知る。この日がめぐり来るごとに、われらは「もろもろの国の中より召されたる兄弟」であることを悟る。

（一九〇五年十二月『聖書之研究』）

注 「世人は交わりを結ぶに黄金を須（もち）う、黄金、多からざれば交わり深からず」

新しきクリスマス*

キリストはすでに来たりたもうた。彼は再び来たりたもうであろう。彼はマリヤの子として人間に生まれたもうた。彼は神の子として人類を治めたもうであろう。彼は今や地上にいましたまわない。しかしそれは暫時である。彼はじきに帰り来たりて、われらの王たりたもうであろう。「見よ、暗きは地をおおい、暗黒（やみ）はもろもろの民をおおわん。されどなんじの上にはエホバ照り出でたまいて、その栄光、なんじの上にあらわるべし」（イザヤ書六〇・二）とある。彼はこの地をその暗黒にゆだねたまわず、彼はその上に輝き、われらに光を賜うであろう。今や新しきクリスマスは来たりつつある。新しき星がベツレヘムの上空に輝きし時にはるかにまさる栄光のクリスマスである。神の子は地をその正当の持ち主として承継（うけつ）がんがために来たりたまいつつある。今度（こたび）は罪をあがなわんためにあらず、これを滅ぼさんためである。ベツレヘムの星は義の太陽としてのぼらんとしている。楽しきかな、新しきクリスマスよ！

（一九二九年十二月『聖書之研究』）

クリスマスの新決心

余は自己（おのれ）についてかく信ぜざるを得ず、すなわち、もし万民にしては救わるべき者にあらざれば、余もまた救わるべき者にあらざることを。またもし余にして救わるべき者ならば、世に救われざる者一人もなきことを。余は余が特別に救わるべき者なることとの一つの理由をも発見するあたわず。余の救いは万民のそれと密接なる関係を有す。余は万民と共に神の恩恵（めぐみ）に浴するよりほかに、これにあずかるの道を知らず。

さらば余は何ゆえに神に選まれしというや。他なし、余が多くの人に先だちてその恩恵にあずかりしがゆえに、また余の不肖をもってしてなおキリストと共に苦しみ、彼の受くべき嘲笑（あざけり）を自己に受け、彼と共に神の証人となりて、世を父に導くの機具として使わるるの特権にあずかりしがゆえに、余は特に神に選まれしと言うなり。余はひとり神の寵児にあらず。神はひとしく万民を愛したもう。神が余を先に救いたまいしは、余をもって万民を救わんためなり。余は万民のために特に神に愛せられしなり。余は万民の福祉（ふくし）を離れて神に愛せらるる者にあらず。

「彼（キリスト）、万人に代わり、おのれを捨てて、あがないとなせり」（テモテ前書二・六）と。キリストの宝血はこれ少数信者のために流されしものにあらざるは明らかなり。彼は「世の罪」を負う小羊なり。万国は彼によりて救わるべし。「父は万物、すなわち地にあるもの、天にあるものをして、彼（キリスト）によりて、おのれに和らがしめたまえり」（コロサイ書一・二〇）。神は少数の寵児を救わんために全宇宙と全人類とを犠牲に供したまわざるべし。余はキリストの贖罪（しょくざい）を余ら少数同志のために専用するを許されず。

さればわれらは万民の救いのために尽くさんかな。人はみなすべてことごとく神の寵児なりと信じて、その救いの業につかんかな。よし彼らが今、神の命を拒むとも、これわれらの関するところにあらず。詩人バーンスいわく、「人はこれあるにかかわらず人なり」（Man's man for a' that）と。人は罪あるにかかわらず人にして、神の子なり。キリストは彼のために死にたまえり。われらは神の救いたまいし者をわれらの偏見をもって放棄すべからざるなり。

さらば今より広く福音を説かんかな。広く麦の種を水の上にまいて、多くの日の後に多くの収獲を待たんかな(伝道の書一一・一)。今よりのち人の種類を選むことなく、貧者、廃疾、跛者(はしゃ)、盲者の選みなく、彼らを主の饗(ふるまい)に招かんかな(ルカ伝一四・二一)。神の福音はこれをわが内に貯蔵してついに腐敗せざるを得ず。福音はすべての生物のごとし。これを大空にさらしてのみ、よくその成長を期するを得べし。特別の福音は万民の福音ならざるべからず。しかして万民の福音となすにあらざれば、福音はわが内にありて特別なるものとならず。

(一九〇五年十二月『聖書之研究』)

クリスマス雑感

聖なるかな聖、万軍の神エホバよ、なんじの栄光は全地に満つ。天も地もなんじを容(い)るるに足らず。誰かなんじについて完全に語り得んや。われは汚れたるくちびるの民の中に住みて汚れたるくちびるの者なるに、われいかでイスラエルの聖き者について語り得んや。来たれ、セラピム、聖壇の上よりその熱き炭を携えて来たり、わが心に触れてその悪を除き、わが眼をしてわが救い主を彼の栄光において見ることを得さしめよ(イザヤ書六章)。

神がこの世にくだりたまいしとよ。ああこれいかなる報知ぞ。あまり善きに過ぎて、われはこれを信ずるにはなはだ苦しむなり。されどもこれ事実なりしなり。事実ならざるべからざるなり。われらがこれを信じ得ざるは、われらがわれら自身を知らざるによるなり。神の降臨は人類最大の希望なり。もしこの事なかりせば、人生は絶望なりしなり。

もしキリストありて世にくだりたまわざりせばいかに。もし世に孔子(こうし)あり、荘子あり、釈迦(しゃか)あり、モハメットあり、プラトーあり、アレキサンダーあり、シーザーありしも、もしキリストなかりせばいかに。ああイエスなきわれは勇士たるを得て戦場にしかばねをさらすを得しならん。壮士たるを得て国賊を刺すを得しならん。隠士たるを得て世を歎(かこ)つを得しならん。学者たるを得て宇宙の妙理を探り得しならん。あるいは慈善家たるを得て貧者のためにわが身を与うるを得しならん。されども罪をあがなわるるの感謝、神の子たるを得しの歓喜、自己（おのれ）に死して神に生きるの快楽、復活の希望、永生の約束、ああこれキリストなくしてわが受くるを得し天の賜（たまもの）にあらず。

もしキリストにして生まれざりせばこの世はいかに。シーザー、アレキサンダーの徒はなお陸続として世にあらわれしならん。君一人のためにしかばねをその馬前にさらすの忠臣義士は出でしならん。されども下民のために剣を抜きしクロンウェル、ワシントンのごとき武人は出でざりしならん。ルーテル、サボナローラのごとき、いわゆる社会的勇士（ソシァル・ヒーロー）なる者は生まれざりしならん。ホレス、ヴァージルのごとき、宮廷に媚（こび）を呈するの詩人は出でしならん。されどもダンテ、ミルトンのごとき平民的詩人は出でざりしならん。キリストの生まれざる世界は貴族帝王の世界なり。人を奉（たてまつ）って神とし仰ぎ、一人の栄光をいたさんがために万民の枯死する世界なり。キリストによりて、筆も剣も脳も腕も、貴族の用をなさずして平民の用をなすに至れり。

キリストを見ざりし前にわれに驕慢（たかぶり）ありたり。われは思えり、われは清浄潔白の士、俯仰（ふぎょう）天地に恥ずるところなしと。されどもキリストを見てわれはわれの汚濁を悟れり。われは罪人（つみびと）のかしらとなれり。われは世を責むるよりもわれを責むるに敏なる者となれり。われはキリストの奴僕となれり。しかして見よ、われは初めて自由の人となりたり。

キリストを見ざりし前にわれは絶望の人なりし。われは思えり、われは貧家の児、世にわれを顧みるの権者豪族あるなし、われはこの世において何をなし得んやと。されどもキリストを見てわれは大胆有望の者となれり。われは小事のかえって大事なるを悟れり。われは隠れたる善事の、あらわれたる偉業にまさるものなるを知れり。われは神によりて人類全体を益するを得るを解せり。われは世の権者によることなくして世に大事をなし得るを悟れり。われはキリストの弟子となりて初めて世と自身とに勝つを得たり。

ほむべきかな、イエス・キリスト、われらのすべての善き事はなんじにあり。貧にして富むの術、弱くして勝つの法、すべてを捨ててすべてを得るの道、これみな、なんじの蔵（かく）したもうもの、なんじは心のへりくだる者にすべてこれらの宝物（たから）を与えたもう。

（一九〇一年十二月『聖書之研究』）

クリスマス広告

またクリスマスが来たりました。本誌発行以来第二十回のクリスマスであります。いずれもみな感謝のクリスマスでありました。今年もまた同じであると信じます。本誌と共に二十回クリスマスを守られたる読者が少なくありません。二十年間の変わらざる信仰上のご交際、実に貴くあります。世は変わりますが、キリストはきのうも、きょうも、いつまでも変わりません。しかして彼を信ずる私どもも、いつまでも変わりません。信仰の進歩はあります。しかし変化はありません。キリストは神の子であります。あがむべき者であります。今や天にありて聖父（ちち）の右に坐したまい、後に再びあらわれたもう者であります。彼を信じ彼を待ち望みて、私どもは世と共に動きません。私どもは今年もまた静かなる喜ばしきクリスマスを守りて、この信仰と希望とを確実にしようと欲（おも）います。

（一九一九年十二月『聖書之研究』）

感謝の辞

ここにまた一九二三年のクリスマスを迎うるを得て感謝します。年は去り年は来たりて、われらの希望はますますあざやかになります。「われらは時を知れり。今は眠りより覚むべきの時なり。そは信仰の初めよりさらにわれらの救いは近し」とあるとおり、年月の経過は、信ずる者にはそれだけ希望実現の時期を早めるのであります。在（あ）った事はすべて善くあったのであります。そして最も善き事はまさにきたらんとしています。願う、信仰を共にする兄弟姉妹と共に、不足の内にも感謝をもって旧年を送り、歓喜をもって新年を迎えんことを。神と共に生きている事、その事だけで充分であります。われらに感謝のほかに何もありません。ハレルーヤ、主を

賛美せよであります。一九二三年クリスマス

聖書研究社　内村鑑三

（一九二三年十二月『聖書之研究』）

クリスマスを祝す

クリスマスを祝します。私にとりては、今年は、私がキリストを知りてより第五十回のクリスマスであります。まことに記憶すべき感謝すべきクリスマスであります。私は半百年間彼に従い得て光栄この上なしであります。幾分なりとも彼と苦難（くるしみ）を共にするを得て、今やゆたかに彼のご栄光の分け前にあずかりつつあります。日本においてもキリストの福音は勝利でありました。今や日本人は潮（うしお）のごとくに、しかも外国宣教師によらずして、自身直ちに彼の足下につどいつつあります。日本国を世界第一のキリスト教国となさんとの、私どもの青年時代の祈禱は聞かれつつあります。今日かかる日を私の生涯において見ようとは夢にも思いませんでした。

米国組合教会派遣宣教師にてパメリー老嬢という婦人があります。彼女は近ごろ私に激烈なる書面を送り、私が伝道するのは全然他教派をこぼちて私自身の教派を建てんためであるとのことでありました。あるいはそうかも知れません。ついてはわが読者諸君にして、私に関し同一の疑念をいだかるる方は、書をもって彼女にお聞きただしあり、しかる後に私をご信頼あらんことを切にお勧めいたします。彼女の住所は滋賀近江八幡土田であると聞きました。彼女は私に書面を送るに住所をしるしません。彼女のフルネームはMiss H. Frances Parmeleeであります。かくするはもちろん彼女を憎むからでありません。敵に武器を供するためであります。　内村鑑三

（一九二七年十二月『聖書之研究』）

解説

本巻は罪・贖罪、忘罪・赦罪、悔い改め、救い、万人救済、十字架、福音およびクリスマスに関する論文、文章説教など一〇六編を集め、必要に応じて各項目をさらに小項目に分類して編集したものである。

罪・贖罪	二九編	（〈罪の原理と救い〉以下三項目に分ける）
忘罪・赦罪	三	
悔い改め	一	
救い	二五	（〈救いの原理〉以下四項目に分ける）
万人救済	二編	
十字架	一三	（〈キリストの十字架〉以下三項目に分ける）
福音	一三	（〈純福音〉以下三項目に分ける）
クリスマス	二〇	（〈クリスマスの意義〉以下三項目に分ける）
計	一〇六	

ただしこれらの項目に関連するもので、編集の都合上、他の諸巻および『内村鑑三聖書注解全集』に収録されているものがたくさんにある。たとえば、万人救済について語る「戦場ケ原に友人と語る」が第五巻の『歓喜と希望』の中に収録されているのはそのいちじるしい例であるが、その他罪、贖罪、十字架、福音などに関するものが両全集の諸巻に多数収録されている。これらの関係については第二五巻の索引および本解説を参照され、それぞれあわせ読まれることを切望する。

本巻の諸編は一九〇〇年（明治三三年、四十才）二月から一九三〇年（昭和五年、七十才）二月（永眠の前月）までの三十年間に、雑誌『警世』および著者主筆の『東京独立雑誌』に掲げられた各一編（合計二編）を除き、すべて著者主筆の『聖書之研究』に発表されたものである。（ただしうち一編は著者の死後に発見された遺稿である。これらの諸編は筆記者の手になる七編をのぞき、すべて著者自身のペンになる。

本巻の中心問題は罪とその贖いの問題、すなわちキリストの十字架の福音である。そしてこの問題は、

贖罪はキリスト教の枢軸（パイヴォット）である（六〇頁上）

と著者がいっているとおり、キリスト教の中枢であるが、著者にとっても、特に著者にとっては、信仰の中枢の中枢であった。いな、その全部であった。著者は生涯この問題のために悩み、たたかい、全生涯をささげてこの問題の解決とよろこびとを宣べ伝えたのである。

まことに罪の問題と十字架の福音とは、著者にとっては一生の問題であった。一八九三年（明治二六年）に三十三才で『求安録』（第三番目の著作）を著わして、その冒頭に

人は罪を犯すべからざる者にして、罪を犯す者なり。彼は清浄たるべき義務と力とを有しながら、清浄ならざる者なり。彼は天使となり得るの資格を備えながら、しばしば禽獣にまで下落する者なり……（第一巻七〇頁上）

と記して以来、一九三〇年（昭和五年）三月に「コンボルションの実験」（七九頁）を発表して七十才で永眠するまでほとんど四十年間、絶えるまもなくこの問題と取り組んでいたのである。いな、罪・贖罪に関する二九編の発表の年代（年齢）別数字が示すように、この問題に対する著者の熱心は年と共にその度を加えて行ったのである。

一九〇〇―〇九年	一九一〇―一九年	一九二〇―三〇年	計
（四十―四十九才）	（五十―五十九才）	（六十―七十才）	
五編	九編	一五編	二九編

使徒パウロは六十才になんなんとして

わたしは、なんというみじめな人間なのだろう。だれが、この死のからだから、わたしを救ってくれるだろうか。わたしたちの主イエス・キリストによって、神は感謝すべきかな（ロマ書七・二四―二五）

と悲鳴と感謝の叫びとをあげたが、内村鑑三もまた七十才の死の床まで、必死に罪の問題とたたかい、必死に十字架にすがっていたのである。

ゆえに著者の信仰とキリスト教とは十字架の福音であった。

私の無教会主義は主義のための主義でなかった。信仰のための主義であった。人の救わるるはその行為によらず、信仰によるとの信仰の帰結として唱えたものである。（第一八巻一三一頁下）

ゆえに著者の贖罪の信仰は深刻で強烈で、したがってこれを解し得ない者は、著者を解することはできなかった。

ゆえに罪の悔い改めの経験なき者はとうていこれ〔著者の無教会主義―山本〕を解し得なかった。（同上）

そしてその当然の結果として

贖罪について信仰を異にして、われらはすべて他の事について所信を異にせざるを得ない（六〇頁上）

と著者が断定しているとおり、著者は、著者の贖罪問題に対する信仰、すなわち十字架の福音が容易に理解されなかったがために終生、あらゆる無理解と誤解と敵意のうちに、孤独の生涯を送らねばならなかったのである。まことに十字架の福音は、著者にとっては、平安と歓喜と生命と栄光であると同時に、悲哀と苦難と孤独と苦闘の源となっていたのである。十字架の福音は著者のすべてのすべてであるだけでなく、著者のすべてを喜びと悲しみと、栄光と恥辱とに、まっ二つにたちさいた両刃《もろは》の剣でもあった。著者ほどに全生涯を十字架の福音のみに生きた人、また著者ほどに十字架の福音によって全生涯を運命づけられた人はまれである。十字架の福音なしには内村鑑三は生れ得ず、またあり得なかったし、十字架の福音を別にしては、内村鑑三は結局不可解な、謎の人物となってしまうのである。

それでは内村鑑三の十字架の福音――罪の問題の解決なるこの福音は、どのようなものだったのか。彼はどのようにしてこれを解決し、また信じたのか。どのようにしてそれを伝えたのか。そして、それは日本においてどのように解され、また受け取られたのか。われわれは本巻をひもとく前に、予めそのあらましを、ぜひとも知っておかねばならない。

著者が初めて十字架の福音を信じて回心の喜びを味わったのは、札幌でキリスト教に接してから約十年の後、アメリカに留学中のことであった。著者の回心は実に十年にわたる異常な苦闘と苦難の末の体験だったのである。著者が一八七七年（明治一〇年、十七才）に札幌農学校の生徒となると同時に信ぜしめられたキリスト教は、クラークののこした清教徒（ピューリタン）的な、実に立派なキリスト教であったが、深い霊的な、福音的なキリスト教ではなく、むしろ現世的な（善い意味での）キリスト教であった。しかし著者は間もなく罪の問題にとらえられるに至った。すなわち霊肉の相剋による内心分離の悲哀と苦悶である（『求安録』第一巻七〇頁上）。これは入信前の異教徒時代の罪の経験とは全くちがったもので、その深刻さと苦しさとは著者のいまだかつて経験したことのないものであった。しかも札幌で学んだキリスト教は、その解決のためには何の役にも立たなかった。この経験はおそらく農学校の第一期生および第二期生（著者はその中の一人である）のクリスチャン学生、すなわち札幌バンドの約二十名中で、著者一人だけがなめたものであろう。

苦悶の余り著者は某外国宣教師の助言を求めた。しかしその答は「自分にはそんな経験はない」というすげないものだった。同窓同級の新渡戸稲造にも相談したが、その答も「それは君のインダイジェスチョン〔胃弱―著者は若い頃から胃弱を訴えていた〕のためだろう」というに過ぎなかった。こうして著者は、ただ一人でそれを解決せねばならなくなり、その解決を求めてアメリカへ渡った。そして四年間、つぶさに辛苦をなめたが、ついにアマスト大学総理シーリーの助言によって、十字架上のキリストを仰いで、初めて霊魂の平安と歓喜を得て、初めて福音のよろこびに生きる人となることができた。罪の問題の解決と十字架の福音の信仰とは、著者にとっては実に十年の苦悶と、広い太平洋と、アメリカ流竄の四年とを要したのである。しかしその結果、日本に内村鑑三が生れて、パウロ――アウガスチン――ルーテルのキリスト教の本流が、彼をとおして日本にもゆたかにあふれ流れるに至ったのである。

著者はこの福音の喜びを日本人に伝え、この福音をもって日本を救おうとの聖い野望にもえながら、一八八八年（明治二一年、二十八才）の初夏に帰国した。しかしその望みはたやすくは実現されなかった。それから約十二年間、著者は、著述、時事評論、新聞記者、評論雑誌刊行、社会改良事業などを、転々として試みなければならなかった。しかしこの間にあっても『求安録』で明らかにした深刻無比な罪と回心の信仰はいささかも薄らぐことなく、それを宣べ伝えたいとの希望は層一層強くなって行った。そして一九〇〇年（明治三三年、四十才）九月、ついに長い間の夢であった『聖書之研究』を創刊して、専心伝道生活に入った。そしてその創刊号の巻頭で

余輩は天上天下この福音を除いて国民を癒やすものの他にあるを知らず。この誌あに今日において出でざるべけんや（第二〇巻一九三頁上）

と宣言した。

著者のこの決意は、それから三十年、最後にペンが著者の手から落ちて『聖書之研究』が廃刊されるまで、いささかもゆらぐことも、変ることもなかった。三十年、三五六カ月、この誌に拠（よ）って、この福音をじゅんじゅんと語りつづけた。そして一九二九年（昭和四年、六十九才）の十二月、すなわち永眠による廃刊に先だつ三カ月、著者は改めて左のように宣言した。

ページの減縮と同時に信仰の復興を期します。本誌〔『聖書之研究』―山本〕本来の主張たる十字架の光を、いっそう、あざやかに放たんと欲します。『研究誌』の最後が、その最初の祈願に添わんことを期します。（第二〇巻二二九頁上）

最後まで、倒れるまで、いな倒れてもなお、十字架の福音に生き、またそれを伝えようとしていたのである。

このようにして、著者の信仰、著者の伝道、著者の全生涯と全事業、その全著作はことごとく、ただただ十字架

の福音に生き、そのためにささげつくされていたのである。自分のキリスト教は十字架教である、と言った著者の一言に、内村鑑三はつきている（『十字架教』（第一五巻に収録）参照）。まことに内村鑑三ほどに、その全生涯をささげて、必死に罪の問題の解決のためにたたかい、深刻なその解決を熱烈に叫びつづけた人は、キリスト教史上にもまれである。

著者のこの祈願と目的とは、一面においては非常な成功をもって達成されたが、一面においては意外な結果を招いた。

成功とは、幾千（あるいは幾万）の人々が、著者のこの福音をきいて救われたことである。彼らは著者の伝えた十字架の福音によって、罪の苦悶から救われ、内心の分離をいやされて、著者と共に平安と歓喜を得、新しい命を得て、新しい人となることができた。著者の生前はもちろん、彼の死後までも、老幼男女の別なく、学識ある者もない者も、社会のあらゆる階層と、あらゆる職業と、あらゆる境遇の人々が、競って彼にきき、彼によってキリストを告白し、その多くは教会にも属さずにただ一人で生涯かたく信仰に立って動かないようなクリスチャンとなるのは、全く著者が伝えたこの贖罪の福音によるのである。十字架の福音の使徒としての著者は、大きな成功をおさめたのである。

しかし同時に、その逆の面もこれに伴った。それは著者の伝えた十字架の福音が余りにも深刻であり、特にその罪と贖罪の解決が深刻にすぎていたためである。人は皆、信者不信者の別なくすべて、罪の問題については、著者ほどに深刻ではないし、また著者のように深刻に対処することを好まない。特に長い間仏教流の罪悪観に養われて来た日本人には、堪えがたいものである。ゆえにキリストの十字架にあこがれ、たたえながらも、神の義による贖罪の十字架は忌み嫌うのである。そのため著者の十字架の福音は容易に理解されず、また喜ばれず、著者はそのために終生、はなはだしい無理解と、はげしい誤解のうちに、たぐいまれな孤独の、淋しい生涯を送らねばならなかったのである。第一八巻の「独立」の〈独立の生涯〉の各編、特にその最後の「単独に帰るの記」(二二八頁)を読めば、著者の生涯が想像もできないほどの深刻な孤独に終始したものであったことがわかる。

もちろんその原因としてはいろいろなことが考えられる。著者が多才な人である上に、啓蒙期の人としての使命のゆえに、実に多方面に、巾広い活動をしたために、著者の信仰と伝道の焦点がボヤケているように見え、人々がその中心をつかめなかったということもあろう。また著者の人となりがきわめて強烈で、かつ多彩であったため、人々がそれに眩惑されたりつまずいたりして、著者の信仰と精神の真髄を誤解してしまったということもあろう。しかしそれらは、いずれも、皮相な、副次的なことで、決して問題の本質ではない。問題は何と言っても、著者の信じ、かつ説いた十字架の福音が、余りにも深刻に過ぎたことにあった。

著者のもとへは、明治、大正、昭和(初期)の三代の有為な青年が、幾千(あるいは幾万)となく集った。彼らは著者を新時代の偉大な思想家、また指導者とあこがれたのである。また無数の文学青年は著者を新文学の先駆者と仰いで集った。しかし彼らは、著者が十字架を信じ、十字架に生きる人であると気付くと、ことごとく失望して著者をすて去ってしまった。彼らは著者その人に失望したのではなく、著者の信じる十字架が余りにも深刻であり、著者がそれに、余りにも忠実に真剣に生きる人であることに、つまずき、失望したのである。そして彼らは大部分、著者をすてると同時に、キリスト教をもすてて、いわゆる背教者となってしまったのである。

しかしこのことは、決して未信者や背教者だけのことではなかった。彼の弟子たちの中にさえ、彼を理解し得ないことをなげくものが少なくなかった。ある者は、十年二十年と内村先生に聴いているが、どうしても先生の信仰がわからない、とつぶやき、またある者は、先生は謎の人だ、不可解だ、と叫ぶのであった。彼らを代表して、著者が一時右腕とまで頼んだ誠実無比な弟子藤井武は言う。

先生は矛盾の多い方、矛盾だらけの方でありました。先生ほど矛盾に富んだ人格は私は知りません。従って多くの人が先生に躓きました。近づく者ほどひどく躓きました。先生に親しんだ者にしてこの経験を有たなかった者が幾人ありますか。私は告白します、私自身がたびたびそれを繰返しましたことを。ほんとうに大きな躓きの石でありました。私にとってはむしろ不可解でした。幾たびか私は友人に語って申しました、先生はグレート・エックスだと。大なるX、即ち未知数です、疑問です、私のような者にはどうしても解くことのできない謎の人格でありました。（『内村鑑三追憶文集』三七頁）

こうして数知れぬ程多くの弟子や協同者が、著者につまずき、著者と争って、結局著者と別れた。内村と弟子との分離は、ほとんど通則と見なし得るほどに、一生涯を貫いていた。そして七十才の最後の病床まで、はげしく、深刻につづいたのである（第一八巻二二七頁の「謹告」および二四七頁の解説参照）。著者のような愛情のこまやかな人、あつい友情の人にとっては、これは悲劇であった。悲劇中の悲劇であった。しかもこの悲劇は著者の全生涯に、絶え間もなく後から後からと引き起こされていたのである。著者ほどに悲劇の人、悲劇の生涯の人はなかった。

この原因は、藤井自身が告白しているように、十字架の福音にあったのである（同上書三八頁）。すなわち罪の問題に対する著者の見解が一般の見解にくらべ余りにも特異なものであり、十字架の信仰が一般の信じるところにくらべ余りにも深刻にすぎて、熱心な、誠実なクリスチャンも、往々にして、それを理解し、あるいは信じることができず、またそれについて行けなかったためである。著者のごく晩年に著者の膝下から唱え出されて著者を苦しめ、ついに著者をして「余は今日流行の無教会主義者にあらず」との否定の宣言を宣告させるに至った「無教会主義」も、実は著者の罪の問題と十字架の福音とに堪えられなくなった人々が、「信じてさえおればそれで救われる」という簡易な、平易な福音（と称するもの）を唱え出したためにほかならないのである。

こうして著者は終生、罪の問題のために苦しみ、十字架の福音のために戦った。そしてそのために、たぐいまれな苦悶と孤独と、悲哀と悲劇とをなめつくした。死の床においてまで、そのために深刻なたたかいを余儀なくされて、十字架の悲哀と悲劇の生涯とを味わいつくした。しかし著者はついに、動かなかつた。死に先だつ三ヵ月、一九二九年（昭和四年、六十九才）のクリスマスに近いある夕、最後の病床にあった著者は、ある信頼する若い女性の弟子に語って言った。

僕が死んだら、人々はいろいろなことを言うだろう。偉人だとか、何だとか。そしたら書いとくれ、僕が十字架にすがる幼児にすぎない事を。あの讃美歌をうたっている幾人がこの事を解っているだろうね。（鈴木俊郎編『回想の内村鑑三』二〇頁、参照山本泰次郎著『内村鑑三』（角川新書）一一六頁）

そして遺言状の中へ、自分の葬儀式には
聖書はローマ書七章を読み、その第二十四、二十五節、殊に二十五節の「これわれらの主イエス・キリストなるがゆえに神に感謝す」の一句について語るべし（『内村鑑三追憶文集』二七九頁）

と命じのこして永い眠りについたのである。

かくて著者は十字架の福音のゆえに終生、無理解と誤解の人とされ、生涯を孤独と悲哀のうちに過すべく余儀なくされながらも、生涯をその伝道のためにささげつくして、最後の瞬間までシッカと、赤児のようにキリストの十字架にすがって、去って行ったのである。内村鑑三ほどに十字架の人、十字架のみの人はまれである。さらに、彼ほどにその十字架の福音によって多くの人々を救い、なぐさめると同時に、その福音を理解されず、誤解された人は、さらにさらに、まれである。そもそも彼の罪の問題とその解決は、なぜそれほどに深刻で力があるのか。また彼の十字架の福音は、なぜそのように人に理解されず、また人をつまずかせるのか。本巻の「罪・贖罪」以下の各項の論文がそれを語り、明らかにするのである。

罪・贖罪　「罪とは何ぞや」（一一頁）以下の二九編は〈罪と救いの原理〉、〈贖罪の原理〉および〈贖罪の福音〉の三項目に分けられる。〈罪と救いの原理〉では聖書の罪悪観の原理、すなわち著者が罪とその救いとについてどう考えているかの基本が語られる。〈贖罪の原理〉では罪の贖いの原理が明らかにされ、〈贖罪の福音〉では贖罪にもとずく福音の実際とよろこびとが語られる。

＜罪と救いの原理＞の「罪とは何ぞや」（一一頁）以下の五編によって著者が明らかにする点は左のとおりである。

聖書にいうところの罪はふつうの罪の概念とは全くちがっている。聖書の罪はもろもろの罪（sins）ではなく、あるいは犯す罪の罪なる罪そのもの（the sin）である（二二頁上。すなわち人の情意や肉体の弱さのゆえに陥り、あるいは犯すところの迷いやけがれや行為の誤りなどのような煩悩や罪業のたぐいではなく（二一頁上）、神に対する忘恩反逆の罪である（一一頁下、一三頁上）。すなわち人類はこの罪を犯したために、人類本来のあるべき姿の常態から堕ちて、あるべからざる姿の変態と化してしまったのである。ゆえにこれは悟りや精進や修養によって解決できるものではない。人類は自分で自分を完全なものとする力を失い、自分で自分をきよめ、救うことができなくなってしまったのである（一五頁上、一八頁下）。しかも人類は神のきよきがごとくにきよく、完全とならねばならない者である（一三頁下）。ここに特別な、深刻な罪の苦悶が生れる。

しかし聖書はその救いを明らかにする。神はキリストをもってこの罪を除いて下さった（一一頁）。反逆の罪を除いて人を神に帰順させて救うという救いは、神の子キリスト以外にはなし得ないことである。そして神は、神ご自身の必要のために、神の方からキリストを送って、神の方からこの救いのみ手を差しのべて下さったのである。これが聖書の救い、十字架の贖罪である（一八頁下、一九頁上）。信仰とはこの救いを信じることであり、伝道とはこの救いすなわちキリストがこの救いを完成したもうたことを宣べ伝えることであり、伝道者とは道徳の教師ではなく、この福音を知らせる者である（一四頁下）。

以上が著者の罪と救いに関する基本的な考えであるが、罪とは神に対する反逆の罪であり、キリストによって帰順の道をひらかれる以外に救いはなく、その救いは神ご自身の必要のために神ご自身がそなえたもうのであるとする著者の見解は、著者の信仰の基本であると同時に、ふつうに行われる考え方とは著しいちがいを示すもので、注目に値するものである。

＜贖罪の原理＞は右の基本的な考え方にもとずいて贖罪の原理を各方面から説くものである。

「誤解されし教義」(二六頁)は、パウロの贖罪の教義は論理的、実際的の両面から非難され、反対されるが、しかしこれはパウロの育てられたユダヤ教の厳格な教育と、道徳的な理由と、人生の事実とにもとずいて彼が唱え出したものであるから、充分な尊敬をもって学ばねばならぬとする。「キリストの血について」(三一頁)は、キリストの血がなぜ人を救うかというに、血は生命であり、血を流すことすなわち生命をすてることによって人の罪を除き、血をそそぐことによって新生命なる霊的生命を新しく人に与えたもうたからである、すなわちキリストの十字架の福音は人を聖霊によってきよめて、永生を与えるものであるとする。「贖罪の真義とその事実」(四二頁)は、贖罪(atonement)とは一つとなること、すなわち神と人との和合一致の実現であり、キリストの十字架上の死によってそれが達成され、実現されたのであると、十字架の死の目的と意義とを明らかにしたものである。

「贖罪の弁証」(四六頁)は、贖罪に対する一般の誤解をただし、第一に、贖罪とは人に仕えることであり、神にあっては美徳であるが、人にあっては恥辱であり、第二に、贖罪は消極的に単に無代価で罪を消すことと見てはならず積極的に義と愛との代価を払ってあがなうことと見なければならぬ、すなわち愛の苦痛と辛惨とを知って始めて贖罪の恩と恵とを知ることができるものであるとするもので、著者の贖罪信仰の深い精神を明らかにしたものである。そしてこの一編の精神から次の論文が生れるのである。

「神の忿怒と贖罪」(五一頁)は弟子の藤井武との贖罪論争がきっかけとなって書かれた論文であるが、この一文によって著者の贖罪観の最も深いところが明らかにされると同時に、藤井(その当時の)を初め「今日流行の無教会主義者」に至るまで、数多くの弟子たちがいかに著者の贖罪の信仰に対して無理解であるかが明らかにされる貴重な論文である。

藤井事件とは次のような出来事である。

藤井武は東京帝国大学(現在の国立東京大学)法科に在学中から多くの学友と共に内村に学び、熱心な信者となり、しきりに伝道者となろうとしていた。しかし著者の忠告とすすめに従って内務省の官吏となったが、ついに意を決して山形県理事官の職を辞し、独立伝道者となるべく上京した。著者は彼を喜び迎えて助手とし、『聖書之研究』へも寄稿させた。一九一五年（大正四年）年末のことであった。しかしその翌年春、早くもこの事件が起った。それは三月号の『聖書之研究』へ載せた藤井の「単純なる福音」と題する論文であった。これは、キリストの十字架を罪の贖いとして見ずに、単に愛のシンボルとして見るものであった。藤井自身説明して言っている。

> 考えて見ると、私の信仰はまだ甚だ怪しげなものであった。勿論私はイエスを通して豊かなる神の恩恵に与っていた。聖名の故に凡てを抛っておのが十字架を負うことを歓びとするまでに、私の酒杯は満されていた。けれども私の信仰にはなお大きな欠陥があった。キリストの十字架の意義が私にまだ徹していなかったのである。十字架はキリストの愛の表現であると私は信じた。それより以前のものとして受取ることは私には出来なかった。蓋し罪の意義が私にはまだまだ判然（はっきり）していなかったからである。私は未だ神の義を知らなかった。私は未だ自分の罪のほんとうの恐ろしさを覚らなかった。私はまだ道徳的に行詰っていなかった。それ故に十字架は私にとって無くてならぬものではなかった。然るに十字架の貴さは、それの絶対的必要性にある。もしそれがどうしても無くてならぬと言うものでないならば、十字架は余りに惨しい、余りに見にくい、余りに重苦しい。一たび道徳の谷底に行詰った者でない限り、誰かこれに躓かなかろう。私もその一人であった。私はいわゆる罪の贖いを嫌うた。キリストの宥（なだ）めによって神の怒は和（やわら）いだなどというは私に堪えがたき不快な音ずれであった。私はもっと明るく十字架を見たかった。もっと単純に見たかった。そこで「単純なる福音」として、贖い抜きの、単に愛の象徴（シンボル）としての十字架を高唱しようと欲した。実に何という愚かさであったか。（藤井武『旧約と新約』第一一八号一七五—六頁。カナ使いを現代式に改めた—山本）

「単純な福音」の校正刷を読んだ内村は、愕然としてペンをとり、その上欄に赤インキで「之は僕の教えた福音ではありません」と大書した。そして直ちに藤井を呼んで取り消しを命じた。しかし信ずるところにあつい、剛直な藤井はそれを拒んだ。激論がつづいた。いつの間にか足許の火鉢の火が燃え移って、内村の着物の裾がプスプスともえ出したのにも、二人は気付かなかった。藤井はついに自分の誤りを認めなかった。内村はやむなく彼の『聖書之研究』への執筆を禁じると共に、筆を呵（か）してこの「神の忿怒と贖罪」をつづって、翌四月号へ掲げて、藤井と自分との信仰の根本的相違を明らかにしたのである。

このような事があったにもかかわらず、内村はその後四年間、藤井に日曜日の講演の筆記をまかせ、時には高壇をも共にした。藤井の講演筆記は『モーセの十戒』『ダニエル書の研究』を初め、あらゆる方面にわたり、実におびただしい数に上っている。自分の心から信じていない問題をも忠実に筆記した藤井の忍耐もさることながら、信仰の根本問題中の根本問題に対する信仰を異にする弟子に、一切の筆記を委ねていた内村の寛容と大度とは驚くべきものである。しかしその事があってから四年の後、一九二〇年（大正九年）三月、ある富豪の息子の結婚問題に関する見解を異にして、藤井は自ら内村のもとを去って、独立して伝道を始めるに至った。従って「完全なる救い」（六三頁）と「罪のゆるし㈠」（七〇頁）とは彼の最後の筆記である。そしてさらに二年の後、一九二二年（大正一一年）三月、藤井はついに回心して、「代贖を信ずるまで」と題する論文を『聖書之研究』に寄稿した。これを迎えた内村の喜びと感謝とは実に大きく、その論文に付記して言った（「無題（内村生白す）」六〇頁）。

贖罪はキリスト教の枢軸（パイヴォット）である。贖罪について信仰を異にして、われらはすべて他の事について所信を異にせざるを得ない。されども贖罪について信仰を共にせんか、遅かれ早かれ万事について一致するに至るべし。まことにキリストはわれら罪人のためにのみ死にたもうたのではない。また神のために死にたもうたのである。しかり、特に神のために死にたもうたのである。神は人類だけ、それだけ、しかりそれ以上にキリストの死を要求したもうたのである。しかして父なる神は今やキリストの死のゆえに罪人をゆるし得て、喜びたもうのである。この事がわかって初めてキリストのありがたさがわかるのである。キリストは、人の受くべき罰をご自身に受けたまいて、父なる神をして「イエスを信ずる者を義とし、なおみずから義たら」（ロマ書三・二六）しむる道を開きたもうたのである。……彼はまことに「なだめの供え物」である。彼によって、罪

に対する神の正当の怒りが取り除かれて、罪の根底が絶たれたのである。われらの言い尽くされぬ感謝はここにある。（六〇頁）

このことがあってから六ヵ月の後、その年十月一日に藤井の妻喬（のぶ）子が死んだ。内村は最愛の弟子の一人であった喬子の遺言により、彼女のために葬儀式に臨んで告別の辞をのべた。第二〇巻三二八頁の「藤井喬子を葬るの辞」がそれである。内村はその中で

はなはだ失礼の申し分でありますが、私は私の実験より申し上げます、喬子さんを天国に送って藤井君はほんとうの伝道師になられたのであります。藤井君は今より理想を語るにあらず、研究の結果を語るにあらずして、直ちに見しところのものを語らるるに至り、その結果たる、実に前日の比にあらざることを実験せらるることと信じます（同上書三三〇頁）

と述べたが、これは以上のようないきさつを経て発せられたものである。なお内村と藤井の贖罪論争の詳細については政池仁著『内村鑑三伝』二八三頁以下を参照されたい。

「神の忿怒と贖罪」（五一頁）は右のような事情の下で書かれたものであるが、そのために著者の贖罪信仰を実に明確に伝えている。

その要旨は左の四点である。㈠神は人の罪を怒りたもう。決して仏教の仏のように人をあわれむだけの慈悲の神ではない。㈡キリストの十字架は人類が犯せる罪のゆえに受けねばならぬ審判（刑罰）を代って受けた代刑代罰である。㈢すなわち十字架は人に悔い改めをうながすためだけのものではなく、罪と罪人に対する神の態度を変えるために、絶対に必要であったのである。㈣すなわち神は愛であると同時に義である。その調和がキリストの十字架によって完成されたのである。

この贖罪論につづいて、著者は「またまた贖罪について」（五九頁）で彼の所信をハッキリと語った。

余はもちろん余の善行によって救わるるのではない。余の悔い改めによって救わるるのではない。また余の信

仰によって救わるるのでもない。余は、神がキリストにありて成就（なしと）げたまいし罪の消滅によって救わるるのである。まことに救いは少しも余の側においてあるのではない。まったく彼の側（がわ）においてあるのである。余の心理的状態によるのではない。彼の代贖的行為によるのである。（五九頁下）

実に明瞭である。一点の疑義をさしはさむ余地もないほどに明確である。しかし著者のこの信仰は容易に理解されなかった。そして著者のいうとおり、この信仰が理解されないために著者は理解されなかった。そして著者のこの信仰が深刻で強烈であればあるほど、人は層一層著者を理解できなくなり、ついには著者につまずくに至った。多くの、いな無数の人（弟子をも含めて）が著者を解し得ず、またつまずいたのは、決して著者の偉大性や、人と為りや、性格のためではなく、全く著者のこの深刻な信仰、すなわち贖罪の信仰のためである。「十字架にすがる赤児」なる著者につまずいたのである。そして著者を慕ってやまない有力な弟子たちも、この贖罪の信仰だけには堪えられず、「血なまぐさい十字架の贖罪を信ぜずとも、神の愛さえ信じておればその信仰で救われる」との阿弥陀仏的の愛と自分自身の信仰にたよる「今日流行の無教会主義」を唱え、またそれに対して愛と共に義の必要を叫ぶ者も、「自分は信仰と真実のいずれかと問われれば後者をとる」との自分自身の義に生きる行為と道徳の教えを唱えるのである。著者が終生、死の床まで、孤独であったのも決してゆえなき事ではない。著者はその贖罪信仰のゆえに、天にまでおどるほどの平安と歓喜の人とされたが、同時にその信仰のゆえに、終生を無理解と孤独のうちに送らねばならなかったのである。まことに、輝く十字架のために負うた重い十字架であった。

以上によって著者の贖罪信仰が聖書と、パウロと、プロテスタントの正統信仰の精髄（エッセンス）を精髄のままに伝えたものであることがわかる。同時にこれは著者の信仰、事業、生涯のすべてであり、その精髄であることがわかる。著者がこのキリスト教第一の重大教義をこのように正しく、深く、強く、文字通りに信じ、生きまた伝えたことは、特にあらゆる無理解と誤解のうちに、何ものをも恐れず、何ものにも迷わされずに純粋無比にこれを伝えたことは、将来の日本のキリスト教のために、最大な貢献をのこしたのである。無教会主義者とか非戦論者とかとしての著者は、やがて、忘れられる日が来るかも知れない。しかしこの贖罪の福音の内村鑑三は、天国の成る日まで、しかりキリストのみ国の成らんがために、永遠にのこるであろう。贖罪信仰を別にした内村鑑三はナンセンス（無意味）そのものである。

「義としたもうとは何ぞや」（六一頁）以下の六編は以上の信仰をさらにふえんして、各方面にわたって説明したものであり、

義としたもうとは、一には「義となしたもう」とのことである。すなわち義（ただ）しき心を罪人のうちに造りたもうということである（六一頁上）

神は、来らんとする世において、すべての義人を義としたもう（六二頁上）

イエス・キリストがわがために血を流したるによりてわが罪ゆるされたりとは、心霊の深き実験である（七二頁上）

神のみが人の罪をゆるすことができる。罪のゆるしは最大の奇跡である（七六頁下）

など多くの深い真理となぐさめとが語られ、贖罪の福音を語ってほとんどあますところがない。

＜贖罪の福音＞の一一編は贖罪の教義を福音として論じたものである。

「コンボルションの実験」（七九頁）はコンボルションすなわち回心の定義をのべ、その事実をキリスト教の歴史に照らして説き、コンボルションの実験の第一は、罪の自覚とその結果たる自己の消滅、第二はキリストの十字架の承認すなわち死の苦痛であるとするもので、著者が終生力をこめて説きつづけた回心を、死に臨んで改めて再確認し、さらにいっそう明確にしたものとして記念すべき一編である。

「苦痛か罪か」（八三頁）は「世に宗教多しといえども、キリスト教のごとくに明らさまに、その信者に患難を約束した宗教はほかにはない」（八三頁下）とて、信仰に入ったとて決して幸福のみを与えられず、むしろ独特の患難が増

すとし、その理由は「キリスト教の目的は苦痛を除くにあらず、罪を除くにある。イエスは世の罪を負う神の小羊であった」（八四頁上）ためであり、したがって「仏教に限らない、キリスト教もまた堕落する時、苦痛を除くための宗教となる」（八五頁上）となぐさめ、励ますと共に、その堕落がいかに恐ろしいものであるかについて強くいましめたものである。霊に肉に、たぐいまれな苦難と患難をなめつくした著者ならでは語り得ないおとずれであると共に、彼のキリスト教観がいかに深くまた健全であったかを示すものである。

「『社交的動物』という事について」（八六頁）は人類は一家族、一体であるから贖罪の観念が起り、その結果として伝道、慈善、社会事業などが企てられるに至るのであるとするもので、著者が個人の問題と思われ勝ちな贖罪信仰をも人道主義のひろい精神に立って考えていたことを示す注目すべき一編である。なお本編は後出の〈万人救済〉の各編とあわせ読まれたい。

「最善よりも善きもの」（八八頁）はウェスレーの言に託して「私は言う、最も善き事よりもさらに善き事は、神われらの罪をゆるしたもうという事である」（八八頁下）とするもので「終に彼を捨てる」（八九頁）、「私は上州人である」（九二頁）、「ロマ書十二章一節」（九三頁）などと共に、著者が贖罪の信仰と実験の上に、いかにシッカと立っていたかを物語るものである。「解放」（九〇頁）は、この信仰に立つ著者が、決して近代思想や近代精神に同調する者でない理由を明らかにしたものとして、これまたきわめて注目すべて一編である。

忘罪・赦罪　「忘罪」（九六頁）以下の三編は、罪を贖われた結果として、神より聖霊を与えられ、それに助けられてわれわれは他人の罪をもゆるし得るに至るとする。

悔い改め　「悔い改めの意義」（一〇三頁）は、悔い改めは行為の悔悛、品性の改善、自己の改築などではなく、思意の一転、意識の根本的改革、人生意義の新解釈、すなわち自己の明け渡し、主人公の替代であり、「神の子イエス・キリストがわれにかわりてわれを占領したもう事である」（一〇四頁下）とする意義深い論文である。著者の信仰の本質が遺憾なく示される一文である。

救い　〈救いの原理〉は、人は自分で救われたいと欲して救われるのではなく、神によって救われるのであり、（「いかにして救わるるか」（一〇七頁））、その救いはすでにキリストによって完成された完全を信じることであり（「過去の完全」（一〇八頁））、神の聖霊によって救われるのであり（「救霊問答」（一〇九頁））、人は自分で自分を救う力を持たないものであるから、ただ神の救いに頼るべきであり（「救済の能力」（一一三頁））、神の救いは境遇の改善のような小さな救いではなく、罪を除くという大きな救いである（「人の善と神の善」（一一五頁）、「小なる救いと大なる救い」（一一六頁））などの、著者独自の救済観を展開したものである。

〈義・聖・贖〉の「聖潔と聖別と聖化」（一一八頁）はコリント前書一・三〇にもとづいて語ったものであるが、著者が信仰上のこの重大問題についてどのように考えていたかをよく示すものである。

〈信仰による救い〉「簡単なる信仰」（一二一頁）以下の八編は以上の救いの原理を、さらに各方面から実際的に説いたもので、いずれも著者の信仰と著者の言おうとするところとが明確にのべられて、そのままで了解されるものばかりである。最後の「救いの岩」（一三八頁）はアメリカが排日移民法案を強行した折に語られたもので、著者の精神は結びの左の句につくされている。

> 日本は神国ととなえられて、昔より信仰の国であります。この国にイエス・キリストの信仰を植えて、この国が救わるると共に世界が救われ、米国にかかわる人類の失望は日本にかかわるその希望となりて現わるるのではありますまいか。（一四三頁）

これが著者の日本観、愛国心、いな世界観の基調であった。著者の日本観、アメリカ観、排日事件観、愛国心などについては「代表的日本人」（第六巻に収録）「地人論」（第四巻に収録）を初め、第二四巻の諸編などにつかれたい。

〈救拯の確証〉救いの確証はただ一つ、人を愛し得ることであり（「救拯の確証」（一四四頁））、救いはキリスト再臨によって完成されるものであり（「救拯の完成」（一四四頁））、世界は民主主義や国際連盟などによって救われるものではなく（「デモクラシーとキリスト」（一四六頁））、人は自己発見、人間発見によって救われるものではなく（「自己の発見」（一四八頁））、ただキリストの足下に伏して、自己を罪のままに神にささげて初めて救われるものであるとする。

万人救済　著者が万人救済説をとる根拠と理由とそれに伴なう種々の疑問に答えて、著者の人道主義の精神に立つ美わしい、ひろい信仰を明らかにしたもので、著者の人と信仰の本質を明らかにする重要な論文である。読者が本巻の二編を読まれるに当り、先ず「戦場ヶ原に友人と語る」「余の信仰の真髄」（いずれも第五巻の『歓喜と希望』に収録）およびそれに関する解説につかれることを望む。

十字架　〈キリストの十字架〉の「世を救う唯一の力」（一五七頁）以下の三編は、キリストの十字架の力と意義と、その信仰とを明らかにしたものであるが、特に「ツルーベツコイ公の十字架観」（一六二頁）は著者の十字架観を語ってあますところのない一編である。これは再臨運動中の講演の一つである。

〈十字架の福音〉は各方面からこの福音について語ったものであるが、最後の「新年の辞」（一七一頁）は著者の信仰がこの福音につきていることを示したものとして注目に値する重要な一文である。これは東京大手町の大日本私立衛生会講堂に開催中の聖書研究会で、ロマ書の講義を始めようとした時に書いたものである。この決意があったればこそ、あの名講演、名著『ロマ書の研究』が生れ得たのである。詳細については『内村鑑三聖書注解全集』第一六、一七両巻の『ロマ書の研究』およびその解説を参照されたい。

〈十字架の信仰〉の五編は著者のキリスト教が十字架のキリスト教であったことを、改めて明らかにしたものである。

福音　〈純福音〉「純福音」（一七六頁）以下の三編によって著者は、純福音とは聖書そのままでも、教会の教義でもなく、律法の痕跡だもまじえぬ神の純福音である、すなわち純歓喜、純賛美のキリストの十字架であるとするものである。その中の「福音が福音である間は教会を作らない。福音が福音以外のものとなるに及んで教会ができる。教会の存在そのものが、その内に純福音のない最も善き証拠である」（二七六頁上）との一句は、「私は教会問題には無頓着なる程度の無教会主義者である。教会という教会、主義という主義はことごとく排斥する無教会主義たらんと欲する」（第一八巻一三二頁下）との一句と共に、著者が終生いかに福音を純粋に信じ、また純粋に維持したかを物語るものである。著者は純福音の純粋性を守るためには、教会主義のみならず「無教会主義」をも断乎しりぞけたのである。このことを認めなければ著者の教会観をも無教会主義をも理解することはできない。

〈全き福音（使徒信経）〉の「全き福音」（一八三頁）は著者がキリスト教の古来の正統信条の忠実な遵奉者であったことを示すものである。

〈福音とは何か〉「福音の恩恵的解釈」（一八八頁）以下の九編は上述の信仰にもとずいて福音が何であるかを明らかにしたもので、

　神は自己(おのれ)を罪人に示さんと欲したもうのである（一九〇頁上）

以下慰めと真理にあふれた文字である。

クリスマス　「クリスマス演説　キリスト降誕の意義」（二〇〇頁）以下の二〇編は、クリスマスについて、あるいはクリスマスに際して、語り、あるいはつづったもので、いずれも生気と希望となぐさめにあふれた文字ばかりである。すべて明快な文で特に解説を必要としないが、クリスマスを「神ご自身の構成の変化」（二〇三頁上）とするような注目すべき発言をふんでいる。〔無題（キリストはすでに）〕（二一九頁）は未発表の文であるが、文中に——が使われていることから見て、恐らくきわめて晩年の、あるいは永眠直前のクリスマスの作ではあるまいかと想像される。著者は六十五才ごろ解説者に向って「僕もこの頃は年をとって、原稿を書くのがなかなか大変でね。「基督教」などと一々書かないで——をひいて約束しておいてもいいんだが、やはり一字一字、基—督—教—と書いているとその間にインスピレーション（霊感）がわいてくるんだよ」と語ったことがある。（著者の原稿はつねに一字一字ていねいに書かれていた。）それから推して、この文は最後の病床に迎えた最後のクリスマスに際してつづられたものと見てよいであろう。

山本泰次郎

内村鑑三信仰著作全集　第12巻
(オンデマンド版)

2005年12月1日　発行

著　者　内村　鑑三
編　者　山本泰次郎
発行者　渡部　満
発行所　株式会社 教文館
〒104-0061　東京都中央区銀座4-5-1
TEL 03(3561)5549　FAX 03(5250)5107
URL http://www.kyobunkwan.co.jp

印刷・製本　株式会社 デジタルパブリッシングサービス
URL http://www.d-pub.co.jp/

配給元　日キ販
〒162-0814　東京都新宿区新小川町9-1
TEL 03(3260)5670　FAX 03(3260)5637

AD120

ISBN4-7642-0219-0　Printed in Japan